tudo tem um
motivo

tudo tem um motivo

pelo espírito
Marcus Vinícius

psicografia de
Tania Queiroz

LÚMEN
EDITORIAL

Tudo tem um motivo
pelo espírito Marcus Vinícius
psicografia de Tania Queiroz
Copyright © 2013-2022 by
Lúmen Editorial Ltda.

6ª edição – Setembro de 2022

Coordenação editorial: *Ronaldo A. Sperdutti*
Diretor comercial: *Ricardo Carrijo*
Coordenadora editorial: *Fernanda Rizzo Sanchez*
Revisão: *Maria Aiko Nishijima*
Projeto gráfico e arte da capa: *Casa de Ideias*
Impressão e acabamento: *Infinity Gráfica*

Dados Internacionais de Catalogação na Publicação (CIP)
(Câmara Brasileira do Livro, SP, Brasil)

Vinícius, Marcus (Espírito).
 Tudo tem um motivo / pelo espírito Marcus Vinícius; psicografia de Tania Queiroz. -- São Paulo : Lúmen Editorial, 2013.

 ISBN 978-85-7813-138-8

 1. Espiritismo 2. Psicografia 3. Romance espírita I. Queiroz, Tania. II. Título.

13-10513   CDD-133.93

Índices para catálogo sistemático:
1. Romances espíritas psicografados : Espiritismo 133.93

6-09-22-100-5.633

Av. Porto Ferreira, 1031 | Parque Iracema
CEP 15809-020 | Catanduva-SP
17 3531.4444
www.lumeneditorial.com.br | atendimento@lumeneditorial.com.br
www.boanova.net | boanova@boanova.net

2022
Proibida a reprodução total ou parcial desta obra
sem prévia autorização da editora
Impresso no Brasil – *Printed in Brazil*

Como o oleiro torna a amassar a argila do vaso quebrado, assim somos nós nas mãos de Deus. Suas leis visam a nos refazer, nos aperfeiçoar, nos corrigir, para que possamos amadurecer e crescer em Cristo. Deus não desiste de nós, e na Sua divina paciência nos proporciona situações de aprendizado, para que possamos resgatar nossas fraquezas morais...

Dedicatória

Filhos, sabemos que a vida nos ofereceu vários desafios até aqui. E sabemos que eles nos fizeram amadurecer. Como disse o Germano: "Estamos neste mundo para lidar com os desafios de forma construtiva e crescer com cada curva dessa tortuosa estrada que é a vida. Ter sangue nos olhos e, ao final, ter a consciência de ter feito o que é certo. Isso é o que vale". Obrigada por terem me escolhido como mãe nesta existência. É uma honra servi-los.

Obrigada, Carla, por sua dedicação enquanto estive me recuperando da operação, por ter me dado as medicações durante as madrugadas, por ter me dado banho após a cirurgia, por ficar ao meu lado até o momento da minha total recuperação, por seu sorriso e sua alegria, por sua fé e esperança nos momentos em que senti medo.

Obrigada, Andrea, por ter lido os textos desta obra e me incentivado a psicografá-la durante o tratamento, por todo o carinho e doçura e pelo medo que sentiu em me perder.

Obrigada, Germano, por suas orações.

Mas, principalmente, obrigada aos três, por me amarem e por se importarem tanto comigo.

Saibam que vocês são minha alegria, estrelas-guias, que, com ternura contagiante, transformam meus fantasmas em anjos de luz.

Em minha memória perpetuo as imagens de filhos amados, que acendem o céu do meu coração, fazendo minha vida ter cor, sabor e sentido.

Muito obrigada por terem aceitado a tarefa reparadora de serem os meus mestres da disciplina chamada amor nesta vida.

Vocês três são os "Oscars", os prêmios, que ganhei da Academia Divina, que honram o filme da minha vida. Amo-os hoje e sempre.

Agradeço também ao meu editor, Celso, por acreditar no nosso trabalho, e a toda a equipe da Lúmen, pela dedicação e pelo carinho.

Tania Queiroz

Sumário

Prefácio 11

1 · A despedida 13

2 · O encontro 29

3 · A grande virada 35

4 · Descobrindo o amor 49

5 · Fugindo da realidade 59

6 · Abrindo o coração 69

7 · Não é fácil ser diferente 82

8 · A hora da transformação 98

9 · A premonição 112

10 · O pior cego é aquele que não quer ver 125

11 · Uma visita inesperada 140

12 · Uma revelação fantástica 146

13 · Reveses da vida 153

14 · Desespero total 167

15 · Deslizes fatais 178

16 ⚜ O resgate 186

17 ⚜ Uma nova oportunidade 191

18 ⚜ Mergulhando na escuridão 200

19 ⚜ Agiotagem espiritual 206

20 ⚜ Surpresa adorável 215

21 ⚜ Paixão avassaladora 222

22 ⚜ Descontrole total 232

23 ⚜ Abrindo as portas para a loucura 244

24 ⚜ As exigências da vida 257

25 ⚜ Semelhante atrai semelhante 267

26 ⚜ Loucura 284

27 ⚜ Pedido de socorro 297

28 ⚜ Experiência macabra 304

29 ⚜ Segunda chance 314

30 ⚜ Grandes revelações 325

Prefácio

A vida é o exercício de escolha, escolhemos o que pensamos, sentimos, fazemos, exercitamos o livre-arbítrio. As dores, o sofrimento nos ensinam que sempre é possível escolher melhor.

Marcus Vinícius e Tania Queiroz

Desejamos que a trajetória da vida da personagem Melissa Bellucci ajude os leitores a compreenderem a importância da maturidade emocional e psicológica, da tolerância à frustração e aceitação das dores do mundo, para uma vida material e espiritual saudável.

Que entendam que a vida material é o reflexo da espiritual. Que descubram que a proteção e a defesa da alma dependem das estruturas da nossa personalidade e que somente com uma personalidade sem brechas é possível manter distantes os inimigos espirituais e libertarmo-nos das obsessões.

Esperamos que esta obra fomente no coração dos queridos leitores o desejo da restauração da própria personalidade, do resgate da autoestima, da incessante busca da verdade sobre si mesmos por meio do autoconhecimento, de forma a desvelar de que maneira a postura no mundo, a personalidade, a maneira de ser, interagir e reagir são responsáveis pelos infortúnios, desenganos e desilusões.

Que seja possível entender que a felicidade não é um direito, mas uma conquista diária. Como dizia Jesus: *(...) O reino dos céus é tomado por esforço, e os que se esforçam se apoderam dele*[1].

Por esse motivo, amadurecer significa se esforçar para desenvolver a capacidade de perceber em cada situação difícil o aprendizado rumo ao aprimoramento emocional, psicológico e ao crescimento espiritual, observando as dores que gerou, as leis de que abusou, as sabedorias que negligenciou, reparando os erros e recomeçando.

Desejamos que nossos leitores compreendam o que significa deixar a alma vulnerável, sem proteção, exposta à invasão de forças trevosas e a todo tipo de ataques de obsessores desta e de outras vidas.

Percebam que precisamos desenvolver dons naturais, libertar, curar a alma, controlar a mente a fim de alcançarmos uma personalidade irrepreensível, livre do cativeiro do egoísmo e de todos os sentimentos negativos que representam portas abertas para as vibrações trevosas.

Que esta obra forneça profundas reflexões para que cada um seja o rei absoluto do seu mundo interno, desafiando a essência do que são como pessoas, superando todos os desafios que a vida impõe, para que possam realizar-se em um nível espiritual mais elevado e descobrir que só o amor vence as provações e é capaz de ampliar a consciência sobre os valores divinos que realmente importam.

Que os nossos queridos leitores deem novos passos rumo ao cumprimento de sua missão espiritual, ajudando incondicionalmente as pessoas, distanciando-se cada vez mais do sofrimento, alcançando o sucesso nos relacionamentos, no trabalho, e encontrando a paz interior.

Conhecereis a verdade e ela vos libertará.
Jesus Cristo

Marcus Vinícius/Tania Queiroz

---

1   Mateus 11:12 (Nota da Edição).

1

A despedida

> Quem não tem medo da vida também não
> tem medo da morte.
>
> Arthur Schopenhauer

Frequentar uma reunião espírita, aprofundar-se na Doutrina Espírita, divulgá-la, crer nas Leis Divinas e respeitá-las praticando a caridade, consolando a dor, o desespero e a aflição, perdoar as ofensas, orar pelos inimigos, ser tolerante, responsável, solidário e fraterno é um imenso desafio. Enfim, ser um espírita de verdade neste planeta não é uma tarefa nada fácil.

Os espíritas combatem todo tipo de sofrimento e desafiam até a morte. Guerreiros do Cristo na prática diária do bem, alguns são como advogados de defesa dos encarnados e desencarnados perante o tribunal divino. Eles oram, pedem, intervêm por seus irmãos de caminhada, para que vençam suas provações. Muitos são como jardineiros, semeiam sementes de amor com palavras. Alguns, ainda, são como médicos, curam inúmeras doenças da alma, desdobram-se e não negam apoio a quem quer que seja.

São pessoas que sofrem, choram, riem, oram e jamais banalizam o sofrimento alheio. Cada mudança positiva na vida de uma pessoa é uma imensa alegria. Eles presenciam fatos que a ciência ainda não explica e os divulgam com largo sorriso. São testemunhas do impossível. Quem não tem fé, não consegue.

Melissa, ao longo da jornada de sua vida, foi uma espírita maravilhosa, superou-se; embora algumas vezes tenha abandonado o trabalho espírita e negligenciado sua mediunidade por duvidar de si mesma, de seus dons e, muitas vezes, não aguentar o imenso desafio. Foi uma longa e árdua caminhada, mas ela venceu a si mesma, superando perdas, vícios, obsessões e paixões. Serviu da melhor maneira que pôde a humanidade, em nome de Jesus.

Melissa, cigana muito sensível, ficou órfã e sobreviveu às perseguições da Segunda Guerra Mundial.

Aos setenta e poucos anos, com lindos cabelos grisalhos, rosto maduro, porém bonito, olhos verdes expressivos, ela era uma mulher fantástica, sábia e vivida, que estava sempre de bom humor. No hospital, até os médicos davam imensas gargalhadas com suas brincadeiras enquanto a examinavam. Sem que desejasse, quando olhava para as pessoas percebia seus dramas emocionais, afetivos e espirituais. Muitas vezes, via vultos, ouvia vozes e percebia seres de outras dimensões, cores e odores.

Com um sorriso nos lábios, após captar os dramas espirituais das pessoas, ela lhes falava com sutileza, mas não perdia a única oportunidade de lhes orientar os caminhos a fim de que vencessem seus sofrimentos e perdoassem os antepassados.

— Doutor, sei que estou doente, já fiz três pontes de safena, mas o senhor também está, tem uma doença na alma e se acomodou, não faz nada para mudar sua vida! Seu pai está aqui e acabou de me dizer que o senhor está precisando melhorar urgentemente seus relacionamentos familiares e que precisa aprender a amar. Deve diminuir o estresse para não perder a saúde e desencarnar de uma hora para outra!

– Ah! Dona Melissa, deixe de brincadeira! – disse o médico.

– Doutor, é verdade. Ele acredita que se deixar de ser tão perfeccionista, teimoso e rabugento, conseguirá resgatar o relacionamento afetivo com seu filho mais velho e salvar seu casamento, além de ter a chance de melhorar o relacionamento com sua mãe. Ele deseja que o senhor o perdoe, pois está muito preocupado, aflito e triste, em razão das mágoas guardadas no seu coração. Ele diz que nunca deixou de ampará-lo e ora para que encontre um caminho espiritual e se harmonize, controlando suas emoções e seus sentimentos, a fim de cumprir sua tarefa de evolução. Ele sabe que se o senhor não vencer suas provações, estas vão se repetir na próxima encarnação em situação muito pior.

– Como assim? – perguntou o médico intrigado.

– Você deve compreender as causas das dificuldades dos seus relacionamentos, higienizando-se mental e emocionalmente. Dessa forma, vencerá as consequências dos seus atos, pensamentos, ou seja, as limitações e os bloqueios, fortalecendo seus pontos fortes com a adoção de novas atitudes. Superando seus sofrimentos, alinhará seu coração com Deus e poderá seguir com harmonia, alegria, gratidão, fé e esperança! Em razão dos problemas com seu pai, o senhor, por muitos anos, alimentou sentimentos de revolta e formou uma imagem negativa de si mesmo. Isso afetou sua autoestima e autoconfiança. Os sentimentos negativos definiram o seu comportamento, que sempre gerou um impacto terrível em seus amigos e familiares. Sua insegurança e falta de amor-próprio se esconderam atrás do orgulho, da inflexibilidade e do autoritarismo. Nesse caminho, sem perceber, o senhor desajustou sua personalidade causando constantes conflitos e profundas mágoas. O senhor feriu e foi ferido. Por essa razão precisa enxergar e enfrentar suas

16 Tania Queiroz/Marcus Vinícius

sombras. Tem de remover as lembranças tristes do passado, os padrões de pensamentos e hábitos negativos e se libertar da depressão. Precisa penetrar nos porões da sua alma, reconhecer e remover ações, reações, palavras e sentimentos negativos, impedindo a contaminação do mundo externo e selecionando pensamentos virtuosos. É tempo de aprimorar pensamentos, sentimentos e comportamento, de forma a promover uma vida mais equilibrada, produtiva e harmoniosa, com humildade, fazendo as pessoas à sua volta mais felizes. Seu pai se sente culpado e está pedindo perdão pela educação rude que lhe deu, sem carinho e sem diálogo. Hoje ele percebe que foi porque recebeu na própria educação um conceito de amor muito rarefeito, mais associado ao trabalho e ao dever do que ao carinho, ao diálogo e à compreensão.

O médico engoliu em seco e respirou fundo. Estava atordoado com o tanto de informações que estava recebendo. Como Melissa sabia tanto sobre seu próprio pai? Espantado, enquanto ajustava o soro, continuou ouvindo o que ela lhe dizia:

– Doutor, amar, para ele, era não deixar faltar pão na mesa, era encaminhar os filhos na vida, pagando um bom estudo para poderem ter uma profissão, mas não necessariamente ter uma relação afetiva, espiritual e psicologicamente profunda e íntima. Foi o modelo de educação que ele recebeu. Como não se aprofundou numa religião nem em leituras seculares, não cresceu emocionalmente nem evoluiu. Ele tinha traumas, sentia-se um fracassado; em grande parte pelo casamento que não deu certo; depois, pelos fracassos profissionais. Por tudo isso, tinha baixa autoestima e se tornou falso, mentiroso e grosseiro. Ele era extremamente carente. Por trás da armadura de um homem irascível, estava escondido o coração de um menino machucado, humilhado e ressentido. Seu pai, enquanto encarnado, não se entendeu com Deus, com a vida, com nada nem ninguém. Ele não era uma pessoa do mal, como o senhor sempre achou, era apenas alguém com poucos recursos emocionais, psicológicos e espirituais, além de ter algumas fraquezas. Ao longo desses anos, o senhor também foi muito duro com ele, o que contribuiu para o afastamento de ambos. Ele não está dizendo que a culpa é do senhor, apenas acha que devia ter sido mais maduro e ter lhe dado mais amor, mas não conseguiu e por esse motivo precisa de ajuda, oração, compreensão e do seu perdão. Sem perceber, você está repetindo esse comportamento com o seu filho.

Hoje, no mundo espiritual, após ter revisto sua caminhada, seu pai sabe que podia ter sido melhor e deseja que você seja o que ele não conseguiu ser, revendo sua atual postura. Pede que analise como está parecido com ele nas relações com sua família. Ainda está preso numa dimensão nada evoluída. Para se libertar dos débitos adquiridos e prosseguir sua jornada espiritual, ele precisa que o senhor o perdoe, sem julgá-lo, e não repita seus comportamentos. Cuide-se, doutor. Procure ajuda espiritual! Cure suas feridas! Jogue a raiva, as dores e as mágoas fora... um enfarte fulminante está se aproximando, cuidado! Perdoe-o, não seja o seu carrasco, e lembre-se das palavras de Jesus: *Quem não tiver pecado, atire a primeira pedra* (João 8:7).

O médico respirou pesadamente e sentiu dores no peito por causa daquelas lembranças. Sabia que continuaria sentindo-as caso não procurasse ajuda espiritual. Melissa tinha deixado bem claro. Após terminar o exame, ele se retirou do quarto e foi atender as pessoas que o aguardavam no pronto-socorro.

Assim era Melissa. As enfermeiras e os médicos ficavam muito assustados com suas falas profundas e inesperadas. Ela provocava reflexões sobre as mensagens. De forma firme e descontraída, falava sobre a importância de vencer a nós mesmos e aos nossos desafetos para todos do hospital.

Estava ali havia muito tempo. Depois de várias cirurgias, sabia que sua vida estava por um fio, mas nem por isso ficava desesperada. Consolava, orientava e preparava a amada filha Ingrid para a sua partida.

A jovem era formada em Matemática e lecionava na universidade. Era uma mulher jovial e bonita: alta, esbelta, cabelos aloirados e compridos, olhos verdes e lábios sensuais. Carregava um ar imponente e era muito elegante e simpática.

Certa tarde, quando Ingrid foi visitá-la, ela disse:

– Aproxime-se, segure minha mão! Quero sentir o seu calor. Olhe nos meus olhos e me prometa: não cometa os mesmos erros que eu! Nada do que conquistei: riquezas, poder, propriedades vão me acompanhar. Levarei comigo apenas minha alegria e minhas ações, as boas e as más. Ao longo da sua vida, quando a dor aparecer, lembre-se de que às vezes não é possível evitá-la, mas podemos evitar o sofrimento. Tudo depende da nossa escolha, pois somos nós que alimentamos as emoções que nos desestruturam, que nos fazem adoecer e sofrer. Cada um é responsável pela própria dor e pelas suas experiências. Fique atenta à lei da vibração. Se sentir amor, semeará e atrairá o amor, se sentir raiva, semeará e atrairá a raiva. Não descuide da Lei de Causa e Efeito para não semear discórdia. Cresça, amadureça, seja responsável, ame incondicionalmente e cultive as virtudes, principalmente a espontaneidade, a alegria e a gratidão por tudo o que recebeu de Deus, nosso Pai eterno, e seu amado filho Jesus.

– Como se dá o processo de amadurecimento? Acho que pela minha idade sou bem madura, não? – perguntou Ingrid fitando os olhos da mãe.

– Filha, muitas pessoas crescem biologicamente, cronologicamente, mas o seu psicológico continua infantil, ou seja, você tem reações de uma criança de cinco anos diante de qualquer contrariedade. Amadurecer é um processo contínuo, que exige a libertação do ego, a superação da ilusão, da fantasia, do egoísmo e de tudo o que gera sofrimento – ela completou, segurando nas mãos da filha. – É aceitar que a vida não é feita somente de vitória e felicidade; existe a dor, as decepções, as traições, as perdas e, muitas vezes, é preciso lutar para conquistar a felicidade e aprender a

Tudo tem um motivo ❧ 19 ❧

lidar com tudo isso de forma equilibrada, assumindo as próprias escolhas e as consequências dos sentimentos, pensamentos e atos.

– Quando fico nervosa e perco a compostura, significa que estou sendo infantil?

– Sim. Você precisa se lembrar de que a felicidade se conquista diariamente.

– Mãe, você acha que não cresci espiritualmente? – perguntou Ingrid em tom curioso e intrigado.

– Não o quanto deveria. Muitas vezes, você prioriza a vida material e se desequilibra totalmente quando não consegue o que quer. Exagera na vaidade e no consumismo. Está na hora de aceitar que é um espírito com um corpo físico e não um corpo físico com um espírito – disse Melissa. – Crescer espiritualmente significa transmutar situações, superar os obstáculos, buscar alternativas, não caindo em depressão, não desenvolvendo hábitos autodestrutivos, não prejudicando ninguém, muito menos a si mesma. Você deve permitir que a luz que habita o seu ser interior manifeste-se em todos os relacionamentos afetivos e profissionais, dando-lhe paz e equilíbrio. Desenvolva a força, a coragem e o poder interior pautados na fé e no amor divino. Muitos falam da Lei de Causa e Efeito, mas poucos falam da lei da consciência, uma lei interna moral. Filha, fique atenta a essa lei.

– Lei da consciência? Que lei é essa? – perguntou Ingrid, baixinho.

– É uma lei implacável, inegociável e intransferível. Saiba que sua consciência se amplia com ou sem o seu consentimento, por bem ou por mal, no amor ou na dor. Dessa forma, a nossa consciência carrega a eterna Lei de Deus, que afirma: *Faça aos outros o que você quer que eles lhe façam*[2].

– É mesmo!

---

2   Mateus 7:12 (N.E.).

– Filha amada, a evolução acontece a cada nova experiência. Ouça sempre o coração e deixe-o guiar a sua vida. Ouça sua intuição e preste atenção em suas emoções e em seus sentimentos, pois ambos fazem parte das matérias a serem aprendidas neste planeta para ampliar a consciência.

Perturbada e com um medo dilacerante esmagando o peito, temendo que aquelas fossem as últimas palavras da mãe, Ingrid sussurrou:

– Como assim?

– Filha, sua alma veio a este planeta para evoluir. Você deve aprender a lidar com todos os sentimentos negativos. Veja bem, se alguém um dia maltratá-la, com certeza você sentirá o seu ego ferido e experimentará dor e sentimentos como a raiva e o ódio. Se perder algo que ama muito, sentirá frustração, tristeza e, às vezes, até inveja dos que estão em melhor situação que você. Dessa forma, todos os sentimentos negativos que tiver ao longo da sua vida diante de situações de perda, doença, conflito etc. serão como matérias que devem ser estudadas e superadas. Por tudo isso, muitas pessoas e situações vão lhe provocar esses sentimentos, a fim de que você aprenda a lidar com eles e os transforme, ou seja, se equilibre, sem se destruir nem desequilibrar ou destruir ninguém! Diante dos sentimentos negativos, você deve suportar o doloroso processo e aproveitá-lo para se transformar em uma linda borboleta... Em suma, evoluir exige esforço, aprendizado e perdão.

– Nossa, mãe! O que disse é muito lindo, mas muito difícil de colocar em prática. É muito complexo!

– Não é não, filha. Tudo é muito simples, nós é que complicamos. Se alguém despertar em você um sentimento negativo, significa que esse sentimento mora na sua alma, faz parte da sua bagagem desta e de outras vidas, e por essa razão você atraiu a pessoa ou a situação para você reconhecer, lidar e se libertar dele. Os sentimentos despertados nos relacionamentos tumultuados são muitas vezes para nos aprimorar. Querendo ou não, a vida nos transforma. Entendeu?

– Acho que sim...

– Vou tentar lhe dar um exemplo mais prático que aprendi com seu pai... Se você tem mágoa de alguém, se sente raiva desse alguém, alimenta dentro de você o sentimento da raiva, certo?

– Mãe, isso é óbvio! – respondeu Ingrid sorrindo.

– Com esse sentimento você vibrará raiva e atrairá pessoas com as mesmas vibrações. Esse sentimento estará sempre presente em situações variadas e você não terá nenhum controle sobre ele. Isso é sinal de que a raiva está dentro da sua alma e precisa ser reconhecida e trabalhada para que se liberte dela. Assim, todas essas pessoas ou situações serão seus professores da matéria chamada raiva no seu curso de expansão da consciência.

– Hum... E como faço para me libertar desse sentimento?

– Primeiro, reconheça e sinta a raiva acumulada dentro de você, depois identifique a razão de senti-la. Busque sua origem e por meio da compreensão e do perdão supere essa experiência negativa. Perdoe uma ofensa, uma separação, um abandono ou uma perda e canalize a raiva para uma coisa positiva. Assim, além de se libertar, não permitirá que espíritos com a mesma vibração negativa se liguem a você.

– Agora a senhora enlouqueceu mesmo! Canalizar a raiva para uma coisa positiva? De que jeito? Raiva é raiva!

– Não, filha, a raiva é apenas um sentimento de impotência. Preste atenção: toda vez que sente raiva é sinal de que deseja ser respeitada, valorizada e amada. Se você se respeitar, se valorizar e se amar, as atitudes alheias não influenciarão seus sentimentos, muito menos seu comportamento. Você comanda o seu mundo interno, mais ninguém. Sentir raiva é uma escolha sua e não da pessoa que a contrariou. Para se manter equilibrada, você precisa aumentar a tolerância. Não vou ficar muito mais tempo por aqui, então quero que compreenda o que estou lhe dizendo.

– Ah! Mamãe, não fale assim, você vai sarar. Vai voltar para casa comigo! – disse Ingrid com lágrimas escorrendo pelo rosto.

Apesar das dores horríveis, do corpo cansado, abatido e magro, e a alma combalida, Melissa preocupava-se com a filha e não mostrava desânimo nem tristeza. Com olhar esperançoso, apesar das mãos trêmulas e a voz rouca, continuou:

– Filha, sei que não vou voltar para casa e que minha missão está terminando. Aceite, conforme-se e não chore! Não se revolte em momento algum; renda-se ao imutável, curve-se diante das Leis Divinas.

– Leis Divinas? Que leis mais absurdas são essas? Por que Deus não a cura? Por que está levando você de mim? – gritou Ingrid inconformada.

– Filha, creio em Deus e na Sua justiça e sei que essa doença, essas dores são a minha cura. Não a cura do meu corpo, mas da minha alma! Por meio do sofrimento estou tendo uma oportunidade maravilhosa de resgatar meus débitos! Isso é fantástico!

– Como assim? – perguntou Ingrid.

– O amor é a única matéria-prima divina que reconstrói a beleza da composição do mosaico da nossa alma... – respondeu Melissa com tom meigo.

– Mãe! Acho que está delirando. O que está tentando me dizer?

– Filha, a sua alma atual é o resultado de muitas vidas. Em cada uma delas você vestiu um personagem e vivenciou experiências diferentes, experimentando inúmeras profissões, relacionamentos amorosos e familiares, felizes e infelizes. Por tudo isso afirmo que sua alma é um lindo mosaico, uma composição em estilhaços de todas as personalidades e experiências. Na arte de viver ao longo dessas existências, conhecemos muitas pessoas, amamos, odiamos, emocionamo-nos, choramos; enfim, experimentamos sensações, emoções e sentimentos. Nessa fantástica viagem, guardamos na memória da alma o que foi belo e o que não foi. Viemos para uma nova vida com todas as peças dolorosas das experiências pretéritas. E elas são as responsáveis pela nossa vida atual.

– Nossa, será que fui fofoqueira em outra vida? Por esse motivo tenho uma cunhada que está sempre arrumando confusão com a família toda?

– Pode ser, está começando a entender... – disse Melissa sorrindo. – O comportamento negativo das pessoas nos dão dicas importantes para compreender as peças do mosaico da nossa alma. Pare e olhe a sua vida como um todo. Analise o seu universo pessoal, profissional, seus relacionamentos e perceba em qual área estão suas maiores dificuldades? Pense em todas as pessoas que compõem sua vida. O que elas fazem que você não suporta e a ofende?

– Ah! Odeio falsidade. E tem muita gente falsa por aí... A senhora nem imagina.

– Então, se à sua volta existem pessoas falsas é sinal de que um dia, em outra vida, você provavelmente foi falsa também. Tem de sentir os efeitos do seu antigo comportamento para aprender o quanto ele é inadequado para que possa adotar novas atitudes.

– Que absurdo! Quer dizer que fui falsa em outra vida e nesta vou ter de conviver com gente assim para aprender? Ora, já sei disso! Tanto que odeio falsidade!

– Porque optou por cultivar valores. Mas isso não a isenta de experimentar os efeitos do seu comportamento de outrora. É a Lei da Ação e Reação. É muito antiga...

– Também não suporto mentira.

– Pense no quanto a mentira é nefasta e como destrói as pessoas. Assim, sem julgar, comprometa-se a ser sempre verdadeira. Quando você olha para o comportamento negativo de alguém sem julgar, compreendendo que aquele é nocivo e que você não deve repeti-lo, o aprendizado se dá e a pessoa acaba afastada de sua vida. Entendeu? Sua bagagem emocional, psicológica e material e a das pessoas à sua volta lhe foram fornecidas para auxiliá-la a vencer a escuridão que habita sua alma, ou seja, são uma oportunidade para reparar as consequências negativas das suas ações. Somente aceitando e aprendendo a lição de cada experiência negativa com amor e imparcialidade é que venceremos o passado.

– Agora comecei a entender! – disse Ingrid soltando um suspiro sem muito entusiasmo.

– Por ter aprendido a me amar e a amar a Deus, Jesus, a espiritualidade e toda a Sua criação, estou vencendo parte dos meus resgates, pois estou suportando essa vicissitude sem reclamar; com amor, força, coragem, sem raiva nem revolta no coração e com a consciência de que a vida é rara. Nesse processo, mergulhei no autoconhecimento e reconheci minhas fraquezas e meus erros. Neste hospital, tenho refletido muito e sei que foi o descuido com a minha própria vida e meus sentimentos negativos exagerados que provocaram os meus problemas cardíacos e o diabetes, e não Deus. A forma como lidei ao longo da vida com as perdas, as dificuldades e as frustrações foi inadequada e selou o meu destino. Todos os sentimentos ruins acumulados foram retidos no meu corpo, na minha mente e no meu coração, provocando as doenças que ora me afligem. Descobri a alegria de viver depois que sofri um enfarte, ou seja, quando estava quase morrendo! De lá para cá, mudei muito! Aprendi a valorizar tudo o que tenho, a perceber a beleza da natureza, do meu eu, do mosaico da minha alma... E aprendi a ver a vida com mais leveza e a ser mais espontânea e verdadeira comigo mesma! Voltei a cantar, a dançar e a me divertir!

– Não compreendo isso, mamãe! Recuso-me a aceitar suas doenças com essa naturalidade.

– Filha, elas são a oportunidade de resgate e de aprendizado. Durante todos esses anos cuidando do coração e do diabetes refleti sobre o real valor que dei à vida enquanto tinha saúde, revi todos os meus valores, minhas crenças e meus objetivos. Repensei meu passado, minhas atitudes, revi minhas limitações, meus bloqueios e tudo o que fiz. Com certeza, mudei minha forma de encarar a vida e a morte, e até mesmo de sentir Deus. Cresci, aprendi a sorrir, a ser grata, a ver a beleza das coisas simples. Eliminei culpas, remorsos e ressentimentos; enfim, inúmeros sentimentos negativos, conscientes e inconscientes, que me dominaram por muitos anos. Aprendi a amar, a perdoar e, principalmente, a me conhecer. Assim, operei transformações internas legítimas e verdadeiras. Faltaram-me alegria, espontaneidade, gratidão, satisfação e leveza. Sempre fui muito rígida e inflexível. A doença acabou se transformando numa lente, através da qual passei a me enxergar melhor.

– Mamãe, não quero perdê-la, lute para ficar comigo, lute mais, peça para Deus e Jesus curarem-na! – implorou Ingrid.

– Deus e Jesus já estão me curando! Neste instante, em Sua infinita misericórdia e bondade, apesar dos meus erros passados, estendem suas mãos amigas e acolhedoras para que eu possa partir e recomeçar, de uma forma muito melhor. Sei que em breve Deus vai me libertar dessas dores horríveis e desse cansaço! Logo estarei livre e curada! Por bondade divina, terei outra chance. E sei que nos encontraremos em nova oportunidade.

– Mãe, eu gostaria de acreditar em tudo isso e ter essa sua visão positiva diante dessa terrível tragédia.

– Ingrid, saiba que só a inteligência não basta para fazê-la feliz. Para seu equilíbrio e felicidade, liberte-se de crenças e valores que não a façam evoluir! Encontre um sentido verdadeiro para sua vida! Faça o que ama, o que a deixa feliz. Liberte-se de tudo o que a mantém deprimida, triste e estagnada! Aconteça o que acontecer, não deixe de acreditar em você! Conduza sua vida, deixe tudo o que a aprisiona no passado. Fortaleça a fé em si mesma! Somente por meio do amor vai se libertar das sombras das mágoas, do rancor e dos medos. Não tema demonstrar seu afeto a tudo e a todos à sua volta, tornando-se imune a qualquer energia negativa. Seja como as flores, que nascem, crescem, desabrocham... enfrentam as tempestades sem perder a cor nem o perfume. Não deixam que os espinhos lhes tirem a pureza. Apesar do rigor do inverno, a cada primavera renascem maravilhosas, encantando o mundo com sua beleza e perfumando tudo ao seu redor. Seja como a flor de lótus, branca, imaculada, bela, forte, que brilha no lodo!

– Que lindo!

– Analise sempre seu passado e os problemas vividos de forma a conseguir aprender e enfrentar melhor seu presente e seu futuro. Agora, por favor, pegue a Bíblia e leia Coríntios 13.

Ingrid, contrariada e infeliz, acatou seu desejo e começou a ler em voz alta:

> (...) Ainda que eu tenha o dom de profetizar, e conheça todos os mistérios e toda a ciência, e ainda que eu tenha toda fé, que transporte os montes, se não tiver amor, nada serei. (...) O amor é sofredor, é benigno; o amor não é invejoso; o amor não se vangloria, não se ensoberbece, não se porta inconvenientemente, não busca os seus próprios interesses, não se irrita, não suspeita mal; não se regozija com a injustiça, mas se regozija com a verdade; tudo sofre, tudo crê, tudo espera, tudo suporta.

Com o coração dilacerado, a jovem entendeu a mensagem, mas no auge do desespero se dirigiu em pensamento a Deus e indagou: "Por quê? Por quê, meu Deus, está levando minha adorada mãe? Por que tão cedo? Como seguirei a vida sem ela?".

Melissa, quase sem forças, num último suspiro, mas sorrindo, balbuciou:

– Filha, por favor, retire a tornozeleira que carreguei a vida inteira com as lembranças da minha vida que não compartilhei com ninguém. Ela guarda os meus melhores momentos. Quero olhá-la pela última vez...

Ingrid, com os olhos cheios de lágrimas e com a maquiagem borrada, fez o que a mãe lhe pediu. Pegou a correntinha e entregou-a para Melissa que, amorosa, segurou-a com as mãos. Por alguns minutos, ela olhou para cada pingente, abrindo um sorriso de felicidade. Depois, num delicado gesto, entregou-a para Ingrid.

– E agora, mamãe, o que faço?

– Compre um pingente que represente um momento feliz, marcante na sua vida, que a fizeram aprender uma grande lição ou sentir algo muito bom e forte e coloque na tornozeleira. Assim, toda vez que se sentir triste, desanimada, olhará para ela e imediatamente vai se lembrar de tudo o que viveu de bom.

– Mamãe, é por esse motivo que a senhora tem todos esses pingentes?

– O que significa esta estrela?

– O amor de minha mãe – respondeu Melissa com ar saudoso.

– E esta cruz?

– Simboliza um dos piores momentos da minha vida, não me destruí por pouco... – suspirou Melissa. – Mas acabou se transformando na minha verdadeira oportunidade de amadurecimento e descobrimento do meu verdadeiro amor. Precisei ir até o inferno para conseguir encontrá-lo.

– Você nunca me falou sobre isso.

– É verdade, essa parte da minha vida eu não revelei a ninguém. Era um segredo. Entre no sótão do meu quarto e pegue no armário em que guardo os livros antigos, na terceira gaveta, os meus diários. Lá encontrará a história da minha vida – respondeu Melissa com os olhos vermelhos.

– Farei isso. Quero saber tudo sobre você – disse Ingrid com a voz meiga.

– E o que significa esse outro, o coração de rubi?

– O amor eterno do homem que amei nesta vida e amarei pela eternidade: o amor de seu pai, meu grande e único amor...

Ingrid sorriu, amava o pai. Ele havia falecido fazia alguns anos, mas fora o melhor pai que alguém poderia ter tido. Ela sabia do amor profundo e verdadeiro entre eles. Sabia que ele tinha amado a mãe por toda a vida, desde o primeiro momento em que seus olhos cruzaram com os dela...

– Neste momento, estou lhe dizendo adeus, mas guardarei o seu sorriso em meu coração pela eternidade. Filha, não cometa os mesmos erros que eu. Vença suas provações higienizando sua mente, mudando seus pensamentos e transformando suas ações. Evite adquirir mais débitos nesta vida. Faça o feio ficar belo, sempre! Cuide bem dos meus netos...

Ingrid se aproximou e percebeu que a respiração ofegante da mãe cessara. Fechou-lhe os olhos, beijou suas mãos, debruçou sobre o corpo imóvel e ainda quente e, convulsivamente, pôs-se a chorar. Sentiria saudades dos seus carinhos... Ali, naquele instante, o suor percorreu-lhe o rosto; ela sentiu calafrios, tontura e vertigem. O tempo foi suspenso. Naquele instante, desencontrada, perdida, com o olhar perdido, sem brilho, as lembranças tomaram conta de sua alma... Sacrifícios, combates, mutilações interiores, dores, impossibilidades... Conquistas, fracassos, desejos, perturbações, obsessões... alegrias, bom humor, expectativas, velas, rosas, espíritos, orações, bênçãos... Que vida turbulenta tivera aquela doce mulher a quem por tantos anos chamara de mãe!

Uma história de vida simples, mas ao mesmo tempo complexa.

"Filha, não cometa os mesmos erros que eu. Vença suas provações higienizando sua mente."

Essa frase ecoava sem parar nos ouvidos de Ingrid, que decidiu ler os diários da mãe para reviver toda a sua história...

2

O Encontro

A criança é mais importante que sua procedência,
ela vale o mundo.
Hália de Souza

O inverno era rigoroso, as tropas em retirada aguardavam ansiosamente o transporte para voltarem para seus lares. Alguns homens estavam plenamente satisfeitos com os resultados alcançados. Carregavam um grande prazer pela missão cumprida e a alegria de estarem vivos.

A guerra fora terrível e intensa. As mortíferas ações dos guerrilheiros não deixaram praticamente nenhum sobrevivente.

Sob os destroços e as centenas de corpos, inúmeros miseráveis estavam em busca de vestimentas, botas, joias, dinheiro ou qualquer coisa que lhes garantissem o alimento do dia seguinte.

No fim daquela tarde cinzenta e fria, todos se retiraram e o silêncio era total.

Ao longe, um andarilho incansável, acompanhado de seu fiel amigo, um cão capenga e magro, desfilava seus ossos e seu único pedaço de pão ao som de sua gaita entre os corpos espalhados pela neve. A visão não era nada agradável.

O vento soprava silencioso. Não havia luz e a neve caía suavemente. Ao fundo, ouvia-se um imenso choro velado e amargo.

O miserável silenciou a gaita e começou a procurar entre os corpos o famigerado sobrevivente. Procurou por horas, mas nada encontrou. Seu fiel cão, entretanto, teve muito mais sorte. Sem pressa, parado diante de um poço, começou a latir freneticamente, denunciando o local do choro.

Vagarosamente, o homem se aproximou e tal foi sua surpresa ao olhar para o fundo e perceber que dentro dele havia um balde com uma menininha... Encolhida, assustada e apavorada. Tinha cinco anos, mais ou menos.

Seus olhos verdes, arregalados, estavam cheios de lágrimas. Seus cabelos negros, sujos, espetados, não escondiam sua beleza, pureza e os maus-tratos. Como quem tinha ganhado um presente da vida, o velho pôs-se a sorrir e, calmamente, puxou a corda que segurava o balde, trazendo a linda menina para cima.

Em absoluto silêncio, comovido, pegou-a nos braços e, acompanhado de seu fiel cão, retirou-se o mais rápido possível.

Enquanto caminhava, fechou os olhos e rogou aos céus para que nenhum soldado aparecesse e capturasse a menina, que certamente era filha de um dos inimigos derrotados. Ele sabia que ela chorava pelo horror vivido. Com certeza, havia presenciado a morte de seus entes queridos. Talvez a morte do pai, da mãe, dos irmãos e de todos os seus amigos. Alguém a havia protegido, tentado salvar sua vida, escondendo-a no poço. Repleto de indagações, o velho caminhou a passos largos.

A menina, após algum tempo se acalmou. Com sorriso terno, abraçou-o em ato de agradecimento.

Assim, o velho, o cão e a menina caminharam em direção ao gueto da cidade. No caminho, ela sentiu fome. Ele sabia que ainda faltava muito tempo para chegarem à cidade. De imediato, deu-lhe um pedaço de pão e outro para o cão. O medo de que alguém do mal aparecesse era imenso. O vento frio cortava a carne. Enquanto caminhava apressadamente, sua mente parecia um turbilhão de pensamentos. O que ele iria fazer com a menina? Como cuidar dela se era um miserável? Não podia negar a morte de todos os seus parentes. Faria tudo o que estivesse ao seu alcance para que ela esquecesse aquele horror. Aliviado, suspirou quando, após caminharem muitos quilômetros, chegaram à cidade.

Embaixo de uma ponte, entre lixos, caixotes e papelões, local no qual se instalaram, colocou a menina para dormir. Depois, ficou um longo tempo parado com os olhos mortiços de sono contemplando o céu, orando e pedindo ajuda a Deus para superar as dificuldades e poder cuidar daquela linda menina. Angustiado, deprimido, preocupado, não conseguiu dormir; rolou de um lado para outro. Em dado momento, levantou-se e foi caminhar naquela madrugada fria. O ar gelado o reanimou um pouco. Deu uma volta pela cidade. Depois de muito caminhar, decidiu parar diante de uma taberna para pedir emprego. Estava tentando, pela primeira vez nos últimos vinte anos, ganhar a vida honestamente, pois sentia que tinha uma missão: cuidar daquela criança custasse o que custasse. Ali, o proprietário o achou sujo e fedido, mas deu-lhe um banho, algumas roupas, e o contratou, pois precisava urgentemente de ajuda para os negócios. A cidade estava desfalcada de trabalhadores, pois a maioria havia morrido na guerra.

O homem tremia e suava; afinal, era seu primeiro trabalho depois de vinte anos! Trabalhou a noite toda e no dia seguinte bem cedinho correu para debaixo da ponte para encontrar-se com sua menina e seu cão. Agora estava refeito, pois tinha algum dinheiro e poderia dar a ela uma troca de roupa limpa, um lugar melhor para morar e um delicioso café da manhã. Animado e feliz, levou-a para tomar um banho numa pensão, comprar uma roupa nova e tomar café. Na mesa do café, a menina comia calmamente, sem a menor preocupação com o que se passava à sua volta. Algumas senhoras que chegavam para tomar café, admiravam sua educação e beleza.

– Que menina linda. É sua neta? – perguntou uma senhora acompanhada de duas amigas que conversavam alegremente.

– Sim, é minha neta – respondeu o velho. – Seus pais morreram na guerra e agora tenho de cuidar dela.

– Como o senhor se chama? E a menina, qual é o nome dela?

Ele gaguejou um pouco, terminou o chá e respondeu rapidamente:

– Meu nome é Caleb Bellucci, e minha neta é Melissa Bellucci. E a senhora, como se chama?

Ela afastou-se das amigas e respondeu:

– Ruth Fagotti! O senhor toma conta dela sozinho?

– Sim, e estou em apuros! Ela tem de ficar sozinha para eu trabalhar.

– Se precisar pode deixá-la comigo durante o dia. Ela vai devolver-me a alegria de viver; estou muito sozinha...

Caleb sorriu aliviado e mentalmente agradeceu a Deus por Ruth ter aparecido em sua vida. Mais do que depressa aceitou a ajuda e lhe disse estar procurando um local humilde para morar com a menina. Ruth, com o olhar brilhando, ofereceu um quartinho nos fundos de sua casa para os dois. Explicou sua necessidade de alugá-lo para sobreviver, pois acabara de perder o marido e os filhos na guerra. Caleb aceitou a oferta. Imediatamente, após o café, deixou a pensão e acompanhou Ruth até sua casa, instalando-se no quartinho dos fundos da casa com a menina.

– Vejo que o senhor, após essa guerra terrível, está atravessando um período de imensa dificuldade! – disse Ruth com uma expressão curiosa nos olhos.

– Estou sim, minha casa foi totalmente destruída. Perdi minha esposa e meus filhos; meus pertences e os da menina se desfizeram no fogo; estamos quase sem nada, tenho de recuperar tudo novamente.

– Nossa, que tragédia que todos vivemos! Ainda bem que o senhor tem sua neta. Eu perdi todos os meus filhos, netos, pais, irmãos e meu marido; fiquei completamente sozinha nesta cidade. Confesso que está muito difícil continuar tendo forças para viver. Ainda bem que a dona Noemi e seus três filhos, e agora o senhor e esta linda menina, apareceram em minha vida!

Caleb corou; na verdade, envergonhado pelas mentiras ditas a Ruth, que parecia uma boa mulher. De fato, muitos anos antes ele perdera esposa e filhos num trágico assalto, mas não na guerra. Havia se transformado em um andarilho em razão do desgosto, do desespero, da dor imensurável por ter perdido a amada família. Naquele momento, temeu contar a verdade e ser mal interpretado. Temia que se descobrissem ter sido ele, um simples andarilho, a encontrar a menina dentro de um poço, sem família e sem ninguém, fosse julgado e mal interpretado e, o pior, perdesse a garota, pois não acreditariam em suas boas intenções em ampará-la e educá-la.

Ruth, acreditando na sua história, comovida, imediatamente se propôs a ajudá-los.

– Se o senhor não se importar, vou pegar algumas roupas do meu falecido marido, de meus filhos e netos e vou doá-las para você. Vou pegar também algumas roupas com Noemi e doar para Melissa.

– Nossa! Agradeço-lhe muitíssimo – disse Caleb feliz.

– Na hora do jantar, o senhor vai conhecer Noemi e seus filhos. Peço que não leve em consideração o seu comportamento, pois sofreu demais nos campos de concentração. Fugiu da Alemanha e se instalou aqui na Itália, por esse motivo algumas vezes reclama demais da vida, sendo até muito grosseira; mas eu a compreendo, perdeu quase toda a família, os amigos e parentes. Não foi fácil o que passou; e não está sendo fácil se adaptar ao nosso jeito judeu-italiano de ser, pensar e viver; afinal, estamos radicados aqui há muito tempo. Viemos para a Itália há mais de vinte anos. Por favor, seja tolerante, não se incomode com as reclamações dela, pois suas dores e dificuldades de adaptação são imensas.

– Fique tranquila, vou ter paciência e ficar no meu cantinho com minha neta e meu cão, sem atrapalhar ninguém.

– Ah! O quarto é fora da casa, isolado, mas tem todo o conforto!

– Ficaremos bem, tenho certeza, ainda mais junto ao nosso cão!

– O seu cão, o Lobo, ficará muito bem instalado no nosso quintal. Vamos providenciar uma casa para ele. Parece que é bom, obediente e tem educação. É bonachão e simpático. Não precisa de cuidados especiais e é um bom companheiro, poderá nos ajudar a vigiar a casa – disse Ruth alegre.

– Obrigada, a senhora é muito generosa – respondeu Caleb sem esconder o contentamento.

E foi assim que ele encontrou um lar para o cão e para sua pequena e encantadora Melissa. Depois de quase vinte anos de mendicância, finalmente encontrara uma nova razão de viver: Melissa.

Agora tinha motivos para se erguer, vencer e dedicar-se avidamente ao trabalho. Não deixaria faltar nada para a menina que, no seu coração, fora um presente de Deus. Ela representava a sua ressurreição, o renascer dos seus sonhos, sua volta à vida.

O que Caleb não imaginava é que, apesar de seus esforços, Melissa teria um imenso desafio pela frente: superar as marcas de uma tragédia e as consequências em sua personalidade. Com certeza, tal realidade teria seu ponto crucial em sua adolescência.

3

A grande virada

Os parentes difíceis, quase sempre, são os fiscais da vida que nos examinam nas lições de progresso espiritual.

Albino Teixeira

Alguns meses se passaram e naquele dia frio Caleb se esforçou ao máximo em seu novo emprego, mas, lamentavelmente, por ter ficado tanto tempo sem trabalhar, fracassou nas mais simples tarefas. Ele perdeu o emprego, mas não desanimou e procurou incansavelmente outro trabalho, que também não deu certo.

Ao longo de quase quatro anos, fez dezenas de tentativas, mas todas em vão. Ele não parava em emprego algum, pois não possuía as qualidades necessárias para ser um empregado bem-sucedido. Tinha dificuldades com as chefias, respondia e não suportava receber ordens e fazer determinadas tarefas. O seu péssimo temperamento lhe custou muitos empregos. Com o passar do tempo, ele começou a ter dificuldade para se empregar, pois sua fama de mal-humorado, folgado e malcriado se espalhou pela cidade. Assim, sem emprego, não conseguia pagar o quarto alugado de Ruth, que por vezes foi muito compreensiva. Melissa crescia naquele ambiente de imensa dificuldade financeira. Sofria com o mau humor de Caleb que, mesmo sem querer, acabava descontando seus problemas nela. Sem conseguir trabalho, totalmente desorientado, ele começou a beber e a perambular pelas ruas. Dormia na rua e Melissa o carregava de volta para casa.

– Vem, Caleb, vamos embora – disse Melissa. Ele parecia um trapo imundo, jogado naquele chão sujo.

– Já vou; espere um pouco, estou tonto, pare de me aborrecer, sua estúpida, idiota, inútil... – respondeu grosseiro e bêbado.

Melissa ignorou as ofensas, e com os olhos marejados esperou um pouco e arrastou Caleb para dentro de casa, com tremendo esforço.

Ruth viu o sacrifício brutal de Melissa e lhe disse:

– *Dio Santo*, que menina guerreira! Com toda essa confusão que ele apronta, se faz de forte, não desiste dele, nem chora!

Contudo, Melissa, uma criança pura, sofria muito, pois ele, quando estava bêbado, perdia o controle, falava palavrões e relembrava os momentos tristes. Parecia um doente mental, chorava e se isolava de todos; conversava sozinho, esquecia de tomar banho e por qualquer coisa estourava, arrumava briga com o carteiro, com Melissa e com Ruth; só não cismava com Noemi e suas crianças, que se mantinham bem distantes dele. Arrumava encrenca com todos os vizinhos e com qualquer um que passasse à sua frente. Depois de certo tempo, ninguém suportava mais suas bebedeiras; exceto Melissa, que transbordava em gratidão e paciência.

O carinho que a garota nutria por ele era imenso, mas, com aquela vida infernal, aos poucos ela foi se cansando e desanimando. Um sentimento de profundo desgosto se refletia no seu semblante, porém ela passava a mão na cabeça dele, negava que ele fosse um bêbado e que estava se transformando num vagabundo agressivo. Embriagado, meio adormecido, algumas noites ficava nos bancos das praças e ela nada podia fazer. Muitas noites ela o procurava e não o encontrava e quando voltava para casa arrumava encrenca e a deixava sem dinheiro algum.

– Ah! – exclamou Melissa com espanto. – Não, Caleb, esses trocados ganhei lavando louça para a Noemi. Estou juntando para pagar o aluguel. Não pegue esse dinheiro para beber, Caleb! Não teremos como pagar dona Ruth! Não faça isso!

E Melissa atirou-se em cima dele, a fim de recuperar os trocados, mas não conseguiu. Ele saiu correndo em direção ao bar, xingando a menina.

Com aquelas atitudes, começou a ensinar para a Melissa que viver doía e se esqueceu de que precisava ser um adulto maduro para apoiá-la, educá-la e auxiliá-la na superação dos traumas da guerra. Ela suportava heroicamente os maus-tratos, as ofensas e humilhações, ou seja, a tirania do seu alcoolismo, como se fosse seu destino. Desejava ser uma menina guerreira, mas começou a se sentir muito frágil, frustrada, impotente, infeliz e inadequada; sem família, não tinha como se libertar daquela triste situação. As ofensas proferidas quase que diariamente por Caleb, enfraqueciam pouco a pouco a sua alma. Sentia-se uma incompetente e culpada por ele estar daquele jeito; sempre achava que devia ter feito algo errado para ele ficar tão bravo com ela. Isso era o que pensava em sua inocência infantil.

O que Melissa não tinha condições de entender, pela sua pouca idade, é que o vício o deixava louco e insano. Ela não tinha culpa de absolutamente nada. Às vezes, ele, de tão bêbado, não conseguia pronunciar uma única palavra, tampouco abrir os olhos. Totalmente dominado pela bebida, com as mãos trêmulas, alimentava-se mal, cambaleava pelas ruas, tropeçava nas próprias pernas... era um horror. Estava ficando fraco e doente. Estava triste e inseguro por estar desempregado, preocupado com o futuro, sentindo-se um tremendo fracassado em razão das perdas e da humilhação pessoal. Escolhera beber a aguardente para se manter aliviado, para fugir da realidade... e não percebeu o mal que fazia para a menina que mais amava na vida, sua Melissa, que tinha de suportar suas crises, seu hálito fedorento, sua grosseria e tudo o mais.

– Oh, meu Deus, Caleb. Isso é horrível, não aguento mais carregá-lo para dentro deste quarto fedorento – disse Melissa desgostosa. – Pare de beber, isso não vai resolver nada! Você está destruindo nossa vida! Estou cansada!

– Ah! Deixe-me em paz, sua idiota, filha da... – respondeu Caleb contrariado. – Bebo para esquecer essa droga de vida! Não me amole! Suma da minha frente antes que eu lhe dê umas pauladas.

– Dona Ruth veio receber o aluguel e eu disse que não temos dinheiro – comunicou Melissa ignorando as ameaças. – Garanti a ela que você vai ficar sóbrio e levantar uns trocados nem que seja catando papelão na rua ou cortando grama!

– Eu não tenho talento para esses serviços medíocres! – respondeu Caleb com a voz rouca –, mas deixe estar que vou conseguir o dinheiro; fale para ela ficar sossegada.

Melissa, com o coração em frangalhos, nervosa e trêmula, calou-se. Naquele instante, sua vontade era de desaparecer.

Caleb não tinha noção do transtorno emocional que estava causando na menina.

Ela não conseguia forças para ir à escola. Pela manhã, ia se arrumar naquele banheiro minúsculo e ficava parada diante do espelho olhando suas profundas olheiras e sua magreza e analisando o estado deplorável da situação. Estava cansada de quase todas as noites ter de buscar Caleb em ambientes horríveis; becos escuros, cheios de mendigos, lixos, animais famintos e gangues violentas. O medo a dominava. Ela odiava aquela situação.

Um dia começou a se sentir estranha. A raiva passou a dominar seu coração. Durante a noite tinha pesadelos. Certa madrugada, agoniada e com insônia, sentiu um vento gelado nas costas e a sensação de que havia alguém com ela. Virou-se, mas não encontrou ninguém. Sentou-se na cama e pensou sobre tudo o que estava vivendo. Pegou o crucifixo que Ruth lhe dera e bem baixinho fez suas orações, pedindo ajuda a Deus para interceder e transformar sua vida.

No dia seguinte, Ruth decidiu tomar as rédeas da situação e forçar Caleb a procurar ajuda em um grupo que atendia pessoas viciadas em álcool.

As preces de Melissa foram atendidas. Pacientemente, Ruth conversou com Caleb na tentativa de persuadi-lo a se tratar com urgência. Do jeito que estava não poderia continuar.

– Caleb, não há virtude no seu vício; você está se destruindo e se esquecendo de que tem uma linda menina para criar! – disse Ruth em tom firme. – Pare de se destruir com a bebida e de machucar Melissa. Você está destruindo sua inocência, sua pureza, e lhe provocando terríveis traumas. Acha que ela aguentará por muito tempo essa situação sem começar a se destruir também? Quase todas as noites ela corre risco de morte ao buscá-lo nesses becos fedorentos. Até outro dia você era um avô maravilhoso! Pensa que não escuto os palavrões que diz a ela? Procure ajuda, você está se entregando e buscando graves infortúnios. Está à mercê dos espíritos trevosos! Se continuar assim, seu fim será dramático e o dela também. Assuma suas responsabilidades! Reconstrua a vida de vocês com urgência! Mude suas atitudes ou vou tirar Melissa de você. Chega, não aguento mais vê-la sofrendo sem poder fazer nada! Tome providências urgentes ou vou buscar um advogado para pegar a guarda dela. Não vou permitir que destrua a vida da menina desse jeito! Basta!

– Eu sou um imbecil! – disse Caleb convicto.

– O quê? – perguntou Ruth.

– É isso, sou um idiota, fracassado e imbecil! É por essa razão que bebo! Se a senhora nos colocar para fora, não temos para onde ir...

Ruth assentiu com a cabeça e disse:

– O fracasso no trabalho não justifica sua bebedeira e não pode promover o fracasso da sua vida e da vida dessa linda menina. Suas atitudes não se justificam pelo fato de não conseguir ser empregado, de ter perdido sua fonte de renda. Você ainda é um homem forte, pode lutar e trabalhar por conta própria! O que está lhe faltando é fé em você e em Deus, que sempre fecha uma porta e abre outras tantas. Já não chega o horror da guerra?! Não tem pena dessa menina? Acha que ela merece passar por tudo isso? Não vê que ela está sofrendo com seu embrutecimento? Acha certo o que está fazendo com ela?

– Eu sei, sou um idiota – murmurou Caleb.

– Acorde! Ela é sua neta e precisa de você sóbrio para sustentá-la, orientá-la e ampará-la. Aprenda a viver o momento presente. O que passou, passou! Melissa precisa dos seus cuidados e do seu amor. Está agindo como uma criança malcriada e sem limites! Um tremendo irresponsável! Faz o que bem entende e não percebe as consequências desastrosas dos seus atos. Está semeando a dor e o desespero no coração de Melissa... Pare para pensar em tudo o que essa menininha está tendo de suportar por amá-lo! É um absurdo o que está fazendo com você e com ela. Pare e pense: o que você pode fazer a partir de agora para mudar sua vida? Reaja! Lute para ser feliz! Você é um homem de grande valor. Por que decidiu achar que não tem nenhum? Você só reclama, só se lamenta, o que aconteceu?

– Eu sou um inútil... – balbuciou.

– Pare com isso! Por que está dizendo essas bobagens? Por que perdeu a autoconfiança? Está carregando uma carga pesada de infelicidade e autopiedade, e o pior é que isso não vai levá-lo a lugar nenhum. O que você ganha com esse comportamento destrutivo, bebendo todos os dias, ficando jogado nas praças, nos becos, nas ruas? Qual é o seu problema? O que você espera conseguir? Acorde para a vida! Pare de se destruir e busque soluções!

As palavras de Ruth o impressionaram. Caleb, comovido, começou a chorar.

– Eu sou um imprestável... tenho de morrer! – exclamou. – Meu Deus! Para que continuar vivendo deste jeito?

– Pare de se lamentar, não chore, ore! Peça ajuda ao Nosso Pai Celestial. Deixe de ficar caído pelas ruas, mude suas atitudes. Como não sabe lidar com as dificuldades? O seu problema é pequeno perto do problema de muita gente. Mesmo sem pagar o aluguel tem onde morar. Mesmo sem trabalhar, não lhe falta um prato de comida. Não coloco você para fora daqui agora mesmo por causa da menina! Para onde ela iria? Pense, Caleb, pense e reaja! Tem tanto trabalho neste mundo! Você pode ser jardineiro, pintor, comerciante... Busque ajuda espiritual para quebrar esse orgulho absurdo, para que sua mente seja clareada e sua vontade fortalecida. Pare de se sentir um coitadinho, uma vítima da sorte... Cresça! Seja homem! Com a graça de Deus está com saúde e pode acabar com todo esse tormento num instante, é só querer! E só depende de você!

– Eu sou um ser miserável...

– Você está sendo repetitivo. Quando você começará a mudar? O que vai fazer para sair dessa situação lamentável? O que mais eu posso fazer para ajudá-lo?

– Não sei, acho que nada, tudo está muito difícil.

– Se quiser, amanhã mesmo arrumo vários trabalhos para você. A dona Firmina quer alguém para pintar a casa dela; dona Gertrudes quer alguém para cuidar do jardim. Trabalho é o que não falta, Caleb! Enxergue os resultados negativos desse seu comportamento na vida de Melissa e de todos à sua volta. O que de verdade o está motivando a beber tanto? Isso é justo? O que o impede de dar uma virada na vida? Quando vai começar a mudar as coisas? O que terá de acontecer para você acordar? Comece a mudar! Você está perturbado!

Caleb escutou Ruth com atenção e com uma sensação de mal-estar e imensa vergonha. Ela o aconselhou e consolou por horas a fio. Ele não respondeu mais nada, apenas ficou pensativo.

Na semana seguinte, apesar da resistência, ele acabou cedendo e aceitou a ajuda do grupo que atendia os viciados em álcool e passou a frequentar reuniões feitas por um grupo que estudava o espiritismo. Depois de quatro semanas, Caleb diminuiu a bebedeira. Estava mais sóbrio e começou a cuidar de alguns jardins da vizinhança para levantar o dinheiro para pagar o aluguel, comprar comida e livros. Ruth o ajudava como podia. Apesar de estarem devendo mais de seis meses de aluguel, ela ainda os alimentava e não deixava faltar o material escolar e os uniformes de Melissa. Pobre menina, o ambiente da sua infância não era dos melhores e estava lhe causando profundas cicatrizes. Apesar da tristeza pela situação de Caleb, vivia pensando em como tirar o seu querido "salvador" daquela dificuldade financeira, do vício da bebida, mas não sabia como. Apesar de ele ter melhorado, ela temia uma recaída.

Com quase dez anos, numa tarde nublada, depois de pensar muito sobre tudo o que estava acontecendo, resolveu seguir seus instintos e acatar as sugestões da voz que ressonava dentro de sua mente lhe dizendo que os problemas seriam resolvidos se ela fosse até uma praça pública observar e conversar com as pessoas que por ali passavam. Assim o fez. Chegando à praça, ficou muito à vontade e, de repente, começou a olhar para as pessoas, aproximar-se delas, tocar em suas mãos e a lhes dizer coisas interessantes que vinham na sua mente. Elas, por pura curiosidade, paravam para ouvir o que a doce menina estava lhes dizendo. Uma senhora parou diante de Melissa e ela, pegando em sua mão com muita calma e firmeza, mudou o tom de voz e lhe disse:

— Vejo um profundo pesar em seu peito; está muito preocupada com a saúde da sua filha que tem quinze anos. Não se preocupe, ela vai ficar boa. A doença foi apenas um susto, não é nada grave. Confie. Ela vai se curar.

A mulher não acreditou no que ouviu, pois a garota parecia uma adulta falando. Grata por suas palavras, deu certa quantia em dinheiro para Melissa, que ficou emocionada e continuou a dizer frases para as pessoas que passavam por ela. Muitos paravam e ouviam-na atentamente. Ela lhes dava conselhos fantásticos sobre a vida, os caminhos e as dores.

Naquela tarde, Melissa conseguiu angariar uma boa quantia. Quase anoitecendo, foi para a casa muito eufórica e encontrou Caleb e Ruth desesperados; afinal, ela havia ficado fora por muito tempo. Quando Ruth viu que a menina chegou bem, ficou calma e retirou-se para sua casa, deixando-os à vontade.

– Caleb, ganhei cento e vinte liras na praça falando para as pessoas coisas que me vinham à cabeça – disse Melissa. – Não sei por que elas me deram dinheiro, mas achei ótimo, pois estamos precisando pagar o aluguel para a dona Ruth.

– Melissa, o que é isso? O que você fez? Falou coisas que vinham à sua cabeça e lhe pagaram? Mas o que lhes disse de tão importante?

– Não sei se o que disse era importante. Eu chegava perto delas, pegava em suas mãos e começava a falar o que me vinha à cabeça. Para uma, falei sobre a filha doente, que se recuperaria; para outra falei que o marido arrumaria emprego. Elas ficaram emocionadas, choraram, e de tão felizes me deram dinheiro. Eu não pedi nada!

– *Madona*! E de onde tirou essas coisas? – perguntou Caleb intrigado, mas ao mesmo tempo feliz com a novidade.

– Sei lá, parecia que tinha alguém do meu lado me dizendo as coisas – respondeu Melissa. – Amanhã, depois da escola, voltarei lá; você pode ir comigo e ouvir o que eu digo. O que acha?

– Acho ótimo, você tem certeza de que lhe deram o dinheiro, né? Você não roubou ninguém, roubou?

– Caleb, claro que não! Não sou ladra! Não me ofenda! – respondeu Melissa.

– Está bem, desculpe. Só perguntei... sabe como é... desculpe. É que é muito dinheiro...

No dia seguinte, Caleb acompanhou Melissa até a praça e ficou extasiado com o que viu e ouviu. Algumas pessoas paravam para ouvi-la e a presenteavam com gordas doações.

– O senhor está com medo de ser despedido? Fique tranquilo, será promovido! E quando for, pode voltar e me dar um agrado.

O homem ouviu, sorriu, deu-lhe uma boa gorjeta e foi embora satisfeito.

– Não fique desesperada, o marido da sua filha vai voltar para ela.

A mulher ouviu e de tão feliz deu quase tudo o que tinha na bolsa para Melissa.

No fim do dia, a garota havia falado com várias pessoas e recebido cento e oitenta liras. Caleb ficou muito animado. Se Melissa continuasse naquele ritmo, os seus problemas financeiros acabariam rapidamente. Em menos de uma semana Melissa angariaria mais do que o suficiente para pagar o aluguel, a água, a luz e as despesas com alimentação e vestuário.

Nos meses que se seguiram, Melissa frequentou a escola pela manhã e às tardes foi para as praças da cidade, acompanhada por Caleb, que agora se transformara em seu guardião. A menina dizia palavras mágicas ao tocar nas mãos das pessoas em troca de boas gorjetas. Com o passar do tempo, aos poucos, Caleb se transformou em outro homem, cuidava do jardim das vizinhas, fazia pequenas reformas, frequentava o grupo espírita e participava de palestras sobre o alcoolismo. Parou de beber e começou a administrar as gorjetas de Melissa para juntar dinheiro o suficiente para começar um negócio próprio e livrá-la daquele trabalho. Muitas pessoas achavam que Caleb a explorava, mas sem considerar a opinião alheia, Melissa permaneceu lendo as mãos das pessoas por anos a fio. Nesse período, nem tudo foi bom. Algumas vezes, foi assaltada por meninos de rua, outras, humilhada por alguém que se ofendia quando ela se aproximava e pedia para ler as linhas das mãos. Existia muito preconceito. Contudo, ela não desanimou; sabia que a rejeição fazia parte de sua vida e sempre contou com Caleb para protegê-la de maiores confusões, e com Ruth para orientá-la. Afinal, Ruth era espírita e foi ela quem explicou para

Melissa sobre o seu dom de ler as mãos e sobre os vultos que via e os sons que ouvia. A mulher não cansava de lhe explicar sobre a vida após a morte, as Leis de Ação e Reação e as verdades do Cristo. Melissa prestava atenção, mas seguia com suas leituras sem se aprofundar nos estudos. Ela gostava de ler as mãos das pessoas, mas tinha medo dos vultos, por essa razão os ignorava e não gostava de falar sobre eles.

Com o tempo, Caleb, administrando bem a renda de Melissa, conseguiu juntar um bom dinheiro e entrou no ramo de tecidos. Melissa ficou muito contente com a iniciativa dele. Finalmente, ele seria novamente um homem produtivo.

Alguns meses depois de sua atuação no comércio, ele disse:

– Melissa, já faz um tempão que trabalha nas praças lendo as mãos das pessoas, sei que não tem sido nada fácil, mas de agora em diante você não precisa mais fazer isso, pode se dedicar apenas aos estudos, pois vou me dedicar com afinco ao comércio e prover você e Ruth de tudo o que precisarem – disse sorrindo.

– Caleb, acostumei a ter meu dinheiro; quero continuar a fazer o que estou fazendo, se não se importar... Acho maravilhoso ajudar Ruth no que for preciso.

– Está bem, pode continuar trabalhando, mas vou providenciar um local para você atender as pessoas de forma que fique confortável e mais segura. E tenho certeza de que terá muitos clientes, pois já é conhecida na cidade. De agora em diante, eles vão até você. Chega de ficar exposta nas praças, no tempo, no vento, no sol, no frio... isso acabou!

– Certo! Acho ótimo! Aceito! – respondeu Melissa toda satisfeita, sorrindo.

Não demorou e Caleb cumpriu o que prometera. Dedicando-se ao comércio de tecidos, estava se saindo muito bem. Comprou uma lambreta para facilitar sua locomoção e alugou um salão comercial bem no centro da cidade para sua menina atender seus clientes. Reformou, pintou e mobiliou o espaço com muito bom gosto. Em pouco tempo, a clientela de Melissa era enorme e os negócios de Caleb cresciam assustadoramente.

Certa tarde, Melissa atendeu uma senhora da alta sociedade italiana.

— Olá, vim ouvir suas palavras. Estou passando por uma dificuldade imensa e precisando de ajuda. Dizem que você faz revelações maravilhosas ao ler as mãos.

— É o que dizem. Por favor, sente-se, fique à vontade. Seu nome completo, por favor?

— Melinda Montini — disse a mulher.

— Muito prazer, dona Melinda, seja bem-vinda. Deixe-me ver nas linhas da sua mão o que está acontecendo com a senhora. Hum... Está se separando do seu marido, pois ele arrumou uma amante bem mais jovem e não quer lhe deixar nenhuma propriedade. A senhora teme perder tudo e não ter como sobreviver. É, a sua situação é grave mesmo! Mas acredito que no fim sairá vitoriosa.

— Verdade? Você sente que sairei vitoriosa? — perguntou a mulher eufórica.

— Sim, a senhora não sofrerá danos financeiros como imagina. Ele vai terminar com a amante e voltar para a senhora. O filho que ela está esperando, infelizmente, não vai chegar a nascer. Ela vai sofrer um aborto...

— Que notícia maravilhosa! — disse a mulher feliz.

— Não se preocupe, tudo vai dar certo — respondeu Melissa.

— Estou curiosa, quem fala essas coisas para você? Por que afirma com tanta certeza? — perguntou a mulher com ar intrigado.

— No começo, quando me aproximava das pessoas, eu falava o que me vinha à mente, não sabia direito o que acontecia — disse Melissa —, mas depois, com o tempo, comecei a perceber que pegando nas mãos das pessoas, as revelações eram mais fortes e apareciam vultos de pessoas e vozes diferentes ao meu redor. Hoje sei que são espíritos que me dizem as coisas, de acordo com quem está na minha frente. Quem me avisa que a senhora não vai ser prejudicada é uma senhora de cerca de sessenta anos, magrinha e com um coque no cabelo grisalho. Ela é baixinha e muito alegre, e usa um medalhão com um crucifixo.

– *Mamma mia*! Você está falando da minha *mamma*, que se foi há mais de dez anos! Bendita seja! Muito obrigada!

– Não por isso – respondeu Melissa.

Melinda, toda satisfeita, tirou o dinheiro da consulta da carteira, agradeceu e se levantou para ir embora. Já na porta, saindo, voltou e disse:

– Gostei muito de você e, apesar de ser nova, quero convidá-la para uma festa em minha casa no próximo sábado. Vou reunir alguns amigos para comemorar o aniversário do meu filho e gostaria que você fosse.

Melissa ficou muito contente com o convite e o aceitou imediatamente; afinal, já estava com quinze anos.

Em casa, contou para Caleb sobre o convite e ele ficou muito feliz também.

Enquanto Melissa atendia dona Melinda e sua questão pessoal com o marido e sua amante, ela não percebeu a presença de um espírito trevoso que a acompanhava e que era a responsável pelo desatino do seu marido. Tratava-se do espírito de uma mulher vingativa, líder de gangues no astral, que tentou destruir a vida do marido de Melinda, seu antigo rival e que estava à procura de Melissa havia centenas de anos pelo mesmo motivo. Triste destino. Nesse atendimento, aconteceu inesperadamente o encontro entre as duas. Melissa, sem saber, desencadeou seu grande resgate e teria de ter forças e muito amor no coração. Ela caiu na armadilha da existência, no plano regenerador da Lei de Causa e Efeito.

O espírito vingativo de Lucrécia parecia um monstro horrível com o coração exalando ódio e rancor. Ela era uma mulher sofrida e totalmente desequilibrada, em razão das maldades que experimentara no passado pelas ações de Melissa, que de agora em diante teria a oportunidade de descobrir que só o amor cura os débitos pretéritos.

Como Lucrécia conseguiu encontrar Melissa num planeta de bilhões de habitantes? Lucrécia, sem saber, era o instrumento do nosso Deus Pai, que permitiu esse encontro para um acerto de contas de forma que Melissa aprendesse que as maldades nunca ficam impunes. Lucrécia estava radiante, feliz, finalmente encontrara Melissa e agora sua vingança se concretizaria. Imediatamente, retornou para a zona inferior e reuniu seus comparsas para elaborar sua estratégia de ataque.

4

Descobrindo o amor

Amor é um sentimento absurdo e magnífico,
entre o mal profundo e o bem supremo.
Denis de Rougemont

O sábado chegou ensolarado e Melissa acordou apressada. Colocou os pés no chão, livrou-se da camisola e vestiu-se. Sentindo-se tomada por grande emoção, foi arrumar o cabelo, cuidar das unhas e da maquiagem. Afinal, no início da noite iria a uma linda festa. Seu coração lhe dizia que teria uma noite maravilhosa, inesquecível! Caprichou no visual.

– Como estou, Caleb? – perguntou depois de se arrumar.

– Linda como sempre! – ele disse com largo sorriso.

– Não acredito em você, engordei um pouco nos últimos meses – respondeu Melissa com ar preocupado.

– Mas continua muito linda! Diminua os doces e equilibrará seu peso! – respondeu Caleb, sorrindo e passando as mãos em seu cabelo.

– Só você me acha linda! Vou emagrecer, e, por favor, pare de comprar doces! – disse.

– Pode deixar, não vou comprar mais! Ah! Eu acho que tem mais alguém que a acha linda, mas não fala e fica distante: o Saul, filho da Noemi. Ele a olha de longe com um carinho e admiração muito grandes – avisou Caleb.

– Hum, não sei não. Estudamos na mesma escola, mas ele nunca se aproximou de mim. Acho que é porque moramos neste quarto isolado.

– É, mocinha, mas isso vai mudar em breve. Aguarde! Tenho planos fantásticos, muitos planos... Nós vamos nos mudar!

– Depois você me conta os seus planos, agora estou atrasada para a festa. Vamos logo, você disse que ia me levar e buscar, certo?

– Claro, imagine se vou deixá-la andar sozinha a esta hora. Ficou maluca?

– Então vamos! – pediu Melissa com os olhos brilhando e toda agitada. Afinal, era sua primeira grande festa.

Assim, Caleb a levou na garupa de sua adorada lambreta até a casa de Melinda.

– Olá, entre, seja bem-vinda! – disse a sra. Melinda para Melissa, feliz com sua presença.

– Com licença – disse a jovem, entrando na sala com os olhos transbordando emoção. – Nossa! Como sua casa é linda!

– Gentileza sua! Melissa, entre e fique à vontade. Ah! Sirva-se! – falou Melinda com um largo sorriso nos lábios.

Melissa rapidamente entrou e ficou apaixonada com o que viu. A casa era enorme e aconchegante. Os móveis, as cortinas, os tapetes, tudo de um bom gosto indiscutível. Alguns cavalheiros, damas, crianças e jovens de todas as idades perambulavam pela casa toda. Paolo, o jovem deslumbrante que completava dezoito anos, tinha os convidados ao seu redor. Todos ouviam seus planos de carreira e seus sonhos de estudar. Enquanto conversavam, Melissa, sentada em uma poltrona aveludada, sem se importar com o barulho, observava a todos, tentando disfarçar seu encantamento e interesse pelo jovem. Seus pensamentos divagavam entre se aproximar dele ou fugir de toda aquela futilidade. Despreocupadamente, ela fixava seus lindos olhos verdes em Paolo. Não demorou e os olhos dele encontraram com os dela, fixando-os com o mesmo interesse. Naquele instante, o coração deles se uniu. Nascia uma paixão.

Ao longe, uma senhora que estava incomodada com a presença de Melissa, percebeu o flerte entre os dois e não gostou do que viu. Ela era a irmã mais velha de Melinda. Contrariada, aproximou-se do sobrinho e o chamou em particular para uma conversa.

– Paolo, percebi que se interessou por Melissa.

– Sim, tia Belmira, ela é maravilhosa! Linda! – ele respondeu.

– Não se aproxime dela, ouviu bem? Não gostei dela – disse Belmira. – É uma cigana que lê as mãos das pessoas, gente suja, desonesta, sua mãe me contou. É uma charlatã e ladra, e deve estar interessada no seu dinheiro.

– Nossa, tia. Nem conversou com ela. Aliás, se mamãe a convidou é porque gostou dela, se achasse que fosse ladra e charlatã não permitiria que viesse à minha festa. A senhora está sendo preconceituosa. Acho que tem medo que ela diga algo que não quer ouvir!

– Você nem a conhece e a está defendendo? – respondeu Belmira indignada.

– Tia, confesso que não aprovo sua atitude. Já sou bem grandinho e sei me cuidar. Além disso, achei a menina linda!

Paolo se afastou da tia e seguiu em direção de Melissa.

– Está gostando da festa? – perguntou com o sorriso mais lindo do mundo.

Melissa, sem graça, com a sensação de que o mundo havia parado naquela hora, respondeu timidamente:

– Sim, estou adorando. A festa está muito agradável...

– Minha mãe teceu muitos elogios a seu respeito, disse que é muito sábia para a sua idade.

– Que nada, gentileza dela... – respondeu Melissa, quase murmurando.

– Venha, vamos tomar um suco, vou servi-la.

O garoto estava mexendo com algo dentro dela. A caminho da cozinha, ela o observava inteiro, respirando ofegante. Ele não imaginava que ela, em poucos instantes, estava sendo invadida por um sentimento intenso e estranho. Desejava se jogar em seus braços e se sentir protegida de tudo. Melissa teve de controlar o riso quando concluiu que aquele moço não lhe era estranho, parecia que o conhecia de algum lugar. Um *flash* em sua mente a remeteu a cenas antigas. Um casal entre beijos surpreendidos por uma mulher chorando, grávida. Melissa não entendeu o que viu e voltou à realidade.

A noite foi maravilhosa. Conversaram e riram até ela precisar ir para casa por causa do horário. Caleb foi buscá-la conforme haviam combinado.

Na despedida, a mão dela deslizou sobre o rosto dele, que retirou uma mecha de cabelo que encobria um dos olhos de Melissa e lhe deu um suave beijo no rosto. Ela retribuiu.

– Posso vê-la amanhã? – ele perguntou com o suor escorrendo na testa.

– Claro!

Paolo riu ao vê-la corar e sem pestanejar puxou-a para seus braços e deu-lhe um beijo.

– Que horas?

– Que tal depois do jantar?

– Certo, passo na sua casa. Onde você mora? Dê-me o endereço!

Ela abriu um sorriso largo, anotou num papel e subiu na lambreta de Caleb.

Ao chegar a casa, ela correu para o seu canto no quarto e ficou suspirando. Como podia ter se apaixonado tão rápido? Foi para a cama e pensou nele até dormir. E, para ajudar, sonhou com o jovem. Caleb também foi dormir.

No dia seguinte, quando Melissa acordou, já passava da hora do almoço. Começou a se arrumar para sair com Paolo. Demorou horas para escolher o vestido adequado e arrumar o cabelo. Quando pronta, jantou correndo. O tempo parecia não passar e ela já estava começando a ficar aflita. Quando ouviu a campainha tocar saiu em disparada em direção à porta e a abriu.

– A senhorita está muito bonita – Paolo disse sorrindo enquanto a admirava.

– Obrigada!

– Vamos? – ele estendeu o braço para ela, que o acompanhou.

– Aonde iremos?

– Ao parque e depois jantar – respondeu Paolo.

– Não cheguem muito tarde, amanhã é segunda-feira, dia de trabalho – falou Caleb.

– Pode deixar, fique tranquilo – respondeu Melissa. – Não voltaremos tarde.

Depois desse domingo, Melissa e Paolo passaram a se ver quase todos os dias. Em menos de três meses eles se conheciam profundamente. Ela o amava mais a cada encontro. Aos poucos, perceberam o tanto que tinham em comum. Eles conversavam horas e Melissa se aninhava em seus braços e se sentia protegida. Estavam apaixonados um pelo outro e não se preocupavam com a opinião da tia dele, que era terminantemente contra o namoro. Ficavam juntos sempre que podiam. Caleb gostava do garoto. Certa noite, Paolo disse para Melissa que eles tinham um compromisso muito importante.

– Hoje terei um jantar com o reitor Antônio, da faculdade. Vai conhecer minha família e decidir de vez se poderei entrar na faculdade ou não!

– E você quer me levar? – Melissa perguntou espantada.

– É claro!

– Não sei, mas acho melhor eu ficar – disse Melissa.

– Imagine se vou deixá-la de fora da noite mais importante da minha vida.

– Estou pressentindo que não devo ir – disse Melissa com tom preocupado. – Acho que não será bom... Algo está me dizendo para não ir.

– Deixe de bobagem.

Em razão da insistência de Paolo, Melissa desconsiderou sua intuição e entrou no mais novo carro do namorado, presente de aniversário. Ambos seguiram para se encontrar com o reitor e a família dele. Melissa estava aflita, achava aquele um evento grande demais para ela participar.

– Aonde vamos encontrar sua mãe e os outros?

– Na casa do reitor!

– É muito longe?

– Cerca de vinte minutos, fique tranquila.

Quando chegaram, Melissa ficou deslumbrada. A mansão era maravilhosa! Ela se sentiu fora de seu território, mas se esforçou para não demonstrar isso. Afinal, era uma noite importante para Paolo e ela não poderia estragá-la.

Ao entrarem, a mãe de Paolo foi cumprimentá-la, toda anima-da. Ao contrário da tia, que a olhou feio.

– Ah, então você trouxe a cigana? Mas que ótima escolha, não?

– Belmira, pare de ser uma velha rabugenta! Melissa é uma ótima menina e você não precisa rotulá-la – defendeu Melinda.

Melissa abaixou a cabeça; sentiu-se desconfortável na presença de Belmira.

– Vá cumprimentar o reitor Antônio, filho!

Paolo concordou e arrastou Melissa até um senhor grisalho, que tomava vinho ao lado de uma enorme estante de livros.

– Reitor Antônio, que prazer reencontrá-lo! – disse Paolo sorrindo.

– Paolo, mas que felicidade! E que garota bonita! Tirou a sorte grande – afirmou o senhor reparando em Melissa.

– Nem me fale! – Paolo riu. – Como vai?

– Muito bem! E pelo visto você também. Mas o que nos interessa hoje é essa peça rara! Qual é o seu nome, senhorita?

– Melissa! – ela sorriu delicadamente.

– Melissa? Mas que nome agradável! Sabia que Paolo é um dos meus candidatos favoritos?

– Ah, ele é um jovem incrível – ela respondeu timidamente.

– Ora, ora. Vejo que o senhor já conheceu a cigana, companheira de Paolo – disse Belmira, aproximando-se.

– Tia! – Paolo ficou ofendido.

– Cigana? – perguntou o reitor surpreso. – Isso é verdade, Paolo?

– É sim, Melissa tem o dom de prever o futuro.

– Mas isso é apenas um *hobbie*, certo?

– Não, senhor, ajudo a sustentar minha família com o meu dom – Melissa disse totalmente envergonhada.

– Isso não é uma profissão de respeito! Não é um bom jeito de ganhar a vida – o reitor Antônio falou, balançando a cabeça. – Paolo, você tem de repensar suas companhias se quiser fazer parte de minha faculdade!

– Mas até agora o senhor a estava elogiando!

– Até eu descobrir sua origem. Você terá de escolher: a cigana ou uma boa faculdade. O que você prefere?

– Viu, Paolo? Eu lhe disse que ela era má companhia – disse Belmira, com um sorriso no rosto.

– Mas por que tanto alvoroço? – perguntou Melinda.

– Seu filho está namorando uma cigana! E isso é totalmente inaceitável! – informou-lhe o reitor.

– Mas Melissa é uma garota decente, de bom coração – afirmou Melinda, defendendo-a.

– Contudo, é cigana. Vive de enganações e mentiras! Com certeza seus familiares são ignorantes, analfabetos e ladrões. Não quero saber desse tipo de gente frequentando minha faculdade.

– Que horror, reitor! – gritou Melinda nervosa.

– A escolha é do seu filho. Ou ele se livra dela agora ou perderá a vaga que tanto almeja.

– Não precisa se incomodar, eu me retiro – falou Melissa segurando as lágrimas. Nunca fora tão humilhada em sua vida inteira! Ela deu as costas e saiu apressada.

– Pelo menos tem bom senso – murmurou Belmira satisfeita.

– Tia, já chega! – Paolo falou irritado. – Melissa! Melissa! Volte aqui!

Ao ouvir a voz de Paolo, Melissa começou a correr. Não queria ser um incômodo na vida dele e, pelo jeito, só estava lhe causando problemas. Sabia, desde o momento em que entrara no carro, que acompanhá-lo seria um erro.

– Melissa, desculpe! Deixe-me pelo menos levá-la para sua casa! – Paolo gritou da porta da casa do reitor.

Ela se sentia tão frustrada, que nem se importou com os apelos do namorado. Estava chovendo e ela ficou encharcada. Chegou a casa se sentindo o pior ser humano da face da Terra. Caleb percebeu seu mau humor e perguntou o que lhe acontecera, mas ela não lhe deu atenção. Jogou-se na cama em prantos e nada disse.

Nos dias que se seguiram, Paolo tentou falar com Melissa, mas ela se recusou a conversar, embora desejasse. Trancou-se em si mesma e não falava com ninguém. Mal se alimentava; dormia pouco. Estava apaixonada e se sentia sufocada, com desejo de fugir para bem longe para esquecer quem era e a humilhação que vivera. O desespero tomou conta dela, que queria ficar com Paolo. Ele era o amor da sua vida, mas jamais estragaria a carreira dele. O sabor da renúncia era amargo.

Daquele dia em diante, Melissa abandonou as leituras de mãos. Dia após dia ela se sentia uma infeliz sem sorte. Com o tempo, para fugir da realidade, começou a dormir quase que o dia inteiro e a comer muito. A mágoa e a vergonha a corroíam por dentro. Na madrugada, com insônia, ficava olhando o vazio, triste e frustrada.

Caleb não tinha noção do que havia acontecido com sua menina. Não aguentando ver seu sofrimento, buscou ajuda de Ruth, mas foi em vão. Ela pediu para Saul, o filho de Noemi, aproximar-se de Melissa para tentar ajudá-la, mas ela não se abriu com ninguém.

A dor que sentia era sem fim. Os dias passavam e para Melissa tudo era a mesma coisa. A vida parecia sem sabor, sem brilho e sem cor. Quem estaria interessado em suas dores? Quem? Ninguém. O que ela podia esperar? Que Paolo voltasse e desistisse dos seus sonhos de se formar em uma universidade? No fundo, era isso que ela desejava. Que ele entrasse pela porta e a abraçasse dizendo que tudo ia ficar bem. Ela sentia que iria amá-lo pelo resto da vida como nunca amaria mais ninguém. Triste destino. Quantas lágrimas derramadas! Por muito tempo suspirou, chorou, perdeu-se no abismo do desespero, em profunda escuridão, mas o seu grande amor não voltou para secar suas lágrimas, nem para iluminar seu coração.

Próximo à Melissa, mas ao mesmo tempo distante, em seus domínios tenebrosos, Lucrécia, com sua gargalhada maligna, comemorou com os comparsas e os parabenizou pelo ocorrido na vida da garota.

– Adorei o trabalho de vocês – disse Lucrécia. – Que ideia fantástica essa de o Martelo identificar os sentimentos, os preconceitos e as intenções do reitor Antônio e da tia de Paolo!

– Foi moleza colocar na cabeça dela que Melissa era perigosa, pois ela morria de medo de ser denunciada por suas falcatruas.

– Com o reitor não foi diferente, por causa da sua amante e do golpe que estava dando na faculdade.

– É, meus queridos, nada como fazer uma leitura profunda, um mapeamento e uma análise do conteúdo dos pensamentos dos nossos inimigos para destrui-los! Parabéns!

– Aguarde a nova investida, será melhor ainda! – disse Martelo, gargalhando bem alto.

– O que você vai fazer, meu bibelô? – perguntou Lucrécia de forma melosa.

– Realizar o seu sonho de acabar com a vida dessa infeliz! Vou implantar imagens nos centros de memória dela para que ouça uma voz ordenando-lhe comer. Carente, triste e desesperada, ela vai engordar muito. Para completar, vou acabar com suas energias, vampirizando e enfraquecendo-a, para que fique totalmente dominada e sem vontade própria.

Depois que estiver sem energia, bem gorda, vou implantar outras imagens para que ela ouça uma voz ordenando-lhe que se mate. Depois de seu desencarne, você vai tê-la à disposição. Poderá capturá-la e fazer dela sua escrava pela eternidade.

– Que plano maravilhoso, Martelo! – disse Lucrécia, em tom de felicidade. – Por esse motivo você é meu braço direito! Muito bem! Estou gostando de ver! Onde você aprendeu a fazer essas coisas?

– Chefia, a gente tem de se aprimorar, não é mesmo? Lá na Terra, vivem produzindo armas e instrumentos sofisticados para realizarem torturas cruéis com os inimigos nas guerras. Então, aqui é a mesma coisa. Frequento cursos com poderosos especialistas em outros domínios negros. A gente tem de ser bom no que faz! Deixe comigo!

– Não quero que ela morra, quero que sofra! Garanto que será muito bem recompensado em meus braços esta noite! – disse Lucrécia. – Venha para os meus aposentos após terminar seu serviço.

– Estarei lá sem falta, minha adorada! Sabe que por você faço qualquer coisa, é só pedir! – respondeu Martelo empolgado.

Lucrécia riu com sua gangue. Por muito tempo, todos se vangloriaram da esperteza de Martelo e zombaram da ingenuidade de Melissa, que nem de longe desconfiava que estava sendo obsidiada de forma complexa.

5

Fugindo da realidade

Viver de acordo com as expectativas dos outros é suicídio.
Roberto Shinyashiki

Caleb se dirigiu ao quarto depois de um longo dia de trabalho. Um arrepio de terror percorreu-lhe o corpo ao pensar em Melissa. Estava muito preocupado com a menina, que era só tristeza. No fundo, sabia que alguma coisa havia acontecido e que algo estava muito errado. Uma agonia apertava-lhe o coração. Paolo parou de visitá-la, e ela não aceitava que se tocasse no assunto. O que ele podia fazer? Toda vez que tocava no assunto ela dizia:

– Não me amole, Caleb. Deixe isso para lá. Não tenho nada, já falei!

A jovem estava dia a dia ficando mais esquisita. Só pensava em comer e dormir. A mágoa por ter perdido seu grande amor era imensurável. Tudo o que ela desejava era não ouvir o eco da sua voz em seu coração, não se lembrar do sabor do beijo, do conforto do abraço, e não mais admirar o seu caráter. Ela continuava amando quem não podia. Tudo o que desejava era esquecer que um dia o havia conhecido.

Ela pensava em como conseguiria sobreviver com aquela sensação de derrota, vergonha e humilhação que a acompanhava desde o dia em que fora acusada de ser uma cigana suja. Abandonada, envergonhada pelo que era, renunciou aos seus dons e à alegria de viver. Havia uma guerra silenciosa dentro do seu coração. Repudiava a ideia de ouvir falar novamente nos espíritos e na leitura das mãos. Somente uma coisa a consolava: a comida.

Não imaginava que em breve sua vida seria marcada por uma grande mudança. Caleb, havia algum tempo, estava pensando em sair da Itália, pois a crise na Europa o assustava e os negócios no Brasil pareciam muito mais promissores segundo alguns comerciantes. Depois de muitas conversas com Ruth, a opção pela mudança pareceu ser a melhor escolha tanto para os negócios, como para a própria Melissa. Ele e Ruth acreditavam que novos ares lhe fariam bem. Não demorou muito e eles se mudaram para o país tropical, inclusive Noemi e os filhos.

Depois de se instalarem no Brasil, em menos de dois anos, Caleb abriu três lojas de tecidos importados no Rio de Janeiro, e ficou muito satisfeito com o andamento dos seus negócios e com a compra de uma linda mansão. Ruth, Melissa, Noemi e os filhos, aos poucos, adaptaram-se ao ritmo brasileiro e aprenderam a falar o português.

Em uma noite quente de verão, Melissa observava a escuridão do céu. Uma tempestade estava se formando, os raios quebravam a rotina.

Naquele momento, ela teve uma certeza: a luz do seu coração havia ganhado as trevas. Mesmo distante da Itália, não conseguia convencer seu coração a esquecer Paolo...

Na nova vida, ignorava tudo e todos. Trancou-se num cristal de vidro impenetrável, inviolável, feito de amargura e solidão. Emudeceu em sua tristeza mórbida. Para ela, era como se o mundo tivesse acabado. Sua vida parecia um rascunho sem a menor possibilidade de ser passada a limpo.

Ruth não conseguia trazê-la de volta à vida, tampouco Caleb ou Saul. Toda vez que os olhos do rapaz cruzavam aqueles fantásticos olhos verdes, ele perdia o fôlego. Sabia que ela era a garota com quem ele sonhava passar o resto da vida. Para ele, Melissa era simplesmente maravilhosa.

Ela, no seu cristal de vidro, desabrochava de repente, sem pedir licença. Apesar da profunda desilusão que carregava em seu coração, era pura e singela. Aos dezessete anos, um pouco acima do peso, sem conhecer a vaidade, Melissa não era uma jovem esfuziante, não era alegre nem sorridente. Tornou-se uma jovem diferente, calada, fechada e, digamos, um pouco misteriosa desde que sofrera a humilhação e a decepção com o reitor de Paolo. Ignorava sua intuição, os ruídos, as vozes e os vultos. Convivia com fortes fenômenos e temia enlouquecer. Ruth era seu consolo, e sua única alegria era Lobo, que todos os dias saía em disparada e a acompanhava até a escola ou a qualquer lugar que fosse, rosnando de forma ameaçadora para quem mexesse com ela durante o trajeto. Com ele Melissa se sentia muito segura e protegida. Detestava Noemi e as filhas dela.

Em uma suave manhã de verão, quando o sol despontava timidamente no horizonte, Melissa acordou. Enfiou a cabeça debaixo do travesseiro e pensou: "Ah! Como seria bom continuar dormindo! Dormir é muito bom! Não preciso ouvir as bobagens da chata da Deborah e da arrogante da Esther. Nem as lamentações e ofensas de dona Noemi. Posso passar o dia todo criando histórias. Posso ficar protegida e em paz! Dormir é muito bom! Amo dormir!

— Levante, sua preguiçosa, já passa das seis horas! — disse aos gritos Noemi, entrando no quarto como um furacão e abrindo a janela brutalmente.

– Não quero me levantar. Deixe-me dormir. Feche essa janela e vá emboraaaaa! – gritou Melissa. – Não quero acordar, saia daqui!

– O que você disse? Sua malcriada!

– Nãããããããão quero me levantar! Quero continuar dormindo! Por favor, saia já daqui – berrou Melissa muito irritada.

– Ruuuuuuuuuuth! Melissa se recusa a se levantar. Exijo que tome providências imediatas e tire sua protegida preguiçosa da cama! As meninas precisam ir para a escola! Vão perder a primeira aula!

Enquanto Noemi gritava desesperada, Lobo puxou as cobertas, encostou seu focinho gelado no rosto da menina, lambeu sua face, deu alguns latidos e muitas voltas no quarto fazendo gracinhas na tentativa de fazê-la se levantar. Contudo, suas tentativas não funcionaram. Cansado de puxar as cobertas e de latir, deitou-se do lado da cama e aquietou-se.

Calmamente, Ruth entrou no quarto de Melissa atendendo à solicitação de Noemi e sentou-se à beira da cama. Pegando em suas mãos perguntou em tom amoroso:

– O que foi, minha menina? O que está acontecendo com você? Está se sentindo mal? Está com dor, mal-estar? Posso ajudá-la? Diga-me.

– Não tenho nada. Só quero dormir mais um pouco, quero ficar aqui debaixo das cobertas quietinha, quentinha e protegida, sozinha.

Ruth, com ar preocupado e quase desesperado colocou a mão em sua testa.

– É... Não está com febre.

Noemi aproximou-se da porta do quarto. Em pé, imóvel e muito irritada, disse bem alto:

– Essa menina é uma preguiçosa, relaxada e muito acomodada! A culpa é sua, Ruth, pois vive paparicando-a e fazendo tudo o que ela deseja! Ela pensa que a vida é feita de cama. Não quer enfrentar a realidade, trabalhar, ajudar nos afazeres nem estudar!

É uma preguiçosa e relaxada, isso sim! Esther está na cozinha fazendo o pão há muito tempo, e Deborah já está estendendo as roupas! Elas vão perder o horário da escola! Acorda essa preguiçosa! Veja este quarto que bagunça! Tudo espalhado, jogado e amontoado.

– Estou achando que você está com um problema muito sério e não quer me contar – afirmou Ruth – ignorando os gritos, as reclamações e as ofensas de Noemi.

– Não consigo imaginar o que possa estar acontecendo com você – falou Ruth de forma carinhosa. – Caleb não deixa lhe faltar nada, nossa casa é maravilhosa, você é uma menina encantadora! E, apesar de estar gorda e de precisar perder uns quilinhos, é muito linda. Não vejo motivo para ficar desse jeito.

– Não tenho nada, apenas sono... deixe-me dormir – respondeu Melissa com os olhos fechados.

Ruth balançou a cabeça negativamente com a certeza de que nada poderia fazer e se retirou.

Ruth não tinha ideia do quanto sem querer machucava o coração de Melissa com aquelas palavras. Não imaginava que tentando ajudar, na tentativa de fazer Melissa emagrecer com suas afirmações, na verdade, afundava, depreciava e humilhava Melissa, que cada vez mais se revoltava com a obesidade e se sentia uma inútil, incapaz, um ser desprezível. Quanta dor, quanto rancor e quantas lágrimas guardadas! Quanta tristeza! Se Ruth soubesse que era deitada naquela cama que ela conseguia se esconder do mundo, esquecer um pouco as cenas cruéis vividas na guerra, a triste e lamentável humilhação que sofrera ao ser acusada de ladra, ignorante e analfabeta por ser cigana, e, principalmente, livrar-se do convívio, dos abusos e das ofensas praticadas diariamente por todos quando ressaltavam as formas de seu corpo e a ausência de uma silhueta modelo. Dormindo, esquecia que era gorda, que perdera os pais e a decepção com Paolo.

Quem ela era? De onde viera? Quem a colocara dentro do poço para salvar-lhe a vida? Tudo isso era um mistério... Seria ela cigana ou judia?

Naquele ostracismo, envolvida nas cobertas e mergulhada nas lembranças de frases e comentários horríveis, Melissa se recusava a sair. Ela estava cega, não conseguia ver seus talentos, reconhecer a doçura da sua voz, perceber sua beleza e valorizar-se. A vida lhe parecia ingrata com sua gordura. Sentia-se incapaz de ser feliz e a cada dia perdia mais a vontade de viver. Seu sono exagerado não passava de um mascarado pedido de socorro, mas ninguém percebia. Seu silêncio falava, mas ninguém ouvia... Se Ruth imaginasse o que sem querer fazia com sua amada Melissa!

Apesar de tudo, após a intervenção de Ruth, com muita dificuldade, Melissa se levantou. Dirigiu-se ao banheiro, lavou o rosto, escovou os dentes, penteou e prendeu o cabelo, se trocou e foi para a cozinha tomar o café da manhã. Comeu bastante. Em seguida, abriu os armários em busca de bolos e outras guloseimas. Desanimada e com muita raiva pegou seu material e saiu com Ruth e as meninas rumo à escola.

No fim da tarde, solitária, debaixo de uma chuva fina, retornou para sua casa. Descia a ladeira pensando em como odiava o Brasil, a escola, o cabelo encaracolado e volumoso, o corpo arredondado, o rosto; enfim, odiava-se por completo. Com os pés na lama, pensava em como era difícil continuar vivendo. Ela começou a desejar a morte e a pensar em suicídio. Não demorou muito, chegou em sua casa.

– Olá, fofinha, já chegou! – disse Ruth com grande sorriso. – Onde estão Esther, Deborah e Saul? Você não voltou da escola com eles?

– Não! – Melissa respondeu.

– Por que você não veio com eles? – perguntou Ruth ignorando a insatisfação e o tom raivoso da menina.

Tudo tem um motivo ❦ 65 ❦

– Porque não quis! Antes só do que mal acompanhada, como diz Caleb! – retrucou Melissa de péssimo humor.

Ruth não respondeu ao tom agressivo de Melissa. Continuou seus afazeres na cozinha. Melissa, sem graça com a indiferença dela, foi até a geladeira e pegou uma guloseima e um suco. Colocou em cima da mesa e depois de consumir tudo, com lágrimas nos olhos, perguntou:

– Ruth, diga-me uma coisa, é verdade que quem se mata vai para o inferno?

Ruth levou um susto. Largou o que estava fazendo, aproximou-se de Melissa, colocou as mãos na cabeça e respondeu:

– *Dio Santo! Mamma mia*! Melissa, que pergunta absurda, mais estranha! De onde tirou isso, minha bambina?

– Eu queria saber se quem se mata vai para o inferno, só isso, é difícil você responder?

Ruth fixou seus olhos nos de Melissa, segurou suas mãos e falou:

– Querida, estou muito preocupada com você. Que pergunta é essa, menina? Ontem à noite falei para o Caleb que você está muito esquisita. O que está acontecendo? O que a está afligindo? Está pensando em se matar? É isso? O que você tem? O que está sentindo?

– Xiiiii, vai começar... Não tenho nada, só queria saber!

– Melissa, quem se mata vai direto para o Vale dos Suicidas![3] Mergulha numa vida horrível e sem descanso! É uma passagem só de ida, sem volta!

– Onde é isso? Não entendi! – perguntou Melissa com expressão incrédula.

– Melissa, como você sabe, durante a guerra, nos campos de concentração, aprendi sobre a vida após a morte e sobre as Leis

---

3   Vale dos Suicidas: região mais inferior do umbral, é uma das moradas do Pai destinada a receber os espíritos que cometeram o crime contra a Lei da Criação, o suicídio. Lugar com atmosfera tenebrosa e fria, ar úmido e fétido. Vegetação rasteira e morta (N.E.).

Divinas. É simples, ao longo da nossa vida, com nossas ações, nossos pensamentos, sentimentos, nossas atitudes e nossa vibração somos direcionados a determinados locais.

– Como assim vibração? – perguntou Melissa curiosa.

– Ela é o reflexo dos nossos sentimentos. Vibramos o que sentimos. Se sentirmos amor, vibraremos amor, se sentirmos ódio, vibraremos ódio. Nossas ações determinam o nosso futuro espiritual e nosso destino.

– Nossa! Quer dizer que não podemos acabar com nossa vida sem graça, precária, chata, desgraçada e cheia de sofrimentos?

– Melissa, não use essa palavra "desgraçada", pois ela atrai coisas ruins para a sua vida! Sua pergunta me confirma o quanto você não está bem, está com problemas e não quer dividi-los com ninguém. Venha cá, sente-se do meu lado e converse comigo. Deixe-me ajudá-la! Quero seu bem, sua felicidade! Acho que você está deprimida.

– Deprimida?

– Está triste, desanimada e fechada, parece que não tolera ninguém. Falta-lhe ânimo para ir à escola, está pessimista, não sente prazer em viver; enfim, tudo lhe parece difícil e você está tendo uma visão sombria do mundo. Tudo isso é sintoma de depressão. Queria saber as causas. Por favor, conte-me as razões. Quem sabe posso confortá-la? Você mora comigo há dois anos, e nesse tempo aprendi a amá-la como uma filha legítima.

– Ruth, também aprendi a amá-la, mas ninguém pode me ajudar! Deixe isso para lá. Não se preocupe, não perca o seu precioso tempo comigo.

– Melissa, quando Caleb chegar, vamos ter uma conversa muito séria. Estou preocupada com o seu bem-estar! Precisamos ajudá-la a melhorar.

– Já lhe disse, não precisa se preocupar! Estou bem, deixe Caleb fora disso, deixe-o em paz! Não faça drama! Só lhe fiz uma pergunta.

– Melissa, não tente me enganar. Já que não se abre comigo, talvez conte a Caleb.

– Não tenho nada para falar a vocês. Estou muito cansada, vou comer alguma coisa e dormir. Ah! Deixe-me em paz! Não posso perguntar nada que vira um dramalhão!

Ruth resolveu acabar com a discussão e ficou pensando no que fazer para ajudar sua amada menina. Inconformada com o silêncio de Melissa, que muito lhe revelava, decidiu esperar Caleb chegar do trabalho e colocá-lo a par dos acontecimentos.

Caleb agora era um comerciante abastado, realizado, preocupado em manter o sucesso das suas lojas de tecidos. Dedicava dezesseis horas por dia ao trabalho e por esse motivo, havia se afastado muito de Melissa nos últimos dois anos. Desde que se mudaram para o Brasil, deixou para Ruth a questão da sua educação. Pensava que por prover a todos com tudo o que havia de melhor e por morarem numa mansão na Barra de Guaratiba, cercados por um lindo bosque florido e um calmo riacho, numa propriedade maravilhosa e rara, todos eram muito felizes.

Nem de longe imaginava que a amada neta adotiva estava sofrendo forte obsessão a ponto de pensar em se matar e acabar com sua preciosa vida. Ah! Se Caleb imaginasse...

Invigilante, Melissa abandonou seus dons e o contato com seus mentores que sem o uso da sua vontade, bem pouco podiam fazer por ela. Por falta de oração e fé, as graças divinas não tinham como alcançá-la. Ela estava na mão dos inimigos. Agindo na surdina, Martelo utilizava todos os recursos para exercer completo domínio sobre ela.

Seus sentimentos negativos favoreciam a sintonia cada vez mais acirrada entre ela e seus algozes. Era uma troca de emoções doentias, uma obsessão que visava a desequilibrá-la. Quem poderia alertá-la? Ruth e alguns amigos e familiares desencarnados oravam incessantemente por ela, enviando-lhe energias amorosas e curadoras, que ela não conseguia captar. A garota estava dominada por pensamentos doentios e à mercê de terríveis investidas, da qual teria muita dificuldade em esquivar-se sem uma profunda reforma íntima.

6

Abrindo o coração

*Devemos sempre superar a nós próprios,
essa é uma tarefa para a vida toda.*

Rainha Cristina, da Suécia

Naquele mesmo dia, quando o luar e as estrelas resplandeciam no céu, Ruth, com grande aperto no coração, preocupada com Melissa, com lágrimas aprisionadas nos olhos, esperou Caleb chegar.

– Boa noite, Caleb. Tudo bem? – falou Ruth com tom tristonho.

– Tudo, Ruth. E com você? Por que está acordada até esta hora? Sua voz está esquisita, aconteceu alguma coisa? Alguém está doente?

– Não, acalme-se! – ela disse. – Não aconteceu nada de grave ainda, mas precisamos conversar. Estou preocupadíssima com Melissa. Acho que ela não está nada bem, está com depressão. Só quer saber de dormir. Não sei o que fazer! Já tentei conversar, mas ela não se abre comigo. Hoje me perguntou para onde vai a pessoa que se suicida! Caleb, será que ela está pensando em se matar?

Caleb arregalou os olhos, suspirou e disse:

– Oh! Meu Deus! Ruth, essa pergunta não é sinal de boa coisa! Pelo que vejo, a situação é muito grave! *Mamma mia*! Vamos conversar com essa mocinha imediatamente! Não vamos esperar um só minuto!

Com a conversa agitada dos dois, Lobo acordou e ficou zanzando para lá e para cá. Caleb nem o notou, estava muito preocupado com Melissa.

– Sei que ela tem tido muitos pesadelos, mas isso não é motivo para pensar em se matar! – disse Ruth olhando Caleb nos olhos e levando as duas mãos à cabeça.

– Ruth, por favor, vá buscá-la!

Ruth, atordoada e acompanhada de Lobo, atendeu à solicitação de Caleb e subiu as escadas em direção ao quarto de Melissa. Em pouco tempo desceu com a menina ainda sonolenta.

– Boa noite, Caleb! – disse Melissa com o olhar esquivo sem encará-lo.

– Boa noite, princesa. Como você está? – perguntou erguendo as sobrancelhas e tirando os óculos.

Melissa sentou-se ao seu lado, abaixou a cabeça e não respondeu.

– Ruth está muito preocupada com seu comportamento. Parece que você está sem vontade de se levantar da cama, está tristonha e calada e hoje fez perguntas estranhas para Ruth.

Melissa os olhou e, de repente, começou a chorar. Não conseguiu segurar sua emoção diante de seu querido Caleb.

– Não me julgue – pediu em voz alta.

– Não vou julgá-la. Estou aqui para ouvi-la, ajudá-la e amparála. Melissa, preciso saber o que se passa no seu coração! Sei que viveu momentos dramáticos na sua infância. Eu a resgatei de uma situação terrível e no tempo em que eu bebia a machuquei muito também. Sei que guarda em seu coração muitas dores dos horrores que presenciou na guerra e pelo que viveu comigo, que ainda não se adaptou a este país e mal fala o português.

– O que está acontecendo comigo não tem a ver com isso. Nem me lembro dessas coisas. Acho que apaguei da memória. Caleb, meu problema é outro! Como vocês podem ser tão insensíveis, como conseguem não enxergar um palmo diante do nariz? – Melissa gritou quase histérica.

– *Madona*! O que está acontecendo, filha? Qual é o problema, o que não enxergamos? Fale!

– Vocês não percebem que eu sou um monstro?

– Você se acha um monstro? Como assim? Fez alguma coisa grave que não sabemos? Bateu, feriu ou machucou alguém? – perguntou Caleb espantado.

– Nãoooo! Sou um monstro de gorda e feia! Uma mocreia, como Esther diz a todo o momento! Um filhote de cruz-credo! Sou horrível, feia! Corpulenta! Tanto faz se moro na Itália ou no Brasil! Em todos os lugares as pessoas me acham horrível!

– Feia, monstro, horrível? Isso é o que pensa com relação a você? – perguntou Caleb indignado e surpreso.

– Será que vocês não veem como sou gorda e feia!? Como estou horripilante? – perguntou Melissa em tom alto e grosseiro. – Como não sabem como me sinto, se vivem me lembrando que sou gorda o tempo todo? Perdi a conta de quantas vezes meu rosto foi elogiado e meu corpo depreciado. Contudo, não consigo parar de comer! É muito difícil, vocês nem imaginam o que é isso! Estou arrasada, confusa e machucada! Estou cansada de ser motivo de chacota na escola! Não me sinto feliz.

Caleb ouviu tudo com muita atenção. Ignorou o tom irritado de Melissa e falou:

– *Mamma Mia*! Melissa, é isso? Você se acha gorda e feia? Bambina, não precisa fazer drama! Só depende de você emagrecer, de seu esforço! Nunca a vi fazendo uma dieta, uma atividade física, apesar de nossas sugestões. Nunca quis fazer nenhum tratamento. Não entendo por que desaba em lágrimas. Onde você está com a cabeça, bambina? Pensa em se matar? Saiba que o suicídio é um crime aos olhos de Deus, nosso Pai!

– Está vendo? A culpa é minha, sou uma inútil, não tenho força de vontade, não me esforço o suficiente, tudo depende só de mim!

Esqueçam meus problemas, deixem-me em paz! Eu sou uma gorda feia e imbecil, incapaz de ser o que vocês desejam que eu seja: magra e bela! Esqueçam-me!

Ruth ouvia atentamente a discussão.

– *Mamma mia*! Melissa, não é nada disso, você...

A garota fechou os olhos, respirou fundo e não aguentou ouvir até o fim as palavras de Caleb. Sem perceber, ele a machucara profundamente. Aos prantos, ela saiu da sala correndo rumo ao riacho. Lá, olhou para o céu estrelado e para a Lua, depois para o reflexo nas águas. Os traços não definidos mostravam a silhueta de uma linda garota que ela não conseguia enxergar, valorizar, respeitar nem amar. O desejo de ser diferente a remetia ao fundo do poço. A culpa e a vergonha eram suas companheiras fiéis e cruéis. Sonhava em desaparecer dentro daquelas águas.

Caleb, apavorado com a discussão, correu atrás dela. Ruth e Lobo o acompanharam. No riacho, viram a menina, e ele, com muito carinho, aproximou-se dela, segurou suas mãos, acariciou seu rosto e enxugou-lhe as lágrimas. Com muita ternura no olhar disse:

– Filha minha, ouça-me, acredito que por tudo o que passou na infância, encontrou na comida um refúgio seguro – disse Caleb. – Não sabíamos que você estava deprimida por causa do seu peso. Perdoe-nos por não termos percebido o seu problema. Pense com calma, se não consegue emagrecer, que tal ao menos parar de engordar? Você precisa aceitar sua gordura sem sofrer, sem se isolar do mundo, sem se autorrejeitar.

Ruth completou:

– Com essa autorrejeição está se esquecendo de quem é, anulando sua força interior e atraindo problemas espirituais graves. Você tem dons espirituais maravilhosos. Você nos ajudou muito. Enquanto Caleb bebia e se destruía, desistia da vida, você lutava com todas as suas forças para que ele saísse daquela situação deplorável. O que aconteceu? Onde está aquela menina guerreira?

Onde se perdeu que não percebemos? Mude seus pensamentos para cortar os vínculos com os espíritos das baixas dimensões que, com certeza, estão influenciando-a para que coma exageradamente e cometa suicídio!

– Ruth tem razão – disse Caleb. – Esses espíritos trevosos são implacáveis. Com certeza, são pendências de outras vidas. Algum espírito está tentando se vingar de você! Acorde enquanto é tempo! Aceite-se!

– Até pouco tempo eu me achava especial, inteligente, bonita, mas é difícil convencer os outros! Vocês não me aceitam e me cobram o tempo todo para eu fazer regime e emagrecer! As pessoas dizem que meu cabelo é feio. Todos desejam que eu seja diferente e me infernizam! Vocês me condenam à infelicidade por causa do meu tamanho, do meu cabelo! Quantas vezes ouvi da Noemi, "Com esse corpão e cabelão, vai morrer solteirona! Vai ficar para titia! Quem vai querer uma mulher gorda e feia desse jeito?" Ir às reuniões espíritas não muda quem vocês são e o que fazem comigo!

Caleb balançou a cabeça negativamente.

– Filha, você está enganada. Nós a amamos do jeito que você é, o seu tamanho não nos importa! Sabemos que você é muito além do seu corpo físico. Ignore os comentários de Noemi e das meninas. A insegurança e a vergonha que você sente por não ser magra é uma ilusão que apenas você alimenta. Achar que não é amada por nós é uma crença sua. Amamos você com esse corpo, esse cabelo e essa alma.

Apesar de falar com o coração, as palavras de Caleb não surtiram o menor efeito na garota.

– Vou fingir que acredito que me amam... gorda desse jeito! – respondeu Melissa com ironia e o olhar sem brilho e sem direção, contemplando o vazio e permanecendo imóvel.

– Pense comigo, somente você é responsável pela sua vida e pelo que escolhe fazer com ela – completou Caleb. – Você é sua algoz, come além da conta. Assuma isso e seja feliz ou busque ajuda, mas pare de se rejeitar, de se autodestruir. Hoje nós somos os seus orientadores, inspiradores, como lanternas a iluminar os seus caminhos. Tem um ditado popular que ilustra isso que estou lhe explicando: "Deus nos mostra o caminho, mas não caminha por nós". Podemos dizer para você ir por ali que tem menos buracos, que se for por lá, vai cair e se machucar. Ao longo da sua vida estaremos sempre lhe mostrando caminhos que podem levá-la a encontrar a felicidade. Por essa razão lhe pedimos para tentar comer menos, controlar a ansiedade, não exagerar na alimentação, não dormir até tarde, estudar, desenvolver sua espiritualidade e cuidar dos seus pensamentos, mas a escolha do caminho a seguir é uma decisão sua e de mais ninguém. Não viva de forma a se arrepender por não ser o que poderia ser, por não realizar o que de fato pode realizar! Confie em si mesma! Olhe no espelho e veja sua beleza e inteligência!

– Para o espelho rir da minha cara! Espelho, espelho meu, existe alguém mais mocreia, feia e horrorosa do que eu? E ele vai responder: "Não! Você está em primeiro lugar!".

– Deixe de ser engraçadinha – pediu Caleb sério. – Filha, podemos ajudá-la a refletir sobre as causas da sua obesidade, mas a decisão de emagrecer ou não continuará sendo sua! No palco da sua vida você é a atriz principal. Eu e Ruth estamos sentados na plateia vendo você interpretá-la e dirigi-la. Ela terá o roteiro que você escrever e o personagem que decidir interpretar. Ele poderá ser vitorioso ou fracassado, feliz ou infeliz. Depende de você. Aconselho-a escrever uma comédia, uma história alegre com final feliz e não uma história trágica e dramática, com um final triste, com o suicídio da atriz principal.

– Sim, compreendo tudo isso! – ela respondeu. – Mas suas palavras não me ajudam em nada, Caleb! Não adianta falar o que tenho de fazer, pois eu já sei, apenas não consigo! É difícil você compreender que não consigo escrever uma comédia com a atriz principal gorda, desajeitada, feia etc.? Aliás, acredito que ninguém vai querer ver esse filme, todos gostam de atrizes loiras, magras e belas. Tenha certeza de que a bilheteria seria um fracasso!

As palavras de Melissa deixaram Caleb atônito, mas ele segurou em suas mãos e continuou com muita delicadeza:

– Filha, você está em processo de autocrueldade, que a está sufocando por conta da sua fragilidade! Perceba que está completamente negativa. Você é uma menina pura, imatura, está pensando, agindo e reagindo aos problemas como uma criança mimada. No fundo, está cheia de sonhos, mas não suporta as frustrações, não tolera seus limites, os dos outros, nem as decepções advindas deles. Com uma beleza indescritível, com um coração gigante de um valor inestimável, está se achando um lixo, avaliando-se em tostões, não percebendo que é singular, única, uma garota que vale milhões. Enxergue-se! Resgate o seu amor-próprio e sua autoconfiança! Escolha amar-se, respeitar-se e valorizar-se! Viva bem e feliz! Esqueça o que aconteceu com o Paolo.

– Como? Caleb, não consigo, é muito difícil, na verdade, é impossível – respondeu Melissa segurando em suas mãos e chorando.

– Você pode tudo o que quiser, é só deixar de ser tão teimosa! Abandone urgentemente essas frases: não sei, não consigo, é muito difícil! Abandone a censura, a reprovação alheia e aprenda a seguir seu coração. Tenha um caso de amor com você. Apaixone-se por si mesma, veja as suas qualidades e os seus talentos. Seja você mesma, feliz, com autoestima. Ou então mude o que pode mudar e aceite o que não pode. Não queira ser uma supermulher, aceite suas limitações e torne-se uma mulher real. Mergulhe na autoaceitação e no autoconhecimento.

– O que é o autoconhecimento? – perguntou Melissa com ar de tristeza.

– É o ato de conhecer-se! Pergunte a si mesma: "O que posso fazer para mudar minha vida? O que me impede de mudar? Será que estou acomodada? Será que busco compensar com a comida todos os meus problemas? Será que quero agredir o mundo, vingar-me etc.? Comer compulsivamente é a solução que encontrei para esquecer os ressentimentos pelos quais passei?". Questione-se, minha querida.

– Não sei, Caleb. Nunca parei para pensar sobre o que sinto e o porquê de agir dessa maneira. Mas acho que como porque gosto de comer e pronto!

– Melissa, sempre acreditei que a guerra, os meus atos e o seu primeiro grande amor que não deu certo deixaram marcas profundas em você. Quando começou a engordar fiquei muito preocupado, mas não sabia como ajudá-la. Achei que com o tempo isso passaria naturalmente.

– Mas não foi o que aconteceu! Continuei comendo e engordando – ela respondeu com ar abatido.

– Melissa, recentemente conversei com um cliente que é médico sobre as possíveis causas da sua obesidade e aprendi muito com ele. Estava preocupado com sua saúde. Busquei respostas. Confesso que gostaria que emagrecesse – disse Caleb.

– Não falei? Viu como deseja que eu seja magra! – gritou Melissa revoltada.

Caleb, constrangido com a sua reação, explicou sua colocação:

– Calma, Melissa. Ouça-me! Desejo que emagreça porque temo que alguma doença grave apareça. Mais cedo ou mais tarde falaríamos sobre isso. Hoje, aproveitando que abriu o coração, é o momento de refletirmos e buscarmos uma saída para seu problema, mas, pelo amor de Deus, jamais pense em se matar e que não a amo!

– Você acabou de confessar que espera que eu emagreça! – disse Melissa em tom alto e áspero. – Está sendo hipócrita e dissimulado. Assuma que quer me ver magra!

– Não é nada disso! – respondeu Caleb enfático. – Não me importo com seu tamanho, já lhe falei isso mil vezes. Contudo, não vou fazer apologia à obesidade. Você precisa cuidar da sua saúde! Não sou hipócrita. Amo você, desejo seu bem-estar! Entendeu? Você precisa ter limites! Não precisa pesar cinquenta quilos, mas não deve pesar duzentos! E não pode viver deprimida por causa disso! Precisa aprender a cuidar de si mesma, do seu corpo, que é o templo da sua alma. O descaso com ele tem um preço chamado doença e morte! Precisa cuidar dos seus problemas emocionais, afetivos e espirituais!

– Espirituais? – perguntou Melissa abismada.

– Sim, obsessões que se desencadeiam a partir dos seus problemas emocionais e psicológicos! – disse Caleb. – Seus sentimentos negativos abrem as portas para espíritos da baixa dimensão que a influenciam a comer cada vez mais para que seja infeliz! Eles desejam a sua destruição! Lembra-se de como quase acabei com a sua e com a minha vida quando bebia? Se não fosse a Ruth e as verdades de Cristo, não sei o que teria sido de nós! Acorde! Não seja presa fácil dos obsessores!

– Credo, que horror! Como você é negativo. Não sou refém de ninguém. Você me enlouquece com essas observações! – disse Melissa com tom desafiador.

– Ah, não é refém dos obsessores? E por que está pensando em suicídio? Por acaso isso não é um pensamento destrutivo provocado por seres da baixa dimensão? – perguntou Caleb indignado. – Não sou negativo, sou realista! Você precisa vencer a si mesma, superar seu passado, reestruturar-se, cuidar-se, mudar os pensamentos e sentimentos e fechar as portas para esses obsessores, assim como eu fiz!

– Caleb, você sabe quanto estou pesando? – perguntou Melissa ignorando os comentários sobre os obsessores.

– Não tenho ideia. Mas pode manter seu peso, aceitar-se, sair dessa tristeza crônica, ser feliz e nunca mais pensar em se matar. É apenas um desafio que teremos de vencer juntos. Sabe que pode contar comigo. Não quero que nada de mal lhe aconteça! Você é minha vida! Eu a amo! Vamos procurar e encontrar caminhos para você resolver todas as questões espirituais e emocionais – afirmou Caleb tentando animá-la.

– É... podem começar parando de falar que estou gorda! Isso já será uma grande ajuda! Eu odeio quando fazem isso, é horrível!

Ruth, que ouvia atentamente a conversa entre os dois, com os olhos lacrimejantes, aproximou-se lentamente de Melissa passando a mão delicadamente em seu rosto e disse:

– Milha filha, nunca paramos para refletir o quanto a nossa forma de falar é poderosa, o quanto a machuca, maltrata, ofende, humilha e deprime. Desculpe-nos. Você nos deu uma rica e dura lição, talvez uma das mais importantes da nossa vida.

– Ruth, a forma como abordam o assunto é que me causa raiva e dor! Vocês não sabem o que passei por ser diferente, não sabem o que eu perdi por ler mãos! – disse Melissa chorando.

– Melissa, o que você perdeu por ler mãos?

– Não quero falar sobre isso... – respondeu chorando.

– Está bem, quando quiser falar, estarei aqui para ouvi-la – disse Ruth carinhosamente.

– Obrigada por compreender...

– Filha, perdão – disse Ruth. – Não sabia que nossas palavras lhe provocavam essa tristeza, tirando-lhe até a vontade de viver. Confesso que sempre desejei que fosse magra, pois de alguma forma sempre me culpei por sua obesidade. Mas saiba que carregar essa culpa não é nada fácil. É um horror! Agora percebo que talvez eu estivesse muito mais preocupada com a minha própria culpa do que com o seu bem-estar.

– Ruth, tenha certeza de que você não tem culpa nenhuma por eu ser gorda, tenho motivos que você nem imagina – disse Melissa. – Sei que sou gorda porque como exageradamente. Mas saiba que ouvir todo dia sobre o quanto se está gorda é muito difícil. Você não tem ideia do meu sofrimento! Não consigo emagrecer, fechar a boca é uma tortura. Assim, vocês vão me ajudar se pararem de me lembrar todos os dias que sou gorda e que preciso fazer regime. Por favor, aceitem-me como sou. Não se envergonhem de mim.

Ruth ficou chocada, não imaginava que os limites da menina haviam sido testados todos os dias. Encarou Melissa nos olhos e falou:

— Filha, acredite, nunca senti vergonha de você, apenas sempre estive preocupada em como ajudá-la a vencer seus desafios de vidas passadas.

— Como assim? Não entendi, pode me explicar? – perguntou Melissa abismada.

— Melissa, no seu caso, as dificuldades herdadas de outras vidas se manifestaram na perda da sua família biológica na guerra. Esse acontecimento faz parte da sua experiência nesta vida, é uma colheita de semeadura de vidas anteriores. Foram as Leis de Causa e Efeito que traçaram sua reencarnação. Se aceitasse a realidade, as perdas sem vitimismo, autopiedade, sem buscar na comida compensação, com certeza não estaria gorda. Se reagisse com o sentimento de profunda gratidão, pelo fato de ter encontrado outra família, compreenderia ser essa uma reencarnação reparadora.

— Isso mesmo – complementou Caleb. – A forma como você reagiu a essa perda é que a fez buscar na comida uma fuga. Por essa razão não encontrou alívio e acabou criando um problema ainda maior: a obesidade. A forma como reage ao que você mesma criou, mostra que você está mergulhada no egoísmo. Se a causa não estiver na perda da sua família, com certeza você perdeu alguma outra coisa. Está fugindo para a geladeira para esquecer algo muito sério... Não sei do que se trata, mas uma coisa eu sei: precisa superar e seguir adiante.

— Não quero falar sobre isso – respondeu Melissa em tom ríspido.

— Filha, você tem de aceitar as condições da vida com gratidão, aceitando sua realidade, as situações, fazendo escolhas saudáveis que preservem sua vida de forma a aproveitar as oportunidades que lhe foram concedidas pelo Criador. Não adianta culpar o mundo e as pessoas por ser gorda. Você gerou isso.

– Eu? Você não sabe nada de mim! – respondeu Melissa indignada.

– Realmente desconheço as causas que fizeram você engordar nos últimos anos – respondeu Caleb –, mas saiba que independentemente do que se passou, todos os seus atos vão acompanhá-la nesta e em outras vidas. Como disse Jesus: *A cada um de acordo com suas obras.*[4]

– Caleb, acho que entendi. Sou a culpada por tudo, os outros, os que me perseguem e me discriminam são totalmente inocentes. A idiota e imbecil sou eu! Se busquei na comida uma compensação foi sem querer, eu não sabia que era uma fuga, portanto, não tenho culpa. Eu não sabia que comida viciava.

– Percebo que eu e Ruth falhamos com você, Melissa – Caleb admitiu.

Melissa não deixou Caleb continuar a falar:

– Sei que tenho de aceitar o que aconteceu e superar, mas não consigo! Não é fácil! Você tem razão, a comida me preenche, consola e conforta. A comida diminui minha dor...

– Não falei que é fácil – disse Caleb –, mas você precisa crer que vai conseguir. Precisa aprender a superar as perdas, esquecer o que precisa ser esquecido e enxergar a beleza da vida. Amo você do jeito que é, e desejo que se ame tanto quanto eu a amo!

– Concordo com Caleb – afirmou Ruth, olhando nos olhos de Melissa. – Nossa única preocupação é com sua saúde e seu bem-estar! Acredite!

– Eu compreendo, Ruth, mas suas palavras me feriram. Agradeço a preocupação de vocês, mas acho que por hoje tenho muito que pensar; estou cansada e tenho de acordar cedo para ir à escola. Já é tarde, podemos continuar a conversa amanhã? Você e Caleb se importam?

---

4   Mateus 16:27 (N.E.).

– Não, querida. Amanhã terminamos nossa conversa após o jantar – disse Ruth. – Acalme-se, tudo vai dar certo. Vou lhe preparar um chá bem quentinho para relaxar e dormir bem.

– Eu também estou precisando de um chá quente – disse Caleb olhando para Ruth e Melissa com ar mais aliviado. – Acompanho-as até a cozinha.

– Claro, Caleb! – falou Ruth animada e sorrindo.

Melissa tomou o chá pensando em como se sentia infeliz e o quanto precisava mudar. Caleb e Ruth perceberam sua tristeza, mas nada disseram. Após terem tomado o chá, retiraram-se para os seus aposentos.

No quarto, sozinha, sentada na cama, melancólica, com Lobo ao seu lado, pensando sobre tudo o que Ruth e Caleb lhe haviam dito, Melissa subitamente irrompeu em lágrimas. Parecia que estava vivendo no inferno. Chorou muito, depois adormeceu.

7

Não é fácil ser diferente

Triste época! É mais fácil desintegrar um
átomo do que um preconceito.
Albert Einstein

Na manhã seguinte, o tempo estava nublado e frio. Melissa acordou confusa. Num esforço astronômico, levantou-se da cama, arrumou-se, tomou seu café e foi para a escola. Não esperou Saul nem as meninas. Teve um dia mais ou menos tranquilo. No fim da tarde, retornou para casa. Tomou um banho, jantou e foi para a sala conversar com Ruth e Caleb, que a esperavam ansiosos.

Na sala, sentou-se no sofá e pediu para Caleb acender a lareira, pois estava muito frio. Lobo se acomodou aos seus pés, buscando aconchego e ela deu início à conversa:

– Vamos continuar o assunto sobre meus sentimentos. Muitas vezes voltei revoltada da escola com os apelidos que recebi, sem falar nas perseguições, brincadeiras de mau gosto e chacotas! Vocês pensam que as pessoas têm dó de quem está acima do peso? Pensam que se preocupam com o nosso sofrimento? Com os nossos sentimentos? Com a nossa dor? Não se importam com nosso isolamento nem com nossa exclusão.

– Nossa, Melissa, que horror! Não imaginei que fosse assim – disse Ruth indignada.

– É, Ruth, não é fácil. Todos, sem exceção, fazem com que nos sintamos um lixo, inadequados, seres horríveis. Você pensa que são apenas as crianças e os jovens que nos ofendem e perseguem? Os adultos também o fazem! Fui escolhida para cantar numa peça de teatro na escola em razão de minha voz ser afinada, mas sabe o que aconteceu? A diretora não deixou por eu estar gorda. Ela disse que eu não ia causar boa impressão nos convidados! Que minha aparência não era adequada para representar a escola! Imagine como me senti envergonhada e humilhada! Ah! Quantas vezes suas amigas me humilharam! Acho que as pessoas deviam refletir sobre como os preconceitos e a forma como nos tratam, torturam, maltratam e aniquilam! O mundo impõe a magreza como estilo de beleza e sucesso, a moda é feita para os "esqueléticos". As mais cheinhas têm pouco para escolher. É sempre a mesma coisa, roupas feias que nos deixam ainda mais inadequadas. Poucos são os estilistas e as lojas que se preocupam com a elegância das gordas.

– Nossa, você nunca me contou o que acontecia na escola, senão tinha ido falar com a diretora! – falou Ruth com ar triste e decepcionado.

– Falar não resolveria nada! – respondeu Melissa.

Ruth se levantou do sofá e foi se sentar perto de Melissa. Passou as mãos com delicadeza no seu rosto e disse:

– Perdoe-me; nunca notei minhas amigas humilharem você nem imaginei que a diretora fosse capaz de fazer uma coisa dessas!

– Ah! Quantas vezes os amigos do Caleb me olharam com desdém e desprezo, como se eu fosse um bicho horroroso! Tratavam melhor o nosso cão, o Lobo, do que a mim. Comerciantes metidos. Todos sem piedade, com olhares de reprovação e expressão de nojo, julgam-me, condenam, humilham e ferem o tempo todo!

Isso acontece aqui dentro de casa, na escola, nas ruas, nas lojas, na feira; enfim, em todos os lugares! Estou farta! O preconceito que todos sentem é enorme, não dá para explicar! Como vocês não enxergam? É um absurdo o que fazem com a gente! Eu me sinto incapaz para lidar com tudo isso e resolver esse problema! Em todos os lugares sou vista como descuidada, relaxada, incompetente e feia! Sou constantemente rejeitada! Até nas lojas sou desprezada quando vou comprar uma roupa! A impressão que tenho é de que não há espaço para pessoas como eu! Somos vistas como seres desprezíveis, irresponsáveis, indignos de solidariedade, pois somos culpadas por sermos dessa forma... gordas! Por tudo isso, não estou com vontade de continuar a viver neste mundo imundo! Morrer? Seria como receber um prêmio, uma recompensa, um alívio, um descanso de toda essa loucura! Estou exausta e cheia de tudo e de todos! Sem forças!

— Melissa, não sabia que seu sofrimento fosse tão grande. Como posso ser tão desatenta e desligada? – disse Ruth aborrecida por ver o estado de ânimo de Melissa.

— É muito difícil ser gorda nesta terra! – disse Melissa com voz tensa e alta – a fala de vocês e a de todos dentro desta casa sempre fizeram com que eu me sentisse inútil e ridícula! É muito difícil conviver com minha gordura! As pessoas nem se constrangem, me medem de cima a baixo, e não conseguem esconder a expressão de indignação pelo meu tamanho. Apenas o olhar denuncia o imenso preconceito contido em cada uma! Ninguém entende que tem pessoas que são gordas porque não conseguem ser magras, simples assim! Não conseguem comer pouco, assim como existem os magros que não conseguem comer muito, que parecem varetas, mas que não sofrem nenhum preconceito.

— Melissa – falou Caleb –, acha justo se matar, odiar-se por causa dessas pessoas? Acredite, não me importo com a sua gordura, mas sim com sua saúde e felicidade. Como não consegue ver a beleza do seu rosto?

– Já falei mil vezes, não consigo! – respondeu Melissa nervosa.
– Caleb, é apenas o rosto que vocês acham bonito, o resto não! E
o que eu faço com o resto! Jogo fora?

– Não foi isso que eu quis dizer, expressei-me mal. Perdoe-me.
O seu rosto é bonito, o seu corpo é cheinho, mas é bonito também!
Uma coisa eu sei: você é mais que a forma do seu corpo! Você é
uma menina maravilhosa por dentro e por fora! Eu a amo do jeito
que é! Você é a razão do meu viver, da minha luta, dos meus sonhos! – falou Caleb amoroso.

– Pelo jeito, é só você que me ama e me acha bonita! – respondeu Melissa incrédula, sem conseguir segurar as lágrimas que
surgiram em seus olhos.

– Eu também a amo do jeito que é – disse Ruth enfática.

– Você, Ruth, nunca percebeu que já nem sabe mais a cor das
minhas pernas e braços, que escondo debaixo das roupas por estar
tão complexada!

– É, já notei que evita se trocar na minha frente e só usa blusas
de manga comprida e saias longas, mas achei que você era tímida
e gostava desse estilo de vestes, por essa razão a respeitei!

Melissa virou-se para Ruth e a encarou, perguntando:

– Quem não gosta de se vestir bem? Por acaso não acha que
eu adoraria vestir um vestido decotado e acinturado? As saias vão
até a minha canela ou pé porque eu me sinto mal, não tenho nada
para mostrar e preciso me esconder. Eu não tenho escolha!

Caleb, sem graça por tudo o que acabara de ouvir, olhou nos
olhos de Melissa e perguntou:

– Por que está chorando? Querida, fique calma, vamos resolver...

– Ah! Por que será, Caleb? Talvez porque sou linda, maravilhosa, tenho um corpo maravilhoso, fantástico e sou muito querida
por todos, principalmente por Noemi, Esther e Deborah, por todos os seus amigos e os de Ruth, e pelos meus amigos da escola!
– respondeu Melissa ironicamente, prestes a explodir.

— *Bambina*, diga-me a verdade. Como esse pensamento de se matar surgiu em sua mente? – perguntou Caleb preocupado.

— Não sei, só estava pensando em como seria bom dormir para sempre e não ouvir bobagens o tempo todo! Ficar livre de tudo isso! Estou cansada de ser motivo de chacota!

Caleb suspirou fundo, ergueu os óculos, franziu a testa e foi até a cozinha pegar um café enquanto pensava no que responder para Melissa. Voltou e tomando seu café, disse:

— Filha, se você pensa que se matar é a solução para os seus problemas, tenho más notícias para lhe dar. Com certeza, após um ato desses, vai sofrer muito mais do que pensa estar sofrendo.

— Eu sei, a Ruth me falou que vamos para o local que comprarmos as passagens, isso já entendi, mas não entendi por que vou sofrer mais que agora, será que existe sofrimento maior?

— *Mamma mia*, e como existe! – disse Caleb tenso e apavorado. – Se você pensa que está sofrendo muito, garanto que pode piorar! Quem comete suicídio vai para zonas inferiores e sofre sem trégua, por meio da expiação, do sentimento pessimista e negativo.

— Como assim?

— Os suicidas ficam imersos na escuridão num sofrimento e tormento terríveis durante dezenas, centenas, milhares de anos, até que, totalmente esgotados e sem forças, acabam se rendendo a Deus e a Jesus em busca de auxílio para se libertarem e saírem da situação que eles mesmos criaram! Ficar nessas zonas inferiores, no Vale dos Suicidas, e sair rumo às colônias espirituais, às dimensões mais evoluídas, é um ato de escolha de cada espírito. Cada um de nós escolhe os pensamentos, os sentimentos e as emoções que fazem morada em nossa alma. Dessa forma definimos nossa vibração e determinamos os locais espirituais de acordo com a lei da afinidade. Se cometer suicídio, não terá ao seu lado espíritos evoluídos, benevolentes, que a amam e a apoiam, sofrerá horrores, ficará sozinha por muito tempo, sem apoio e imersa nas baixas dimensões, morada dos espíritos trevosos, até chegar o dia do arrependimento! Por tudo isso, não pense mais nisso! Não desrespeite as Leis de Deus! – explicou Caleb, sem esconder o desespero no tom da voz.

– Eu quero morrer para desaparecer! – gritou Melissa revoltada.

– Nem pense nisso, *bambina*! – disse Ruth abismada. – Melissa, saiba que ao morrer o seu espírito não desaparece! Isso é ilusão! Ele continuará vivo! Se quer se suicidar acreditando que será eliminada do universo e que terá algum tipo de alívio está enganada! O seu corpo vai se dissolver, mas seu espírito, que é eterno, não! Você vai continuar existindo! Aos olhos de Deus, vai se tornar uma criminosa, falida em seus compromissos para com Ele. E o que é pior, sofrerá consequências desastrosas e terá de repetir as lições numa outra vida, em condições agravadas. Seu lamento e sua postura de vítima é que aumentam sua dor.

– Você pensa que é fácil não se sentir amada, querida e ser discriminada o tempo todo? – perguntou Melissa.

– Não filha, com certeza não é fácil, mas você precisa cultivar o autorrespeito! Tem de resgatar o amor-próprio e aprender a lidar com tudo isso. Não se desequilibre a ponto de cometer um ato tresloucado. Aprenda a ser forte! Jamais volte a pensar em soluções falsas para o seu problema! Busque soluções legítimas!

– *Dio Santo*, livre-nos de uma tragédia dessas! – gritou Ruth, apavorada e com os olhos cheios de lágrimas!

– Melissa, saiba que muitos suicidas têm a infelicidade de ver seu corpo se decompondo. Depois disso, eles são levados para um local cheio de suicidas com o coração repleto de tristeza, dor, raiva, ressentimento e ódio! Vão para um local de vibrações muito negativas! Mergulham num sofrimento atroz! Aqui, quando você alimenta pensamentos negativos e suicidas, você se liga a esses seres e se afina com eles. Se não mudar seus pensamentos e desejos, vai se unir a eles cada vez mais e isso poderá levá-la a cometer suicídio.

– Mas que Deus é esse que não ajuda os suicidas? – perguntou Melissa indignada e revoltada.

– Filha, lá do outro lado não é diferente daqui, as pessoas só recebem ajuda quando querem, oram e rendem-se a Deus. Jesus disse: *Pedi e vos será dado! Procurai e achareis! Batei e a porta vos será aberta! Pois todo aquele que pede recebe; quem procura encontra; e a quem bate à porta esta será aberta.*[5] Assim, as pessoas encarnadas e os espíritos desencarnados, recebem auxílio divino quando querem superar seus problemas, quando desejam mudar sua vida e suas atitudes! Veja, há algum tempo estamos tentando ajudá-la a emagrecer, mas até agora você se recusou a receber qualquer tipo de auxílio. Como podemos ajudá-la? Com Deus não é diferente. Ele nos dá o livre-arbítrio. Tudo depende unicamente de nós! Diga para si mesma: "Quero ajuda! Quero mudar! Preciso de forças!". Ore, pois a oração é uma forma de pedir socorro! É um ato de fé, um jeito de se ligar a Deus e a seu filho amado. Ao deitar, fale com Jesus! Com certeza, ele vai lhe dar forças para mudar.

– Eu tenho rezado! Oro, mas não consigo emagrecer, Caleb! – disse Melissa amargurada.

– Filha, o seu grande desafio é restaurar sua personalidade controlando sua vontade e equilibrando suas emoções a fim de vencer a gula – disse Caleb suplicante. – E eu sei que não é fácil, mas você precisa olhar para dentro de si mesma e descobrir o porquê de suas atitudes. Como lhe falei ontem, meu amigo me disse que as pessoas que comem muito pensam que vão preencher o vazio que carregam dentro de si; comem para fugir desse vazio, do que sentem, e depois se culpam por comer demais, e aí voltam a comer, num círculo sem fim, tentando compensar com a comida o que acreditam não ter. E claro, no seu caso é ainda mais grave, pois você, por ser médium, sofre interferência espiritual. Seus pensamentos negativos abrem as portas para os sofredores, os vingadores! Por tudo

---

5   Mateus 7:7-12 (N.M.).

isso você afirma que não consegue controlar seu apetite e ainda sente um imenso vazio! Você precisa de tratamento espiritual!

– Nossa! Tratamento espiritual? Eu estou gorda, não doente! – respondeu Melissa irônica.

– Melissa, deixe de ser teimosa! – disse Ruth. – Está sofrendo algum tipo de obsessão, tenho certeza! Você precisa tomar passes para se libertar dessas interferências espirituais negativas!

– Não quero saber de reuniões espíritas! Chega, por favor! Não existe outro jeito? – perguntou Melissa.

– Para diminuir os efeitos da influência nefasta dos obsessores, mude seus pensamentos e sua vibração! – enfatizou Ruth. – Pare de contar uma história triste para si mesma e sempre diga coisas boas, como: tenho um amigo maravilhoso, o Saul. Obrigada, meu Deus. Entendeu?

– Sim.

– Filha, olhe para dentro de você e questione-se sobre o que lhe falta. Não negue o que sente, aceite, identifique as razões. Descubra o que está por trás da sua compulsão por comida. Quando encontrar as respostas, a gula irá embora – afirmou Ruth convicta.

Caleb, complementou:

– Como posso ajudá-la a emagrecer se não deseja fazê-lo, se não acredita que pode, se não aceita desenvolver seus dons espirituais, se não aceita nenhum tipo de médico, psicólogo ou dieta? Como posso fazê-la perceber sua beleza, reconhecer seus talentos, o quanto é maravilhosa? Só poderei ajudá-la quando realmente desejar ser ajudada!

– Quem disse que não desejo emagrecer? Apenas não consigo e isso é bem diferente... Vocês não entendem! Simplesmente não consigo! – argumentou a menina.

– Sei que sofre por não conseguir emagrecer – respondeu Caleb –, mas de que adianta sofrer, lamentar, chorar e desejar morrer? Decida emagrecer, busque ajuda especializada e lute com todas as suas forças para controlar o seu apetite ou então se aceite como é e aprenda a ser feliz desse jeito. Somente você pode escolher o seu caminho! Posso ajudá-la, ampará-la, mas não posso estudar a espiritualidade por você, não posso deixar de comer por você, não posso preencher o vazio do seu coração; essa jornada é somente sua e de mais ninguém. Aprenda a escolher, pedir e aceitar ajuda!

– É, Melissa – complementou Ruth –, os deprimidos, os suicidas são pessoas que não pedem ajuda, não conseguem enxergar saídas para seus problemas e não confiam em ninguém. Ficam trancafiadas no seu mundinho, nas suas dores e nos seus horrores como eternas vítimas da vida. São pessoas que não têm noção do quanto são egoístas, pois não enxergam além de si mesmas; não suportam sofrer, se desesperam, mas não se preocupam com o sofrimento que geram nos seus entes queridos com a depressão ou a morte. Precisamos aprender a ser humildes e reconhecer o quanto somos importantes para os outros! O quanto é necessário dividir uma dor para multiplicar a busca de soluções.

– Quer dizer que agi como uma pessoa egoísta?

Caleb respondeu sem hesitar:

– Você tem alguma dúvida? É uma mocinha muito egoísta e mimada! Onde já se viu pensar numa coisa horrorosa dessas? Como pode não valorizar a vida, uma dádiva divina? Como não enxergar que tem uma vida linda pela frente nem admitir seus dons? Como consegue não ser grata a Deus pelo presente raro que é viver? Não reconhece que é uma menina iluminada e abençoada! Aceite-se como é e não fuja de si mesma! O seu valor não está no que os outros pensam de você, mas no que você é e no que pensa sobre si mesma! Vença a autopiedade! Transforme sua vida! Mude sua história! Refaça sua autoimagem – pediu Caleb emocionado.

– Nunca imaginei que eu fosse egoísta e mimada! Aliás, sempre priorizei os outros! Esta é a primeira vez que estou pensando no meu bem-estar, desejando morrer para me libertar deste inferno de vida! – disse Melissa sarcasticamente.

– Melissa, o suicídio não deixa de ser um ato de protesto – respondeu Caleb. – Pensando em se matar, você está dizendo não para a dor que sente! Está dizendo não para a vida! Encontrou um atalho para fugir da realidade que não aceita. Isso é uma forma de fugir do sofrimento. Você não está vendo saída para o seu problema, acredita que não tem nenhuma chance de superar isso. Você está intolerante com as suas fraquezas, acha que perdeu o poder pessoal e está repleta de complexo de inferioridade. No fundo está sentindo ódio de si mesma por não ter domínio sobre sua vida nem sobre seu corpo.

Ruth não se conteve e complementou:

– Melissa, pense bem. Está sentindo raiva do mundo e de Deus, mas está direcionando essa raiva contra você mesma! Sendo sua própria juíza e carrasca, pois se julgou e se condenou à morte. Está gritando bem alto para Deus que não vai aceitar as regras, o jogo da vida, pois você quer decidir se deve ou não continuar existindo, desprezando as Leis Divinas. Descuidada da Lei de Ação e Reação, não está pensando nas pessoas ao seu redor e o impacto que isso causaria nelas. De certa forma, está se vingando deste mundo que considera miserável, insensível e das pessoas que estão fazendo você sofrer, mas apenas porque perdeu a autoconfiança e o amor-próprio!

– É, filha, a Ruth tem razão. O suicídio não passa de um mesquinho ato de vingança!

Melissa ficou agitada, levantou do sofá, andou pela sala, engoliu em seco, olhou para os dois com as mãos trêmulas e protestou:

– Droga, não é nada disso! Vocês estão completamente enganados! Desculpe se não sou a fortaleza que vocês gostariam que eu fosse. Desculpem se sou fraca e não sei lidar com cobranças, com pouco caso e humilhação. Não estou me vingando de ninguém! Só desejo me livrar da dor das constantes humilhações que vivencio por se gorda!

– É natural que você deseje se libertar da dor, mas está buscando uma solução falsa. Morrer não é a melhor opção! Escolha cuidar da sua mediunidade, livrar-se das influências espirituais negativas e se libertar do sofrimento! Existem várias soluções para o seu problema, enxergue-os! Faça escolhas positivas! Caso deseje emagrecer, vamos apoiá-la! Vamos procurar tratamentos espirituais, psicólogos, nutricionistas, uma dieta adequada! Caso não deseje, vamos apoiá-la também! Queremos a sua felicidade, pois a amamos! E outra coisa: a vida lhe proporcionará muitas alegrias e decepções. Hoje está sofrendo por ser gorda, amanhã porque perderá um ente querido, um emprego, um amor... e você terá de se fortalecer para enfrentar e vencer todos os obstáculos. A dor, a alegria, dentre outros sentimentos, fazem parte do palco da vida. Você quer copiar o meu péssimo exemplo? Quando a vida me contrariou comecei a beber! Lembra-se do estrago que fiz na nossa vida? Toda vez que a vida contrariá-la, vai reagir tentando se matar?

– Não sei, Caleb... – respondeu Melissa cabisbaixa voltando a se sentar no sofá com Lobo a seus pés.

– Filha, ouça-me com atenção, é hora de começar a crescer, a amadurecer, a perceber o que se passa dentro do seu coração – disse Ruth olhando dentro dos olhos de Melissa com amor. – É momento de se conhecer profundamente e depois fazer uma faxina, limpar a mente, avaliar a vida, refletir sobre o que deve ser guardado e o que deve ser jogado fora. É hora de eliminar pensamentos destrutivos, livrar-se da baixa autoestima, da raiva, do ódio, da depressão e do medo de fracassar. Agradeça a Deus por tudo! Descubra o autoamor, o resto é puro silêncio. Pergunte a si mesma o que está aprendendo com essa experiência de obesidade? As pessoas têm preconceito, discriminam, machucam-na... qual a lição? Seria a superação? O perdão? O autorrespeito? Faça uma escolha, estabeleça um caminho, defina objetivos, tome uma decisão com fé e rompa com o medo de fracassar! Se não conseguir, tente outra vez até conseguir!

– Falar é fácil... – balbuciou Melissa.

– Acredite em você! – respondeu Ruth sorrindo. – Você pode, você consegue, basta desejar! Você não está sozinha. Enfrente seu problema e descubra sua força! Caso não consiga, podemos buscar ajuda especializada. Não desista!

– O que você acha que isso tudo está me ensinando? – perguntou Melissa intrigada.

– Filha, não tenho todas as respostas, mas, sem dúvida, a vida está lhe dando a primeira grande lição para a evolução e ampliação da sua consciência, ensinando-a a dominar si mesma, seus pensamentos, a controlar seus desejos e a assumir o controle da sua vontade. Está ensinando-a a ser flexível, a lutar para realizar seus sonhos, a superar seus medos, desafios, enfim, ensinando-a a viver feliz.

– Nossa! Mas não sei como fazer tudo isso, você só pode estar brincando! – disse Melissa atônita.

– Quer ver como é fácil? – perguntou Ruth. – Respire fundo, relaxe, lembre-se de quando tinha seis anos e o quanto era amada por nós. Lembre-se de como demonstrávamos esse amor; recorde essa fase da sua vida e me diga como se sentia.

– Ah! Ruth, que coisa mais chata!

– Experimente, tente e depois tire suas conclusões.

Melissa enrijeceu o rosto e fez uma pausa, mexendo-se no sofá.

– Espere um pouco... Estou tentando me lembrar... Nossa! As lembranças estão surgindo. Vejo que eu me sentia muito feliz! O Caleb me contava histórias, andava de mãos dadas comigo até a padaria e me dava um doce ou um sorvete. Você fazia pudim de leite e eu adorava. Você cantava lindas canções enquanto limpava a casa e, às vezes, quando Caleb trabalhava até tarde me levava para sua casa e cantava para eu dormir. De vez em quando me levava ao parque de diversões. Era maravilhoso! Nossa, Ruth, como eu era feliz!

– Está vendo, minha princesa, você está sorrindo! – ela disse. – Viu como é possível ser feliz quando preenchemos a nossa mente com recordações alegres e felizes? O que temos em mente é o que define o nosso estado de ânimo. Preenchendo a mente com imagens felizes, mudamos nosso humor, nossos sentimentos e até a forma de nos relacionarmos; ficamos mais meigos, mais suaves. Entendeu?

– Hum... Acho que sim...

– Melissa, o que sentiu com essas lembranças?

– Ora, Ruth, muita alegria e felicidade! Você e o Caleb me amavam e me paparicavam o tempo todo! Eu adorava sorvete, os brinquedos do parque de diversões e a sua linda voz! Por tudo isso gosto de música, pois você vivia cantando pela casa! Do meu quarto ouvia sua doce voz...

Caleb, ouvindo a conversa, sorria satisfeito. Ruth continuou:

– Filha, se você se habituar a recordar de coisas boas quando estiver triste, você imediatamente muda seu humor e sua forma de encarar os problemas. Basta acreditar que é possível! Não se esqueça: seus pensamentos e opiniões criam suas crenças, que geram seu estado de ânimo e, consequentemente, alteram suas atitudes, que são responsáveis por atraírem as experiências da sua vida. Repita todos os dias: "Reconheço os meus talentos e qualidades, sou capaz de lidar com minhas sombras, meus medos. Diante de dificuldades busco soluções criativas, cultivo a alegria e realizo meus desejos. Reconheço que mereço saúde, prosperidade, riqueza e paz. Acredito no meu merecimento, sinto-me saudável e próspera. Essa riqueza dentro de mim me ajuda a captar a sabedoria divina para superar com equilíbrio todos os meus desafios. Percebo a força do amor e da justiça divina na minha vida e em todas as coisas. Preencho meu coração com essa força e com esse amor e sinto que a aliança que fiz com Deus é inquebrantável. Sou protegida espiritualmente em todos os lugares e em todas as situações todo o tempo, o tempo todo. Sou luz, amor, vida, alegria, prosperidade, força e coragem. Todos os aspectos da minha vida estão em harmonia. Estou em paz com tudo e com todos".

– Nossa, Ruth, que oração linda! – Melissa murmurou.

– Oh, Melissa, supere essa tristeza, ouça as palavras de Ruth que tanto a ama! – disse Caleb, puxando-a para os seus braços. Em seguida, puxou Ruth para junto deles. Com lágrimas nos olhos, os três se abraçaram fortemente. Por fim, parecia que tudo ficaria bem novamente.

Mesmo mergulhada em dúvidas e angústias, depois dessa conversa, Melissa estranhamente se acalmou e prometeu tomar uma decisão, escolher um caminho saudável para sua vida. Pensativa, buscando um novo entendimento para suas emoções com base nas explicações de Ruth e Caleb foi para o seu quarto.

Caleb e Ruth, um pouco mais aliviados, porém tremendamente preocupados, também se retiraram e foram dormir. Assim, eles refletiram sobre tudo o que conversaram e perceberam o quanto haviam aprendido naquela noite abrindo o coração. Ruth rogou a Deus e a Jesus que iluminassem o coração da sua adorada menina Melissa.

> "Deus, Vós que sois todo poder e bondade, Vós que sois toda aquela energia de amor, permiti que Vossos mensageiros de luz inundem o coração de nossa filha com o Vosso espírito, perdoando suas fraquezas, curando seus traumas, suas dores, seus horrores, libertando-a do medo, da insegurança, da gula, da ira, da frustração, da autocompaixão e da falta de fé, deixando sua alma invulnerável, protegida de todo tipo de ataque de forças trevosas, livrando-a das obsessões, em nome do Vosso filho amado Jesus. Amém."

Após a oração, no astral inferior, Martelo e seus capangas conversavam:

– Essa oração me dá arrepios! Oh! coisa horrorosa essa Ruth. Como ela atrapalha meus planos. Preciso me livrar dela – disse Martelo para o compadre Espinafre.

– Nem me diga, essa oração chega a me cortar todinho por dentro – respondeu Espinafre mal-humorado. – Fico todo esquisito. Quando ela começa com essa ladainha tenho de sair rapidinho se não quiser ser dissolvido pelas energias que essa oração emana... Deus me livre dessa velha!

– Mas deixe estar, se Melissa se influenciar pelo que esses dois velhotes falaram para ela, eu arrumo uma coisa bem pior para acabar com ela. Ela não vai escapar... Minha senhora tem de ficar satisfeita, tem de se vingar dessa maldita! Oh! Bico calado, não fale para Lucrécia que esses dois velhos fedidos estão atrapalhando os meus planos. Não é fácil obsidiá-los, pois eles têm proteção. Queria dar um jeito neles, mas é muito difícil, para não dizer que é quase impossível.

– Por quê? Que poder especial eles têm contra nossas influências nefastas? – perguntou Espinafre admirado.

– Alguns protetores espirituais. Isso porque frequentam as reuniões espíritas, vivem orando, recebendo passes e fazendo caridade, ajudando a todos e agradecendo por tudo. O que atrapalha é que eles vivem de bem com a vida, só têm pensamentos e sentimentos positivos. Não guardam raiva de ninguém, oram para todos, fazem meditação e têm paciência. Assim, fica difícil...

– E o pior é quando alguém faz alguma coisa para esse tonto do Caleb no trabalho. Você não imagina o que ele faz! – completou Espinafre irônico.

– O quê? Conte-me! – pediu Martelo curioso.

– Ele é tão ridículo que chega a rezar para que Deus abençoe quem o ofende ou engana – disse revoltado. – Não duvido que se ele descobrir que obsidiamos a Melissa, dirá: "Pai, perdoe-os, eles não sabem o que fazem", sem a menor noção de que a gente sabe o que faz sim, que tudo é bem pensado, planejado e executado.

– Deixe esse palhaço para lá... Vamos embora – disse Martelo irritado. Vou escarafunchar a vida dessa imbecil e achar alguém ou alguma coisa para fazê-la sofrer bastante.

– Isso, não desanime, no fim venceremos! – disse Espinafre.

Ambos se retiraram para seus domínios nefastos.

8

A hora da transformação

Aceite seus limites sem jamais desacreditar na sua capacidade de superação.
Autor desconhecido

Melissa parecia nervosa, acordou bem cedo. Afinal, tinha uma escolha importante para fazer. Com Lobo ao seu lado, todo feliz abanando o rabo, andava no quarto de um lado para outro sem parar, reflexiva e pensativa. Por muitos dias pensou e, para alegria de Caleb e Ruth, finalmente decidiu tentar emagrecer! A partir daquele instante não mediria esforços para ser feliz, reconheceria todos os seus talentos, seus dons e lutaria com todas as forças para ter o corpo tão sonhado! Determinação seria sua palavra de ordem. Naquela mesma semana, começou a eliminar da sua vida sucos, pães, bolos, massas, geleias; enfim, todo tipo de guloseimas. Foi com Ruth a um médico especialista em obesidade, fez vários exames e adotou uma dieta saudável, rica em frutas, legumes e verduras. Passou a caminhar duas horas todas as tardes, acompanhada do seu adorado cão, que aguentava sem reclamar o seu ritmo.

Em doze meses, ela eliminou quase vinte e cinco quilos. Agora não conhecia mais o gosto de pão com geleia, do macarrão da

Noemi, das tortas de Ruth; mas podia usar vestidos decotados, de cintura justa, rodados, e distribuir sorrisos sem medo da rejeição. Parecia que Melissa era outra pessoa. Magra e autoconfiante, ficava durante horas na frente do espelho do seu quarto se admirando. Em pouco tempo, descobriu como era bom ser admirada e popular em todos os lugares por onde passava e na escola. Não demorou muito, já fazia parte de uma grande turma. Passou a receber muitos convites, ouvir e cantar as músicas de Elvis Presley[6] e passear de lambreta com um jovem muito especial.

Essa transformação deixou Ruth e Caleb muito felizes, mas irritou profundamente Noemi, Deborah e Esther, que ficaram inconformadas com a beleza e popularidade conquistada por Melissa. Saul ficou muito feliz, mas, no fundo, com um pouco de medo de perder sua amiga, ou melhor, sua amada.

Com o passar do tempo, Melissa, apesar de magra, não estava feliz. Ela não conseguia se identificar com aquela Melissa. Ganhou novos amigos e passou a ser convidada para festas e encontros. Contudo, vivia, comia e vestia-se para os outros. Acordava cedo para arrumar os cabelos com receio de decepcionar os amigos. Ela havia mudado a aparência, mas não a mente. O novo corpo não a realizava, e ela continuava frustrada. Aos poucos, sem perceber, voltou a comer e engordar.

– Oi, Ruth, tudo bem? – disse Melissa toda emburrada ao voltar da escola.

Ruth, com um largo sorriso, respondeu:

– Tudo bem, princesa. Vejo que está de mau humor!

– Sim, estou muito chateada, mas deixe para lá; depois conversamos!

---

6 Elvis Aaron Presley (East Tupelo, 8 de janeiro de 1935 – Memphis, 16 de agosto de 1977). Foi um famoso músico e ator norte-americano, denominado como o *Rei do Rock*. Uma de suas maiores virtudes era a sua voz, que atingia notas musicais de difícil alcance para um cantor popular. Tinha grande senso rítmico, força interpretativa e um timbre de voz que o destacava entre os cantores populares. Foi um dos maiores e melhores cantores populares do século XX (N.E.).

– Está bem. Vá guardar suas coisas e volte para jantar. Depois você pode ir estudar.

– Pronto! Chegou a louca que não estava faltandoooo! – gritou Esther irritada. Se havia alguém capaz de irritar Esther, esse alguém era Melissa, que para ela era a pior menina do mundo!

Melissa, ignorando o comentário, dirigiu-se a seu quarto para guardar as coisas, tirar o uniforme e lavar as mãos para o jantar.

– Esther, Deborah, Saul, venham jantar – gritou Noemi da cozinha! – Vocês pensam que tenho a noite inteira à disposição de vocês? Pensam que sou uma escrava? Andem logo ou guardo tudo! E você, Melissa, deixe de ser folgada e venha me ajudar! Nunca faz nada! É uma preguiçosa! O Caleb e a Ruth são os culpados, só pensam em espíritos e não em educá-la! Qualquer dia desses largo vocês! Aí quero ver o que vão fazer sem a empregadinha tonta!

– Meu Deus! Mamãe está nervosa hoje! – disse Saul para Melissa, no corredor, próximo às escadas que iam para a cozinha.

– É! Ela vive de mau humor, pressionando todo mundo o tempo todo! Tudo tem de ser do jeito que ela quer! Vive com raiva, criticando todo mundo, acha que seu sofrimento é maior que o de todos nós! É como se ela estivesse ressentida com o mundo! E hoje está pior que ontem! – disse Melissa com o rosto sério, inconformada.

Saul assentiu com a cabeça com ar tristonho. Afinal, Noemi era sua mãe e ele sabia que ela remoía o passado, tinha tiques nervosos, vivia frustrada, deprimida e em guerra com ela mesma e com o mundo.

– Aconteceu alguma coisa em especial que não fiquei sabendo? – perguntou Melissa.

– Não, o de sempre. Mamãe não consegue esquecer o sofrimento, o fato de nossa família ter ido para os campos de concentração, ter perdido meu pai, meus avós, todos os seus parentes e amigos; sem falar na perda dos bens, da casa, do sítio, da loja e de ter sido

Tudo tem um motivo 101

obrigada a fugir para nos salvar. E mais, por não ter conseguido recuperar sua vida financeira. Não se casou novamente e vive nesta casa de favor. Acho que tudo isso a deixou revoltada e amarga.

Ruth estava em seu quarto, não ouviu os comentários de Noemi, mas, ao passar pelo corredor em direção à cozinha, ouviu a conversa dos dois jovens e comentou:

– É mesmo. O que aconteceu com vocês foi uma coisa terrível! Não consigo nem imaginar! Sei que Noemi sofreu muito, mas não podemos fazer nada a não ser compreender e apoiá-la. Ela precisa querer mudar e se ajudar! Ela se tornou prisioneira das suas dores, mergulhou na solidão, na frustração e na vergonha! Ela não percebe que ela mesma causa seu sofrimento. Noemi precisa desejar reeducar suas emoções, dissolver as imagens das desgraças que acumulou em sua mente e criar imagens alegres e felizes. Deve ser grata por ter sobrevivido ao lado dos filhos. Podia ter sido muito pior, ter ficado deficiente, ter perdido os filhos. Deus a poupou e a vocês. A dor que sua mãe carrega no coração é a sua pior inimiga; faz com que seja impiedosa, fria, rude e, muitas vezes, cruel. Ela não tem noção que com sua postura derrama lágrimas que se transformam em obstáculos em sua vida. É como se tivesse em suas mãos um chicote que não a poupa um instante, e por esse motivo machuca e deixa marcas profundas em todos à sua volta. Não compreende os seus processos psicológicos internos e nunca procurou sanar seus conflitos. Age impulsiva e irrefletidamente, e não aceita nenhum tipo de ajuda espiritual. Sou impotente para ajudá-la. O que nos resta é compreendê-la e orar para que a espiritualidade a ajude a despertar para as verdades divinas...

– É, Ruth, espero que um dia ela desperte – respondeu Saul. – Ainda bem que você a entende, senão não sei o que seria de nós! Você já teria nos colocado para fora há muito tempo... Minhas irmãs não reconhecem o quanto você é uma bênção em nossa vida.

– Imagine se eu seria capaz de fazer uma coisa dessas! Justo eu que perdi toda a minha família na guerra! Vocês são a minha família! Queria que Noemi descobrisse o melhor da vida por meio da fé e do autoconhecimento, que soubesse que é ela mesma que cria a miséria ou a bem-aventurança! Queria que ela revisse sua caminhada, superasse os bloqueios e os obstáculos que a forçam a ser infeliz. Gostaria que superasse a postura egoísta, a insensibilidade, as intolerâncias, as raivas e os ressentimentos para ter menos problemas de saúde. Vive doente! Fico preocupada, queria que ela refizesse a autoimagem repleta de derrotas, desânimo, medos, frustrações, insegurança que carrega em sua alma, mas não consigo ajudá-la, pois ela não me ouve.

– Não ouve ninguém! Nem o padre na missa de domingo – disse Saul lamentando.

– O pior é que ela culpa a todos por seus problemas – continuou Ruth. – O governo, seus pais, os ex-patrões, os amigos, Deus; enfim, todos são culpados por ela ter perdido a fé na vida e nas pessoas. Dessa forma, caminha convicta de que é como é e sente o que sente por causa dos outros. Essa é uma forma interessante de encarar a vida, pois a pessoa se exime da responsabilidade por si mesma. Como os outros são culpados por tudo o que lhe aconteceu e pelos sentimentos que carrega, não precisa fazer nada nem promover mudanças na maneira de ser. Em outras palavras, sua mãe se acomodou e foge de qualquer tipo de reforma íntima, impedindo o próprio crescimento.

– Sim, Ruth, isso me entristece muito, queria poder ajudá-la, gosto muito dela – respondeu Saul desconsolado.

– Eu sei que a ama, Saul; afinal, é sua mãe e, apesar do seu jeito impulsivo, ela também o ama. Fico triste por ela não conseguir compreender que é escrava do passado. Suportou experiências dolorosas e devido a isso carrega uma agressividade imensa, que acaba destruindo seus relacionamentos. Ela não consegue ter amigos, um amor duradouro, pois cria situações de conflito o tempo todo. É como se estivesse sempre pronta para a guerra, disputando quem é o mais forte. O que ela semeia o tempo todo é a discórdia e acaba colhendo solidão e abandono. As pessoas têm medo dela por sua violência verbal e falta de controle emocional. Lembra-se da última briga que ela teve com Alfredo, aquele que queria desposá-la? Quando ela jogou pedras no carro dele, ele saiu correndo e nunca mais voltou.

– Eu me lembro, foi horrível, ela chorou uma semana sem parar inconformada por ele ter ido embora – disse Saul.

– Pois é, ela não aceita nenhum tipo de crítica e exige perfeição de todo mundo – completou Ruth. – Não consegue enxergar suas falhas, não observa que seu comportamento agressivo assusta. Ela se fechou em si mesma e não percebe o quanto tem sido egoísta apenas dando importância aos seus interesses. O que ela acredita ser amor não passa de um desejo de ser atendida em seus mínimos caprichos.

– Ruth, acho que ela guarda muito rancor no coração e não consegue se libertar desse sentimento, parece que adora conflitos. Briga com todos que estão à sua volta. Parece que o mundo é repleto de pessoas incompetentes. Às vezes, fico com vergonha da forma como ela trata as pessoas. Mas o que eu posso fazer? É minha mãe e tenho de respeitá-la.

– Claro, Saul. Não estou comentando essas coisas com maldade, estou lamentando o fato de ela não se conhecer, não tentar mudar, não fazer nada para superar suas dores, encontrar paz dentro dela mesma e dar paz para vocês. Ninguém dá o que não tem. O inferno emocional e psicológico interno que ela carrega se reflete no seu mundo externo, nos relacionamentos. Acredito que ela sofre muito por ser como é, mas o seu orgulho não tem tamanho e com isso não consegue dar um passo rumo à reforma íntima. Se ela abandonasse o orgulho, conseguiria refletir e perceber o impacto negativo que causa nos outros; deixaria de guardar mágoas se aprendesse a se amar, a crer em si mesma e na vida novamente. Assim, descobriria que a agressividade não é o melhor caminho para conseguir a atenção e o amor de que tanto necessita, pois no fundo ela é uma pessoa carente. Ela não enxerga que ataca e despreza quem está ao seu redor, pois deseja ter o poder de controlar tudo e todos na tentativa de evitar ser abandonada. Isso é uma ilusão! Como não consegue dominar ninguém, pois todo mundo a evita, vive deprimida, desiludida, confusa, alimentando as lembranças negativas do seu passado e culpando os outros por seus infortúnios. Gostaria que ela se interessasse pela espiritualidade, pois assim entenderia, aceitaria sua atual existência e venceria os obstáculos da vida. Gostaria que ela desenvolvesse um coração contrito, humilde, que aceitasse a vida como a vontade de Deus ante suas vidas passadas. Negativamos nosso saldo no banco divino, toda vez que fazemos alguém chorar. As lágrimas se transformam em pedras de cristais na nossa caminhada, ou seja, num obstáculo a ser transposto, numa dívida a ser resgatada. Dependendo do tamanho da dívida, dizem que saímos das graças do nosso Pai Celestial, das bênçãos, e entramos na Lei de Causa e Efeito que é a Lei da Transformação.

– Nossa, Ruth, não me diga uma coisa dessas. Então minha mãe já está devendo bilhões! Se tem uma coisa que ela sabe fazer, é ofender o outro no seu ponto mais fraco e crucial, fazendo-o derramar muitas lágrimas!

– Entendeu por que me preocupo com ela? As ações negativas geram mais obstáculos. Sua mãe violenta o mundo com suas palavras e atitudes...

– E como não aumentá-los?

– Filho, temos de vencer a nós mesmos, mudando nossas ações, não machucando ninguém, respeitando as Leis Divinas, buscando o equilíbrio, pensando, sentindo, agindo e reagindo, ou seja, refletindo e adquirindo novas atitudes perante a vida e as pessoas. Temos de cultivar gestos amorosos, pensamentos positivos, uma postura ética e verdadeira, equilibrada e sábia, capaz de gerar harmonia nos relacionamentos, na vida profissional e social, cultivando paz interior e felicidade.

– Então não é tão fácil! Vejo que minha mãe está em apuros!

– Sim, Saul, pois com a agressividade e a negatividade constantes sua mãe repete os erros do passado, magoando muita gente e semeando imensos obstáculos em sua própria vida. Temo por seu futuro, pois ela não escapará da Lei Divina. Querendo ou não, terá de reparar os danos causados aos outros. Fico triste, pois sei que ela poderia curar-se se compreendesse que não é por meio da gritaria, da baixaria e da agressividade que se resolvem as coisas. Se ela superasse sua necessidade de autoafirmação, sua visão egoísta do mundo, se deixasse de ser um trator, passando por cima de todo mundo, se cuidasse, amasse e protegesse as pessoas em vez de guerrear, ela conquistaria muita coisa boa. A verdade é que ela precisa desenvolver generosidade, afetividade, paciência, desprendimento, compaixão em detrimento do rancor e da agressividade. Contudo, penso que ela não quer mudar, pois se acha perfeita. Podemos fazer muito pouco por ela, pois as pessoas só mudam quando desejam.

– Ruth, confesso que também não sei como ajudá-la, pois ela não escuta ninguém! É muito difícil, mas vamos orar para que ela seja iluminada. Para Deus nada é impossível – disse Saul aborrecido.

Ruth, com ar tristonho, assentiu com a cabeça e retirou-se. Caleb, após tomar um banho, dirigiu-se à sala para ler o jornal enquanto esperava todos para jantarem.

– Melissa, você melhorou? – perguntou Saul com ar preocupado.

– Soube que na noite passada teve pesadelos novamente, e a mamãe falou que você viu um espírito. Disse também que você falava dormindo com uma voz estranha sobre a morte de alguém. É verdade?

– Sim, Saul! O pesadelo foi horrível. Vi num relance o sr. Benjamim, o dono da mercearia, morto! Vi também um espírito muito sério. Levei um enorme susto e gritei muito. Foi horrível! Ruth me acordou e me explicou que algumas pessoas têm o dom de ver espíritos, outras de ouvi-los; e disse mais: que ela acredita que herdei esses dons de vidência dos meus antepassados. Pelos meus dons, ela acredita que eu sou filha de ciganos.

– Ela acha que você é cigana? Ah! Que maravilha! Como assim?

– Calma, eu lhe explico. A Ruth acha que sou cigana. Antes eu lia as mãos das pessoas. Na guerra, os nazistas perseguiram os judeus e os ciganos. Como minha família me escondeu no poço e com certeza foi eliminada, sou judia ou cigana. Pelos meus dons divinatórios, cabelo e fisionomia, a Ruth acha que sou cigana. Outro dia falei umas coisas para ela que a deixaram muito assustada. Era como se eu conhecesse tudo sobre ela, como se eu estivesse vendo sua infância e sua vida. As imagens foram passando na parede. Não entendi o que acontecia. Depois que falei o que vi, me apavorei! Ela me acalmou e disse que os ciganos viam as coisas em bolas de cristais. Como não tenho uma bola de cristal, as imagens apareceram onde firmei os olhos, ou seja, na parede. Elas podem aparecer também na água, no chão, nem preciso me esforçar, é só firmar os olhos que simplesmente acontece...

– Uau! Que fantástico! – sem se conter, Saul gritou animado.

– Fantástico nada, preferia ser judia! – respondeu Melissa preocupada.

– Por quê? Que absurdo é esse? Qual a diferença? – Saul perguntou indignado.

– Qual a diferença? Imensa, gigante, enorme, do tamanho do mundo! Não acredito que não sabe que os ciganos sempre foram relacionados a tudo de ruim que possa acontecer num local; são associados à bruxaria, feitiçaria, e isso é motivo de preconceito, exclusão e, o pior, perseguição! E mais: as pessoas acham que os ciganos praticam roubos e são trapaceiros. São vistos como bandidos! – explanou Melissa quase explodindo de raiva com a ignorância de Saul pelo assunto.

– Quem? – Saul arregalou os olhos e indagou.

– Ora, Saul, todos!

– Todos, quem?

Melissa irritada e contrariada, a contragosto respondeu:

– Todos do mundo! Isso vem de longe, desde o tempo do começo do cristianismo. Quem ligou os ciganos à bruxaria foram alguns líderes religiosos. Isso foi passado de geração para geração, de país para país. E as pessoas que não conhecem a história, os costumes, os hábitos, as crenças, as práticas religiosas, que ignoram a cultura cigana, acreditam nisso, pois não conseguem compreender o estilo de vida cigano.

– Como você sabe tanto sobre eles? – perguntou Saul com olhar admirado com as explicações de Melissa.

– Sabendo. Fui resgatada por Caleb e sempre quis conhecer minha origem, de onde vim. Sempre pesquisei sobre os ciganos e sobre os judeus. Sei tudo sobre eles. E pelo fato de ler mãos, já sofri na pele o preconceito!

– Quando foi isso? Quem manifestou preconceito contra você?

– Deixe esse assunto para lá... não quero falar a respeito. Quero esquecer o que passei...

– Está bem, não está mais aqui quem perguntou! Mas me responda, você vê mesmo os espíritos? Como eles são? Você tem medo?

– Calma, Saul, uma pergunta de cada vez, senão fico tonta. Apesar de não querer, não gostar, vejo os espíritos de várias maneiras. Às vezes, vejo apenas um vulto escuro; outras, vejo vultos pequenos ou como se fossem pessoas de verdade, chego até a confundir com os vivos. É muito estranho. Normalmente, não falam nada, ficam só me olhando... Quando vejo os vultos escuros, sinto medo! Não gosto de vê-los!

– Certo, certo, só mais uma perguntinha, por que você viu esse espírito e o sr. Benjamim morto?

– Sei lá, não tenho a menor ideia! A Ruth me explicou que não devo temê-los nem me preocupar, que pode ter sido uma premonição, pois os espíritos costumam ter um motivo muito sério para aparecer, que com o tempo descobrimos as razões dessas visões. Ela disse ainda para eu rezar.

– Ah! Então os espíritos não ficam só perturbando as pessoas?

– Claro que não, Saul! – respondeu Caleb, parando imediatamente de ler o jornal.

– Por que eles aparecem? – perguntou Saul olhando diretamente nos olhos dele.

– Eles aparecem para mostrar que somos videntes e para nos lembrar que temos uma missão espiritual a cumprir – Caleb respondeu –, para nos fazer um chamado para a nossa mediunidade, reforçando a crença da vida após a morte, para dar algum tipo de aviso, pedir ajuda ou convidar a quem os vê a buscar as verdades éticas universais, o caminho da caridade, da virtude, um caminho espiritual, ou seja, o desenvolvimento integral do ser humano. E mais... Para que possamos ajudar a encaminhá-los ou os seus familiares e amigos por meio das preces. Eles não aparecem à toa mesmo!

– É, Caleb, já sei de tudo isso, mas confesso que não gosto nada desses fenômenos – disse Melissa triste. – Preferia não ver nada, não saber de nada! Queria ser uma pessoa normal. Na verdade, queria esquecer que essas coisas existem. Já me machuquei uma vez, não quero me machucar pela segunda vez... A Ruth e você cansam de me explicar, mas nem ligo. Sou muito jovem, quero aproveitar a vida e não desejo ficar no meio dos mortos, que têm de ficar onde estão e não com os vivos! Morro de medo deles! Tenho pavor! Você me entende?

– Claro que a entendo! Minha mãe não acredita em nada disso, ela fala que isso é coisa ruim! – disse Saul intrigado.

– Uma coisa eu lhe garanto, Saul, a mediunidade e o contato com os espíritos independem da religião e não têm nada a ver com o mal – respondeu Caleb. – Existem espíritos de luz, cheios de amor, contatando os médiuns para realizar um trabalho de amor em nome de Jesus, e existem espíritos trevosos, que tentam desviar os médiuns da sua missão.

– Ah! Caleb... lembro que quando eu estava no poço, sentindo um pavor enorme, chorando muito, pouco antes de você aparecer e me tirar de lá, vi uma menina linda, com um vestido branco esvoaçante e com flores na cabeça. Ela apareceu sorrindo. Acho que ela tinha mesmo motivo para sorrir, pois logo depois fui salva! Fui resgatada por você! Então, conclui que naquele momento ela apareceu para me ajudar, me acalmar, me consolar para eu não me desesperar!

– Nossa! Isso é maravilhoso! Então dependendo da fisionomia do espírito e da roupa, a notícia pode ser boa ou ruim, certo? – perguntou Saul.

– Meu Deus, Saul, você faz cada pergunta! Não parei para pensar nisso! – disse Melissa.

Caleb balançou a cabeça, riu, voltou a ler o jornal e nada respondeu, resolveu deixar para lá.

– Melissa, diga-me uma coisa, o espírito que você viu pouco tempo atrás era bom ou ruim, como estava vestido?

– Saul, o que isso tem a ver? – perguntou Melissa.

– Não sei, mas pense um pouco e me responda! – disse Saul entusiasmado.

– Estava sério, usava um terno preto, um chapéu e uma gravata. Era elegante – respondeu Melissa.

– Hummm, acho que isso não é bom... fisionomia séria traz coisa ruim, roupa preta também... Hum... chapéu e gravata? As pessoas se vestem assim somente em alguns eventos, casamento, formatura ou enterrooooooooo! Xi... acho que ele veio avisar que alguém vai morrer...

– Saul, pare de brincar com coisa séria, respeite o que não conhece! – disse Melissa nervosa.

– Desculpe! Estou tentando entender, mas fique atenta, nas próximas vezes que vir algum espírito, em vez de ficar com medo, observe sua expressão, a roupa que está usando... isso com certeza vai lhe mostrar alguma coisa! Ah! Por que não começa a fazer um diário? "Diário dos Espíritos".

Saul disse essas palavras com um lindo sorriso estampado no rosto. Melissa não resistiu e sorriu também.

– Está certo, vou ficar atenta e começar a escrever um diário!

– Ótimo, assim vai relacionando o que vê com o que acontece. Em pouco tempo, descobrirá as razões das aparições.

– Obrigada pela dica, Saul, você é um amor... Agora vamos jantar e depois estudar.

E assim fizeram, jantaram na companhia de Ruth, Caleb, Noemi, Esther e Deborah.

Saul, recolhido em seu quarto, pensava em como adorava conversar com Melissa. Ao seu lado, não via o tempo passar. Ela o inspirava, despertava nele o gosto pelo conhecimento. O jovem estava decidido a descobrir tudo sobre os espíritos, os ciganos e os judeus para que na próxima conversa com Melissa tivesse muitas novidades para lhe contar. Preocupava-se com os fenômenos que ela vivenciava. Queria ajudar sua princesa. Melissa não tinha noção do quanto era amada por ele nem do quanto ele sonhava em tê-la em seus braços. Saul era um jovem de pele clara e olhos cor de mel. Seus ombros largos e a voz forte inspiravam confiança. Obstinado e protetor, era um anjo na vida de Melissa, porém ela nem se dava conta. Naquela mesma noite, antes de se retirar para dormir, Saul procurou Ruth e lhe perguntou como poderia aprender mais sobre os espíritos. Ela se surpreendeu com a pergunta, mas ficou muito feliz com o interesse do rapaz pela espiritualidade.

– Saul, uma amiga espírita me falou sobre um livro de um autor chamado Allan Kardec. Vou falar com ela e ver se é fácil conseguir um exemplar.

– Obrigada, Ruth! Você é fantástica! – disse Saul feliz, beijando a testa de Ruth.

Ruth entrou em contato com a amiga e ela lhe informou que a edição estava esgotada, mas que era possível encontrar um exemplar em uma biblioteca. Alguns dias se passaram e a alegria de Saul foi grande quando Ruth lhe entregou um exemplar do livro.

– Meu Deus, Ruth, que maravilha! Obrigado!

– Faça bom uso de *O Livro dos Espíritos* e incentive Melissa a ler também.

– Pode deixar, farei isso! – falou Saul muito feliz.

9

A premonição

Grandes almas sempre encontraram forte
oposição de mentes medíocres.

Albert Einstein

No dia seguinte, na hora do almoço, Esther, com os olhos esbugalhados, entrou na cozinha gritando horrorizada:

— Eu não falo que essa Melissa é filha de cruz-credo? Filha do Deus me livre? Tem parte com o capeta, que lhe conta tudo o que vai acontecer! Souberam o que aconteceu hoje de manhã? Não? Como assim? Saiu no jornal! Como não sabem! Deu no rádio:

> Dono de mercearia é morto com três tiros no peito! Benjamim, imigrante, honesto e trabalhador, foi assaltado por marginais impiedosos, que, além de roubarem suas mercadorias, roubaram-lhe impiedosamente a vida!

— *Mamma mia*! Isso é verdade? Melissa já sabe? — perguntou Caleb apavorado, dirigindo o olhar para Ruth e Noemi.

— Meu Deus. Mãe! Não quero que essa menina olhe mais para mim! Ela me dá medo e arrepios! Deve ter parte com o demo! — gritou Deborah totalmente fora de si.

– Minha Nossa Senhora! Bem que eu falei para a Melissa fazer um diário. Estão vendo? O espírito veio avisar a Melissa sobre a morte do sr. Benjamim! Nossa. Aconteceu mesmo! Será que devíamos ter feito alguma coisa? – indagou Saul com profunda indignação e espanto.

– Calma! Fiquem calmos! – disse Ruth para as meninas, para Caleb, Saul e para Noemi, tomando calmamente o seu suco enquanto almoçava. – Melissa não está em casa, foi fazer um trabalho escolar na casa de uma amiga. Façam o favor de tratá-la bem quando chegar e deixem que eu mesma lhe dou a notícia. Assim não vai se assustar, tampouco se desequilibrar. Ela não tem culpa de ter visões mediúnicas. Vocês entenderam! Isso, segundo a espiritualidade, é mediunidade premonitória! Ela recebeu um aviso, o que ela poderia fazer? É a primeira vez que isso acontece. O medo, o pavor, é filho da ignorância. E saibam que muitos estudiosos alegam que a premonição não tem nada a ver com os espíritos; eles defendem que são façanhas extraordinárias da mente humana, ainda não explicadas pela ciência! Não criem dramas à toa!

– Cruz-credo! Santíssima, proteja-me! – murmurou Deborah quase desfigurada de pavor.

– Não tenha medo, Deborah. Isso é mais comum do que se pensa. Melissa é médium, ela consegue se comunicar com os espíritos. Isso não é o fim do mundo! Vocês precisam ler mais, pois até Abraham Lincoln teve sonhos premonitórios com relação à sua própria morte! Ele os relatou para o guarda-costas e para a esposa, e isso muito poucas horas antes do seu assassinato! Joana D´Arc também tinha visões! Isso é um dom divino. Muitas vezes, certas revelações salvam vidas para que o plano divino se cumpra! Não se aflijam! Abandonem o senso comum e a ignorância sobre este tema!

– Pelos diabos! Essas coisas atraem desgraça! Cruz-credo! – gritou Esther.

– Eu tenho medo! Deus me livre! Isso é coisa do diabo! Deixe meus filhos fora disso! – disse Noemi rude e asperamente!

– Minha amiga, bem se vê que não lê o Evangelho e que está distante das coisas divinas. Jesus disse que a razão pela qual nos dá as profecias é para que creiamos (São João 13:19; 14:29). Leia a Bíblia e confira sobre o que estou falando. Os médiuns que têm o dom da profecia são os intérpretes dos espíritos para instruírem os homens, para lhes mostrar o caminho do bem e conduzi-los à fé[7]. Tenha coragem, leia, confira! – disse Caleb.

– Não acredito em nada disso! – exclamou Noemi quase histérica.

– Deixe a minha mãe com as crenças dela. Achamos que tudo isso é mentira; esses espíritos parecem bons, mas são falsos, influenciados pelo "coisa ruim"! – disse Esther.

– Noemi – continuou Ruth –, há anos falo da espiritualidade para vocês, mas acreditar ou não é uma escolha de cada um, apenas estou tentando esclarecer a todos sobre o ocorrido, pois não quero que o medo que vocês estão sentindo perturbem Melissa. Vocês moram comigo há muitos anos, aprendi a amá-los como se fossem minha família e por esse motivo sempre tolerei seus péssimos modos, mesmo que em alguns momentos me ofendessem. Compreendo os motivos de todas, mas creia-me não vou tolerar preconceitos com Melissa! O desabrochar da mediunidade dela nesta casa é uma oportunidade ofertada a todos vocês pelo Nosso Criador para desenvolverem a sua espiritualidade! Em vez de lidarem com desdém, deveriam aceitar os fenômenos que Melissa vivencia. Deveriam estudá-los e compreendê-los para evoluir. A mediunidade dela ou de qualquer outro ser humano é sinal de Deus! Acordem! Procurem saber por que Deus colocou na nossa vida uma médium. Acordem para as verdades espirituais!

---

7   KARDEC, Allan. *O Evangelho Segundo o Espiritismo*. Capítulo XVI. Item 7 (Nota da Médium).

– Eu, hein! Inventaram essas coisas e os bobos acreditam! – disse Esther contrariada.

– Não quero saber de nada disso! Você é maluca! – gritou Noemi histérica.

– Noemi, tenho certeza de que esses estudos a ajudariam a compreender sua sina, a aceitar as perdas, a promover mudanças. Não tenho dúvidas de que isso faria com que evoluísse, ou seja, se transformasse, manifestasse sua verdadeira essência e contribuísse muito mais na formação moral dos seus filhos e das pessoas ao seu redor.

– Como assim?

– Por meio do seu interesse, estudo e dedicação, sua visão de mundo poderia ser ampliada, transformando suas crenças. Isso alteraria sua maneira de pensar, sentir e agir, e quebraria muitos dos seus dogmas. Ajudaria você a ficar menos deprimida, ser menos impulsiva e ter menos ressentimento com a vida, com Deus! Acredito que encontraria um sentido significativo para sua existência, compreenderia sua trajetória, suas perdas financeiras e a perda dos seus entes queridos. Permitiria que a sua luz interior iluminasse todos os que estão à sua volta!

– Ah! Isso é um monte de bobagem! Não acredito e pronto! Você não vai me convencer – respondeu Noemi com desprezo.

– É uma pena, minha amiga. Com certeza, conhecendo as verdades do Cristo, você deixaria de ser tão rígida, tão inflexível, julgaria menos os outros, deixaria de ser tão amarga, invejosa e vítima da vida. Acredito que seria menos mal-humorada. Harmonizaria sua alma com sentimentos positivos e desejos significativos.

Caleb balançou afirmativamente a cabeça e completou:

– Com certeza, iria se aprimorar, se aperfeiçoar, faria descobertas fantásticas, compreenderia que cada um tem de acordo com sua obra e seu merecimento, o que inclui a bagagem de vidas passadas. Nesta caminhada, enxergaria a riqueza dentro de você e seria capaz de buscar alegria e de dar mais valor a si e aos outros, apesar de todo o seu sofrimento!

– Hum – murmurou Noemi com tom irônico.

– Iria se tornar semelhante a Jesus em sua personalidade – disse Ruth em tom amoroso. – Perceberia que você não é a única com problemas no planeta, descobriria que existem problemas muito piores que os seus. Deixaria de ser tão insensível e egoísta! Seria altruísta!

– Nossa! Falou a dona da verdade! Eu não imaginava que pensava tudo isso de mim! Para me convencer a acreditar no que acredita, está me insultando! – falou Noemi completamente atordoada.

– O negócio está esquentando, vou sair – disse Deborah.

– Vou com você, isso não vai chegar a lugar nenhum! Que se matem! – disse Esther.

– Podem ir – disse Ruth –, mas não perturbem Melissa.

– Eu também vou sair, não quero ouvir mais nada! – disse Noemi.

– Não, mãe, acho que a senhora deve respeito a Ruth! Tem obrigação de ouvir suas colocações até o fim! – disse Saul.

– Ele está querendo proteger a namoradinha! – disse Deborah ironicamente e se retirando.

– Está bem, pode continuar – disse Noemi.

– Noemi, saiba que não quero ter razão, ganhar no argumento, convencer, disputar. Mas talvez compartilhar – disse Ruth calmamente. – Quem sabe, dialogar. Não a estou insultando. Não estou falando nada disso por mal. Estou sendo sincera e revelando a você com objetividade como você é no dia a dia, pois passou da hora de você saber como é importante conhecer a si mesma e realizar uma profunda reforma íntima. Tenho certeza de que você não tem noção do impacto negativo que muitas vezes causa nas pessoas, em mim, no Caleb, nos seus filhos e em todo o bairro! Você grita, xinga, esperneia, reclama o tempo todo, acha que tudo tem de ser resolvido do seu jeito e no grito! Toleramos e não julgamos porque a amamos, mas e os outros?

– É verdade – disse Caleb –, você não aceita ser contrariada. É autoritária, mandona e vive dando ordens. Quando seus caprichos não são atendidos, parte para a agressividade verbal e, às vezes, para a violência física.

– Até você, Caleb? – disse Noemi tristonha.

Caleb ergueu as sobrancelhas e balançou a cabeça afirmativamente. Ruth prosseguiu:

– Não posso perder os meus contornos e deixar Melissa perder os dela diante dos seus sentimentos, vontades e humor. Não posso deixar de revelar-lhe que você não é a mulher que pensa ser. Quantas vezes flagrei as meninas chorando pelos cantos da casa! Você nunca foi capaz de parar para refletir sobre como você é e age com seus entes queridos. Você, quando contrariada, bate, machuca, ofende e humilha! Não tem noção das profundas feridas que abre na alma de quem está ao seu lado! Você não assume a responsabilidade pela sua agressividade e seu mau humor! Magoa todo mundo, arruma confusão com os vizinhos, o carteiro, o padeiro, a costureira, a professora, todo mundo!

– Sou agressiva e mal-humorada? De onde tirou isso? Você ficou louca? – retrucou Noemi já ficando fora de si, aos gritos.

– Está vendo como se altera? Não precisa gritar, estou falando calmamente com você e com respeito. Não sou louca! – afirmou Ruth. – Estou tendo a coragem de lhe falar a verdade. Você justifica seus atos agressivos com as dores que passou. Será que não pode machucar menos? Você é uma eterna vítima do mundo! Onde está seu sorriso? Sua alegria, sua espontaneidade? Sua gratidão por ter três filhos maravilhosos, por morar nesta casa? Onde está seu amor? Por que vive solitária? Onde está a sua aceitação ao imutável, ao divino? O que aprendeu com todo o seu sofrimento? O que agrega aos seus filhos com essa postura? Saiba que aprendizado é a postura perante cada situação que a vida nos apresenta e se render ao divino é ser capaz de entregar sua vida a Deus e aceitar as coisas que não pode controlar. É confiar!

– E mais, é ser capaz de mudar o que pode mudar! A vida não é fácil, precisamos aceitar os fatos que nos acontecem e lutar como loucos para transpô-los – disse Caleb emocionado; afinal, ele vencera o alcoolismo.

– Noemi, acorde! Precisa crescer, amadurecer e superar as dores, e não sair machucando todo mundo!

Noemi, mesmo contrariada, acalmou-se e nada respondeu. Ruth continuou:

– Ninguém tem culpa que a sua história de vida nem sempre foi bem-sucedida, do jeito que imaginou. É claro que procuro ter paciência com você e compreender todos os seus motivos. É obvio que cometo erros parecidos, mas diferentemente de você, reflito, leio, mudo atitudes, oro, medito e quando noto que Melissa, vocês ou Caleb não estão bem, pergunto-me se falei alguma coisa indevida que os magoou. Tento enxergar meus erros para repará-los. E você, tenta reparar seus erros? Parou para refletir do porquê de a Deborah estar cada dia mais agressiva e chorar por qualquer motivo? Procurou saber as razões? E a Esther, percebeu que a cada dia está mais soberba e egoísta? Notou que Saul está cada vez mais distante de você? O que tem feito a respeito dos sentimentos e comportamentos dos seus filhos?

– Não percebi nada disso! Já vi tudo, você não gosta de mim nem dos meus filhos. Quer colocá-los contra mim, só gosta dessa Melissa! Sou assim mesmo, quem quiser que goste de mim como sou e ponto final!

– Está vendo? Noemi, para o seu próprio bem e dos seus filhos, acho que passou da hora de você buscar se conscientizar sobre sua postura no mundo, seus atos impensados, sua impulsividade e se transformar. Precisa refletir sobre si mesma e buscar se rever, se reconstruir. Já parou para pensar qual a lição de vida contida em cada dor que viveu? Qual era a mensagem de cada dificuldade em sua vida? Será que seus medos, suas inseguranças e frustrações não ocultaram sua fé e seu amor e por tudo isso acaba causando danos a si mesma e aos outros? Será que não carrega a necessidade de ser amada e aceita? Será que sua frustração por não ser amada e aceita como deseja não a remete a odiar o mundo e na sequência se sente culpada por sentir esse ódio? Você não se respeita, não se valoriza e se castiga; em contrapartida, não respeita os outros e os maltrata.

– Sou amada pelos meus filhos! Eles me bastam! – Noemi rebateu.

– E as outras pessoas, elas não importam? – Ruth observou. – Olhe para dentro de você e descubra se não vive cercada de sentimentos de inferioridade e inadequação e por essa razão constrói uma máscara de superioridade tentando dominar o mundo. Deixe de ser tão orgulhosa, procure saber mais sobre si mesma! O estudo do Evangelho e de Jesus Cristo faria você descobrir tudo isso e muito mais. A missão que veio cumprir neste planeta é grandiosa: aprender a fazer feliz a mulher que você é, que quer ser, que consegue ser, que deseja ser! Tenha coragem de se expor, de ser frágil, de falar do que sente, do que deseja, do que necessita... tenha coragem de chorar...

– Não quero saber de estudo nenhum, muito menos de me expor e falar sobre mim. Não sei e não quero saber. Não preciso de nada disso!

Ruth a ignorou e prosseguiu a explanação:

– Noemi, reflita: temos orgulho de expor nossa ira porque os que estão à nossa volta nos rotulam de "fortes", fazendo com que nos sintamos como leões. Mas nos envergonhamos de expor nossos afetos, nossas necessidades, fragilidades, carências, pois nos rotulam de "fracos" e nos sentimos como pássaros sem asas, impedidos de voar. Por que escolheu ser tão agressiva e abrir as portas para os obsessores se dentro de você mora uma menina machucada?

– Não tenho a menor ideia! Chega, esse assunto não vai chegar a nenhum lugar – rebateu Noemi irada.

– Por que se condenou a uma vida de solidão? Por que não se casou novamente? – perguntou Ruth.

– Isso não é da sua conta – respondeu Noemi irada.

– Noemi, o que você construiu ao longo da sua vida a faz forte, serena, próspera e feliz? Faz com que perceba suas bênçãos? Que seja grata a Deus? Que dê boas risadas? Que perceba a beleza estonteante das flores, dos rios e dos pássaros? Quem é essa Noemi com quem convive diariamente? É animada, otimista, delicada, meiga, alegre? Ou é hostil, nervosa, insegura? Desanimada, pessimista, solitária, apática? Questione-se. O que a impede de, ao longo da sua vida, ser feliz? De quem depende mudar os comportamentos destrutivos que você tem? Veja se não está na hora de pensar profundamente sobre a Noemi que você construiu ao longo desta vida. Será que não vale a pena revê-la e reconstruí-la de forma que se ajuste aos anseios da sua alma e lhe permita amar e evoluir?

– Não quero saber dessas coisas, estou bem! Deixe de ser intrometida, não estou lhe pedindo ajuda. Pare de falar bobagens! – respondeu Noemi irritada.

– Não são bobagens! Essa mulher mudou minha vida! Você está cega, surda e muda. Não consegue ver que ela é um anjo em sua vida? – perguntou Caleb.

Ruth sorriu para Caleb, mais uma vez ignorou os comentários de desdém de Noemi e prosseguiu:

– Noemi, sei que ninguém gosta de sofrer e ser infeliz; todos sonham com a felicidade. Dizem que felicidade é um estado de espírito, mas pense por um instante: o que faz essa mulher que você construiu se sentir feliz? Ter dinheiro ou contemplar o sorriso de uma criança? Ter uma casa luxuosa ou observar uma borboleta azul? Amar ou ser amada? O que é felicidade para ela? Superar obstáculos? Superar a si mesma? Ser calma, prudente, agir com discernimento? Suportar perdas? Ter amigos? Estar ao lado de quem ama? Ter um ótimo emprego? A felicidade é ver as estrelas, o luar? Não é possível definir o que é a felicidade, mas sabemos que a felicidade é diferente para cada um e depende de como enxergamos os fatos.

– Isso mesmo, Ruth! – apoiou Caleb.

– Você pode mudar sua visão dos fatos da sua vida – prosseguiu Ruth – e alcançar a felicidade neste instante se desejar, independente dos problemas que está enfrentando. Basta perceber a vida com os olhos da alma, libertar-se da sua memória negativa e encarar as decepções, ajustando suas expectativas e aceitando o que não quer aceitar. Reconstruindo-se. Basta tomar consciência de que as circunstâncias felizes ou infelizes de sua vida são o resultado de suas atitudes, das suas escolhas, dos seus pensamentos, das suas emoções descontroladas e dos seus sentimentos viciados e vivenciados ao longo do seu caminho, daquilo que você semeou nesta e em outras vidas. Você pode ser feliz a partir deste instante se libertando dos processos autodestrutivos a que se submeteu por não aceitar tudo o que lhe aconteceu. Você muda sua vida se aceitar os fatos, as perdas, se abandonar o mau humor, as coisas negativas e se perdoar pelas atitudes impensadas, pelo temperamento explosivo, pela impulsividade e pelas escolhas nem sempre felizes. Você transforma sua vida se aceitar as Leis de Deus...

– Ruth, sempre sonhei em ser feliz, mas a vida, Deus, não deixou! Perdi minha casa, minha loja, meus pais, meu marido... Perdi tudo! Tudo! Não sobrou nada! Absolutamente nada! Não tive sorte, tudo deu errado, vivo nesta casa de favor, e por essa razão tenho de ficar escutando essa ladainha – disse Noemi chorando.

– Minha amiga, muitas vezes, somente pelas agruras, pela falência afetiva, financeira e profissional, ou pela profunda dor provocada pela perda de um ente amado ou, ainda, por um grave acidente, incidente, doença grave, que a maioria de nós se atira na busca de um caminho espiritual genuíno, puro e verdadeiro. Nessa procura, muitas vezes descobrimos nosso potencial divino, revivemos o nosso "Eu sou, eu quero, eu posso, eu venço, eu consigo, eu tenho". E assim, encontramo-nos com Deus, com a espiritualidade, e descobrimos nosso potencial mediúnico, aceitando que somos médiuns e que precisamos ajustar nossa personalidade, nosso caráter, adquirindo maturidade psicológica para melhorar a qualidade da nossa vida e dos nossos relacionamentos. Neste momento, podemos ter certeza de que a vida, nossos amigos e inimigos espirituais desafiaram a essência de quem fomos, de quem somos como pessoas, que está além da personalidade, dos bens materiais e do ego. É a vida, Deus, os mentores espirituais que fazem com que nos sintamos fortes o bastante para buscarmos caminhos que desenvolvem nosso autoamor fazendo-nos descobrir quem verdadeiramente somos. *O Evangelho Segundo o Espiritismo*, no capítulo 5, diz:

> As contrariedades da vida têm, pois, uma causa e, uma vez que Deus é justo, essa causa deve ser justa. Ao buscar as origens dos males terrenos, percebe-se que muitos são a natural consequência do caráter e da conduta dos que os sofrem. Quantos homens caem por causa de sua própria culpa! Quantos são vítimas do seu desleixo, imprevidência, orgulho, luxúria, vaidade e ambição!

— Eu não fiz nada para merecer tal destino! Perdi todo mundo! — respondeu Noemi revoltada.

— Minha querida, isso é o que você pensa, mas as causas podem estar em outras vidas! Nós temos de crer na justiça divina e ter certeza do amor de nosso Pai Maior. Muitas pessoas o culpam por seus males, mas quantas são arruinadas pela desordem, pelo desânimo, pela má conduta ou por não limitarem seus desejos! Quantas uniões infelizes existem, frutos do interesse e da vaidade, nas quais o coração não serviu para nada? Quantos desentendimentos e desastrosas disputas se evitariam com mais calma e menos melindre? Quantas doenças e enfermidades resultam da imprudência e dos excessos de toda ordem?

Tudo tem um motivo ⊰ 123 ⊱

– Nossa, Ruth! Nunca parei para pensar nisso! – disse Saul interessado.

– Fique quieto, a conversa não chegou até você – respondeu Noemi irritada.

– Mãe... Não posso deixar de ficar maravilhado com o que Ruth está dizendo, pois para mim tem muita lógica! – falou Saul enfático.

– Calma, vamos continuar ouvindo o que Ruth tem a nos dizer – solicitou Caleb emocionado.

– Noemi, a espiritualidade que está aflorando dentro desta casa por meio da mediunidade de Melissa é apenas um convite para você crer na vida após a morte, na justiça divina, em Deus, em Jesus, na sua capacidade de superação, na espiritualidade como um todo, na importância de respeitar as Leis Divinas, na existência de um espírito dentro de você e em cada um de nós que está em constante evolução. Com a espiritualidade você terá o poder de rever sua história, compreendê-la e reescrevê-la! Somente você terá o poder de mudar sua frustração diante dos fatos vividos por meio da compreensão de vidas passadas, da reencarnação e da Lei de Ação e Reação! Basta você querer! Preste atenção aos sinais de Deus na sua vida, pois ele envia sinais o tempo todo para todos nós. Ele deixa sinais em todos os lugares! Nós é que não percebemos. A mediunidade de Melissa é um desses sinais! É um convite divino para buscarmos as verdades espirituais!

– Sinais de Deus? Que sinais? Não estou vendo nenhum sinal aqui. O que vejo é uma garota totalmente maluca – disse Noemi extremamente raivosa.

– Noemi, Deus nos dá sinais de sua presença constante em todos os lugares. A presença divina é visível nos acontecimentos diários de nossa vida e no contato dos espíritos com os médiuns. Nesta casa, todos somos frutos da bondade divina. Caleb foi salvo quando salvou Melissa, que foi salva salvando Caleb. Eu fui salva quando os acolhi e a acolhi com sua família. Estávamos sozinhos, abandonados, destruídos como gigantes derrotados e, de repente, unimo-nos, formando uma linda família! Não tenho a menor dúvida de que foram as mãos de Jesus que nos aproximaram. Jesus nos socorreu e agora nos chama a todo instante para as verdades espirituais de Deus Pai, para que possamos servi-lo com nossa mediunidade, para desenvolvermos nossa capacidade de nos doarmos e de amarmos incondicionalmente, iluminando os corações humanos. Nós, muitas vezes, não ouvimos o seu chamado, pois somente a fé nos abre as portas para as revelações divinas. Para quem está pronto o mestre aparece!

— Você está falando um monte de tolices! Acredito em Deus e pronto! Não acredito em espíritos! Isso é coisa ruim! Chega dessa conversa, pelo amor de Deus! Não aguento mais! — gritou Noemi contrariada e ofendida, retirando-se para o jardim.

10

O pior cego é aquele que não quer ver

*Cada um terá de dar conta da inutilidade
voluntária da sua existência.*[8]

Allan Kardec

Ruth e Caleb foram atrás de Noemi. Saul, em silêncio, acompanhou-os...

– Noemi, calma... Sei que seu coração está muito endurecido, não posso obrigá-la a acreditar na espiritualidade, isso é uma questão de escolha e fé. Como você, conheço inúmeras famílias que mesmo quando alguém próximo vivencia fenômenos espirituais inexplicáveis, repletos de tormentos, preferem ignorar completamente esses fatos. Dessa forma, com medo e sem a menor orientação, essas pessoas caem em profundo desequilíbrio emocional e mental; muitas se fecham em si mesmas, e, outras, passam a fazer tratamentos horríveis. Essas pessoas sofrem sem descanso, pois os familiares não aceitam o convite divino que lhes está sendo oferecido.

---

8   KARDEC, Allan. *O Livro dos Espíritos*. Capítulo II. Item 5. Questão 988 (N.E.).

126 Tania Queiroz/Marcus Vinícius

– Ruth tem razão, fico estarrecido, acho um tremendo absurdo as pessoas preferirem ver os filhos dependentes de medicação a perceberem o quanto eles estão sendo privilegiados por terem tido contato com os dons espirituais divinos. É lamentável o quanto as pessoas não atendem pelo amor ao chamado divino. Estou cansado de atender casos de obsessão de jovens desequilibrados, agressivos, violentos, perdidos nas drogas, dependentes de álcool, que se mutilaram fazem coisas piores porque os familiares negligenciam sua mediunidade... Muitos até são internados em manicômios...

– *Mamma mia*! Quanta bobagem! São internados porque são loucos! – murmurou Noemi.

Ruth continuou:

– Em vez de ignorar a vida espiritual de seus filhos, essas famílias deveriam orar e agradecer a Deus pela grande oportunidade de descobrir que são mais que um corpo físico, que a matéria, que possuem um espírito eterno e que a vida vai muito além da simples conquista de bens materiais. Quando os fenômenos espirituais batem à nossa porta, é momento de compreendermos o convite divino para nossa evolução moral e conquistarmos os bens espirituais que são eternos. Infelizmente, muitos ignoram e desprezam a mediunidade das crianças, dos jovens ou dos parentes, condenando-os a um desenvolvimento emocional e psicológico terrível, pois sem os esclarecimentos e a orientação devida estes acabam se perdendo no caminho...

– Noemi, quantos jovens se tornam presas do submundo espiritual, já que não são ensinados a se conhecerem, a se aceitarem e a se conectarem com os espíritos evoluídos, com Deus e seu amado filho Jesus? Essas famílias, focadas apenas e tão somente no mundo materialista, não se lembram das palavras de Jesus:

Eles taparam os ouvidos e fecharam os olhos. Se eles não tivessem feito isso, os seus olhos poderiam ver, e os seus ouvidos poderiam ou-

vir; a sua mente poderia entender, e eles voltariam para mim, e eu os curaria!"[9]

– Acho que você está exagerando! Nem todo mundo vive esses fenômenos, portanto, nem todos são médiuns – disse Noemi.

– Oh! Minha amiga, todos nós temos o potencial para sermos médiuns. É claro que a mediunidade se manifesta em cada um de acordo com o plano do nosso Criador e sua própria sensibilidade. Em algumas pessoas, a mediunidade se manifesta com fenômenos e em outras não. Alguns nasceram com facilidade para curar, outros para orar, falar, outros ainda para escrever, pintar. Muitos médiuns vivenciam fenômenos físicos, outros são clarividentes, intuitivos, audientes, proféticos e assim por diante. Mas todos nós podemos desenvolver nossa espiritualidade, auxiliar nossos irmãos e doar energias. A comunicação com os espíritos não é a única forma de auxiliarmos na obra divina. Todos os médiuns, sem exceção, cumprem sua missão, mesmo sem saber.

– Como assim? – perguntou Noemi.

– Muitos possuem mediunidade em níveis e condições variadas, têm habilidades diferenciadas, mas não têm consciência da faculdade que possuem, não acreditam no espiritismo, muito menos nos espíritos, mas, sem saber e sem querer, servem de instrumento aos espíritos. Alguns são de cura, outros de transmutação. Eles vivenciam fenômenos e ignoram, rejeitam e não buscam saber o que representam. Muito bem, vivem a vida apenas atrás de conquistas materiais, em detrimento das conquistas espirituais – responsabilidades assumidas no plano espiritual antes da reencarnação. Sem que saibam, o inconsciente, ao qual eles não têm acesso, cumpre o combinado no plano espiritual.

– Como isso acontece? – perguntou Saul curioso e eufórico.

– Saul, as pessoas que têm o dom da cura ou da transmutação, quer seja no universo emocional, psicológico ou físico, e não

---

9   Mateus 13:15 (N.M.).

desenvolvem sua mediunidade nem aceitam o fato cumprem sua missão inconscientemente, de forma ininterrupta, diariamente e com muito sofrimento, pois desgastam a própria energia.

– O que elas fazem sem saber?

– Saul, médium é médium o tempo todo e em todos os lugares, com consciência ou sem ela. Vou dar-lhe um exemplo bem prático: vamos imaginar que você é um médium com o dom da cura emocional, mas ainda não desenvolveu sua mediunidade, ou seja, não colocou seus dons conscientemente a serviço dos outros por meio dos passes e das orações, não aceita a espiritualidade, não estuda sobre o tema, e assim não entra em contato com os espíritos evoluídos. Nesse processo, o que acontece é que você todos os dias, inconscientemente, realiza curas, ou seja, ao conversar com alguém, retira da pessoa todas as energias negativas e as atrai para si, bem como os espíritos negativos que a acompanham, porém faz isso sem a intervenção dos espíritos evoluídos, desgastando sua energia. Você vira uma esponja ambulante. A pessoa se sente tão bem ao seu lado e passa a acreditar que você é uma pessoa maravilhosa e sempre que se sentir mal vai procurá-lo. Sem ter consciência, você se torna vítima dos processos de vampirização por parte do encarnado e dos desencarnados que acompanham as pessoas.

– Caramba! O que é isso? Que absurdo! Como assim? – disse Saul enlouquecido.

– Quando o médium não aceita seus dons e não os coloca a serviço da humanidade de forma consciente, o inconsciente faz o serviço, ou seja, doa toda a energia positiva dele para a pessoa necessitada. O médium deixa a pessoa bem e ele fica mal. Já aconteceu de você chegar a algum lugar todo contente, feliz, e, de repente, começar a se sentir mal? – perguntou Ruth. – Ou enfraquecido, com o humor mudado? De feliz passar a se sentir muito triste, cansado, deprimido, às vezes, até nervoso e irritado? Do nada começar a brigar com as pessoas? E depois se perguntar:

"nossa por que agi assim"? Quando isso acontece é sinal de que seu inconsciente agiu sem a sua permissão. Entendeu?

— Então posso estar trabalhando espiritualmente mesmo sem saber? – perguntou Saul.

— Sim, sem saber e sem querer! – respondeu Ruth enfática e preocupada. – Os médiuns que têm o dom da cura física e não atuam conscientemente, ao interagir com pessoas doentes, muitas vezes acabam doentes também. O inconsciente do médium curador cura a doença de quem está do lado e o médium não tem a menor noção! Isso acontece até com os que frequentam uma reunião espírita!

— Por quê? Não entendi – perguntou Saul abismado.

— Saul, muitas pessoas frequentam as reuniões espíritas, mas resistem a desenvolver a mediunidade. Acreditam que frequentar uma reunião espírita já é o suficiente. São frequentadores assíduos que não se doam verdadeiramente para os outros e passam a vida inteira recebendo ajuda espiritual, porém se acomodam. Assistem às palestras, tomam passes, mas não assumem sua missão. Claro que não fazem por mal, mas adiam a própria evolução. Cientes ou não, de alguma forma, acabam atuando, ou seja, absorvendo as energias negativas alheias dos ambientes. Apesar de frequentarem as reuniões espíritas, e, às vezes, até estudarem a doutrina, vivem pálidos, cansados, com dores, sem ser sentir bem. Muitos culpam as reuniões espíritas e mudam de religião. Saem frustrados e revoltados, achando que não receberam a ajuda de que precisavam e que a vida andou para trás depois que se envolveram com a espiritualidade. Mas não é nada disso o que acontece. Isso só ocorre com médiuns não desenvolvidos, que absorvem as energias negativas e não têm a menor noção de como se libertar delas.

— Ruth, como se libertar das energias negativas? – perguntou Saul curioso.

— Pela doação consciente, a oração, a intervenção e o auxílio aos necessitados. Um médium pode frequentar uma reunião espírita e receber auxílio por um tempo, mas depois ele precisa assumir seus dons, aprender a dar passes, orientar e orar para encaminhar seus irmãos. Saul, já aconteceu de você ver alguém chegar a um lugar e, de repente, sentir dor de cabeça, dor nas costas, nas pernas, náuseas, enjoos etc.?

– Claro, muitas vezes percebi que a Melissa se sente mal em determinados lugares!

– Conhece alguém que está sempre doente, mas os médicos não acham nada? – perguntou Ruth. – Ou pessoas que vivem cansadas, dormem, mas não descansam? Acordam com dores terríveis no corpo e têm olheiras enormes?

– Sim, a mãe de um amigo meu vive com dor de estômago, mas os médicos não acham nada. A família ficou confusa e achou que ela era hipocondríaca, pois reclamava de dor. Nos exames nada apareceu! Nem gastrite, nem azia, nem úlcera. Nadinha!

– Então, muitas pessoas passam por isso, não aceitam seus dons e sofrem. Melissa é uma dessas pessoas. Absorve os sintomas das doenças alheias, mas na verdade não está doente. Essa é uma forma de o espírito dizer: "Acorde, desenvolva seu dom de cura, assuma seu compromisso espiritual! Vá pelo amor e não pela dor". Claro que isso não acontece com todos, cada caso é um caso. Por tudo isso, muitos mestres espirituais nos alertaram: ou cumprimos nosso mandato cármico de forma serena ou de forma turbulenta. A escolha é nossa e independe de religião. Como disse Kardec:

> *Então, vocês pensam que os Espíritos agem somente sobre aqueles que creem neles?*[10]

– E como evitar que que o inconsciente faça o serviço sem o consciente ter noção?

Caleb deu um largo sorriso para Saul demonstrando que adorara a pergunta, mas nada disse. Noemi, desinteressada do assunto,

---

10 KARDEC, Allan. *O Livro dos Médiuns.* Capítulo XIV. Item 7. Questão 176 (N.E.).

Tudo tem um motivo ❧ 131 ❦

fingia dormir. Ruth, ignorando o descaso dela, empolgada, respondeu para Saul:

– É simples, aceitando a própria mediunidade e buscando desenvolvê-la. Estudando, lendo, indo às reuniões espíritas, tomando passes, fazendo o Evangelho no Lar[11] e, ainda, à noite, no silêncio, orando, participando das correntes de orações em favor dos outros e conscientemente fazendo uma declaração para a espiritualidade mais ou menos assim:

> Aceito meus dons divinos e os coloco a serviço da humanidade e em nome de Deus e de seu filho Jesus. Assumo meu dom e a partir de hoje farei orações para as pessoas que eu perceber que precisam de ajuda espiritual. Solicito a presença dos meus mentores e auxílio nesta tarefa.

"Com o tempo, o médium melhora sua qualidade de vida, seu estado emocional, psicológico, sua saúde, vida financeira etc. Após realizar essa declaração e assumir seu compromisso com a espiritualidade precisará definir dias e horários de sua preferência para orar, intervir, como um advogado de defesa em prol da cura das pessoas, dos relacionamentos que você perceber que não estão bem e estão precisando de ajuda espiritual. Assim, o médium coloca as premissas de Cristo na prática: *É dando que se recebe*".

– Que interessante! – disse Saul.

– Outra coisa, após fazer essa declaração, por muitos dias, antes de sair de casa, deve-se dizer para o inconsciente:

> Aceito meus dons espirituais com alegria e amor, mas eles têm hora e lugar para se manifestarem, na escola não, no trabalho não, na vida diária não!

---

11 Evangelho no Lar: reunião semanal em família, com o objetivo de estudar o Evangelho de Jesus à luz da Doutrina Espírita, facilitando, assim, a compreensão e a vivência dos ensinamentos de Jesus (N.E.).

"Em todo ambiente que entrar você deverá dizer uma frase para que seu inconsciente compreenda que não é hora nem lugar de transmutar energias negativas. Para que isso aconteça, você deve criar uma frase que deixe a mensagem clara. Por exemplo: *Agora não, à noite eu oro, ou na sexta-feira à noite eu oro.* E dizer essa frase por uns quarenta dias mais ou menos, até o inconsciente aceitar seus dons e colocá-los em prática no dia e hora definidos por você. Entendeu? Por esse motivo a importância de se fazer o Evangelho no Lar".

– Sim, mas por que preciso fazer isso? – perguntou Saul interessado.

– Num primeiro momento, para programar seu inconsciente. Até agora ele fez o serviço sozinho, agora você é seu parceiro. Então, os limites dessa parceria precisam ser definidos por você, senão ele continua a fazer o que, quando e do jeito que quiser. Dessa forma, você disciplina seu próprio dom. Num segundo momento, para facilitar o auxílio da Espiritualidade Superior que vai amparar, curar, fortalecer você, seus antepassados e os espíritos que mesmo sem querer atraiu para si por ser médium.

– Entendi perfeitamente! Pode deixar, vou começar hoje mesmo! – respondeu Saul feliz.

– Mas fique atento, você tem de cumprir as orações, as intervenções de cura, caso contrário, seu inconsciente voltará a fazer o trabalho sozinho sem a sua ajuda e você vai ter de ir muitas vezes ao médico, pois apresentará doenças "alheias", podendo se sentir deprimido, arrasado, triste e com "as emoções negativas dos outros". Por tudo isso é muito importante desenvolver a mediunidade, que é uma forma segura de dominar a si mesmo e controlar a absorção de energias negativas alheias.

Noemi expressava cansaço, não aguentava mais aquela conversa. Saul percebeu a insatisfação da mãe, mas continuou a conversa com Ruth.

Tudo tem um motivo ❦ 133 ❧

– Nunca imaginei uma coisa dessas! Existem diferenças entre os médiuns ou todos são iguais?

– Boa pergunta! Saul, tudo à nossa volta é energia, que vibra em alta frequência ou em baixa frequência. Existem os médiuns de transmutação, que são como faxineiros, ou seja, têm o dom natural de vibrar em alta frequência e transmutar as energias negativas em positivas. São magnetizadores, usam a própria energia potencializada pelos espíritos. Num processo natural, sem muito esforço, são capazes de dissolver dos ambientes as energias emocionais negativas geradas pelos pensamentos, sentimentos e desequilíbrios emocionais, fazendo uma faxina e gerando energias positivas por meio de preces que são verdadeiras evocações. Eles costumam ver espíritos não muito bonitos, ou seja, têm facilidade em contatar espíritos de baixas dimensões que precisam ser encaminhados, ajudados, acolhidos pelos mensageiros divinos. Já os médiuns de cura são capazes de curar por meio da imposição das mãos, pelo olhar ou mesmo por um gesto; eles fazem cirurgias espirituais com as equipes divinas sem nenhuma medicação, eles são intermediários dos espíritos na cura das doenças.

– Ruth, como saber se sou um médium de cura ou de transmutação?

– Para ter certeza é preciso buscar e desenvolver a mediunidade e receber orientação de espíritas evoluídos nas reuniões espíritas.

– Como isso é complicado e difícil! – disse Saul.

– Não é não, Saul, nós é que complicamos. Estou cansada de ver pessoas que ficam doentes, deprimidas ao simples contato com o outro e não buscam compreender o mecanismo da sua própria mediunidade, pagando um preço muito alto por sua ignorância. Na dor, são obrigados a buscar ajuda.

– Chega dessa conversa! Não adianta, você não vai me convencer com essas tolices! Pare de influenciar meu filho com essas baboseiras – disse Noemi nervosa, interrompendo a conversa. – Vamos dormir, já está tarde!

– Mamãe, eu gosto desse assunto, quero aprender tudo com Ruth e Caleb.

– Eu sou contra, mas não posso fazer nada, pois moro nesta casa de favor! – disse Noemi.

– Não estou tentando convencê-los, fique tranquila – respondeu Ruth. – Siga suas crenças, estou apenas tentando ampliar os conhecimentos de Saul sobre a mediunidade e os fenômenos que se passam com Melissa. Apenas um pedido: não deixe que seus dogmas, seus medos e sua ignorância sobre o assunto espiritual a preencham de preconceitos, prejudicando uma alma jovem, desabrochando para a luz. Melissa merece respeito. Se não acredita em nada, é um direito seu, respeito sua escolha, mas lhe peço que o mesmo respeito me seja dado. Permita-me orientar e educar Melissa dentro do universo espiritual em que acredito e do qual ela tanto necessita – falou Ruth sem sorrir e de maneira enérgica.

– Ruth, você está sendo muito dura comigo; em todos estes anos você nunca falou nesse tom, nunca me tratou desse jeito! – falou Noemi não se contendo e começando a chorar.

– Perdoe-me, minha amiga, mas sua postura sempre foi difícil, e todos nós sempre buscamos compreendê-la, mas não posso deixar que sua falta de fé e conhecimento sobre a espiritualidade e das suas filhas, coloquem o desenvolvimento de Melissa em risco. Dependendo da forma que falarem com ela, vocês vão machucá-la profundamente, destruirão sua mente, podendo mergulhá-la até num contexto de loucura! Imagine se ela ouve que a visão que teve com o sr. Benjamim é coisa do diabo? Como você acha que ela vai se sentir? Você acha que seria bom ouvir isso? Quem em sã consciência quer ter algum tipo de pacto com o diabo? Ninguém, é claro! Você acha que é fácil lidar com esses fenômenos?

Noemi fez uma careta, demonstrando desagrado às explicações de Ruth. Saul e Caleb permaneceram firmes, ouvindo tudo em silêncio.

– Noemi – continuou Ruth – saiba que a mediunidade de Melissa precisa se desenvolver naturalmente, sob eficiente orientação. Dessa forma, ela se preparará para assumir uma grande responsabilidade porque vai usá-la em seu benefício, no universo do autoconhecimento e autodesenvolvimento, e em benefício da humanidade!

– Não acredito! Como assim? – exclamou Noemi, balançando a cabeça negativamente.

– Noemi, saiba que a mediunidade é um caminho que possibilita aos médiuns, por meio do desenvolvimento mediúnico e do serviço prestado ao próximo, diminuir as angústias da alma, fortalecer a vontade e a inteligência do seu espírito, ajustar sua personalidade, seu caráter e adquirir maturidade psicológica. O contato com os espíritos evoluídos, que transitam na luz, ampliam a consciência e os fazem descobrir verdades antes inimagináveis, permitindo assim uma evolução acelerada, que passa a ser divina na reconstrução do seu próprio mundo interno e consequentemente do mundo externo! A mediunidade permite o contato com espíritos que nos orientam, inspiram, apoiam, iluminam nossa caminhada com suas mensagens divinas e os devidos cuidados!

– Ruth, por favor, explique-me sobre tudo isso! – pediu Saul.

– Nos campos de refugiados, no meio daquele horror, muitas vezes presenciei atendimentos espirituais nos quais os médiuns e seus mentores curavam e transformavam milhares de vidas em nome de Jesus! Naquele momento trágico, repleto de fome, miséria, violência, impotência, os medianeiros da luz fervilhavam em esperanças e espalhavam paciência e doçura; dissolviam as sombras das tristezas, dos desgostos e das tragédias provocadas pela guerra. Assisti a médiuns curando feridas, por meio de energização e passes magnéticos. Ouviam e contavam histórias, e a nenhum dos pacientes negavam sua força, seu carinho e amor, estimulando-os e aquecendo o coração de todos, tão endurecidos pelas torturas, mutilações físicas e emocionais, solidão, abandono e desalento.

– Continue, por favor! – disse Saul entusiasmado, sem se conter.

– Filho, testemunhei muitos médiuns atuando, celebrando o valor de cada um, sepultando o horror. Por meio de suas verdades, de sua fé, vi realizarem cirurgias espirituais, curarem a loucura, a amargura, as doenças. Derrubaram as barreiras do desespero, derrotaram os tormentos, venceram a batalha do sofrimento, encaminhando os espíritos sofredores, opondo-se ao derrotismo de inúmeros soldados feridos, refugiados. Espalhavam com alegria, espontaneidade e esperança a certeza de que em breve tudo passaria e um novo dia brilharia.

– Não podia imaginar uma coisa dessas! – falou Saul interessado. Seus olhos brilhavam por conhecer aquelas verdades!

– Aqueles médiuns se dispuseram a atuar em parceria com seus mentores espirituais e por essa razão faziam o feio ficar belo e mostravam com entusiasmo o milagre da vida, ensinando que nas noites tempestuosas é preciso aprender a ter fé para voar alto, buscando o amor, a força e a luz de Deus, Nosso Pai, e de seu amado filho Jesus.

– Que belo! – disse Caleb emocionado com o que ouvia.

– Continue a falar Ruth – pediu Saul com o coração borbulhando de felicidade.

– A vida é sábia, e o tempo todo nos coloca desafios que são verdadeiras oportunidades de crescimento. Por detrás de cada desafio, cada dor, existem grandes lições e fantásticas tarefas. Melissa precisa aceitar novamente os seus dons e aprender a usá-los em benefício dos outros. Isso será um dos maiores desafios da sua existência! Não será tarefa fácil. A sua estrada será longa e muitas vezes tortuosa. Ela precisará de incentivo, orientação e motivação. Eu estarei sempre ao seu lado para ajudá-la! Sei que o desenvolvimento da mediunidade dela não será um processo calmo, entretanto, sei que se tiver o nosso apoio e estudar, em breve terá condições de ministrar lições de recomeço e não de fim, auxiliando as pessoas a terem fé e a enxergarem cada vez mais a beleza da vida e de Deus. Assim, por meio de sua mediunidade, ela terá condições de ajustar seu caráter e sua personalidade, cumprindo a missão de sua alma.

– Como assim? Não entendi!

– Saul, somente a alma é capaz de ajustar o caráter e a personalidade, transmutando energias negativas que moram no nosso universo psíquico. A mediunidade é um caminho que ajuda nesse processo, é uma legítima possibilidade de autoconhecimento e aperfeiçoamento. No processo de desenvolvimento mediúnico, o médium de boa índole passa a ser regido por espíritos mais evoluídos que ele. Assim, os mentores espirituais expandem o amor no coração do médium, ativando seu santuário interno. Nesse processo, muitas vezes, ele passa a ter experiências, visões, conhecimentos, memórias diferentes e, aos poucos, deixa de ser prisioneiro da sua própria história psicológica; para de repetir os padrões de pensamentos, modelos de comportamento que criavam dor e decepção. Nos atendimentos espirituais, ao deparar com diversas histórias, o médium aprende a apreciar o que tem e a valorizar menos o que não tem. Dessa forma, acaba ajustando suas expectativas para não desanimar, percebendo que a decepção é apenas o fracasso de uma ideia ou sonho que não se concretizou ou que não deu certo. Aprende também a manter viva a esperança, a esperar da vida um pouco de decepção e diminuir seus conflitos entre seus desejos e sua realidade. Assim, gradativamente se liberta do ego escravizante, ajustando seu caráter e personalidade mediante a intervenção indireta dos mentores.

– Que coisa fantástica! Quero desenvolver minha mediunidade! – disse Saul empolgadíssimo. – Ruth, responda-me uma coisa, se a mediunidade permite tudo isso, por que as pessoas têm medo e fogem desse compromisso?

138 Tania Queiroz/Marcus Vinícius

– De um lado, porque muitos buscam ajuda espiritual na hora da aflição. Depois que melhoram, esquecem e se acomodam, não firmam propósitos, não levam a sério seus próprios dons espirituais. No fundo, muitas pessoas ainda têm medo. E o medo paralisa. Essas pessoas desconhecem que a mediunidade é uma chave de renovação e transformação, pois abre a porta para o contato com mentores espirituais elevados, com os sentimentos puros de amor, com a sabedoria universal, o que promove uma postura ética, a libertação das mágoas, das frustrações, das rejeições, dos rancores e ódios que deixaram marcas na alma do próprio médium e não apenas do consulente.

– Então o medo que sentem é infundado?

– Não! Quem mexe com essas coisas, mexe com demônios! – gritou Noemi histérica.

– *Mamma mia*! Começou tudo de novo! – disse Caleb, inconformado com a intervenção de Noemi.

– *Madona*! Pare de falar besteira! Deixe Ruth terminar a explicação! *Va bene*? – disse Caleb para Noemi.

Ruth deu um leve sorriso para Caleb e, olhando nos olhos de Saul, prosseguiu:

– Filho, o contato com espíritos trevosos depende da vibração, sentimentos, pensamentos, da índole do próprio médium e não da mediunidade. Muitos médiuns desenvolvidos se perdem na vaidade, no orgulho e na ambição, esquecendo-se de que quando a mediunidade é desenvolvida e praticada com amor e humildade, energias superiores são liberadas na direção dele, e o plano espiritual o ajuda a remover os pontos de conflitos onde estavam focadas as energias negativas na sua personalidade. Isso acontece de acordo com o ritmo de cada um e com o desejo de mudança, evolução e oração do próprio médium.

– O que mais se aprende, Ruth?

– Sobre a importância da disciplina, da determinação e da persistência. Mergulha dentro do seu ser e passa a encontrar orienta-

Tudo tem um motivo 139

ção, ajuda e amor. Aprende que tudo tem um motivo para acontecer, e muda sua interpretação da vida, do mundo, transformando seus pensamentos. Liberta-se das influências negativas, elimina complexos de superioridade e inferioridade e compreende que a vida é resultado dos pensamentos, das crenças e das atitudes. E que a cada um de nós são dadas as lições necessárias para o aperfeiçoamento do caráter e da personalidade. Em suma, o médium, ao trabalhar em benefício da humanidade, descobre que não é um super-homem, não é melhor que ninguém, não é um ser especial, um escolhido por Deus, é apenas um ser humano que, por meio da sua mediunidade disciplinada e atuante, pode vir a se tornar um ser humano melhor, com uma postura e caráter dignos do divino.

Noemi, Caleb e Saul, após aquela conversa esclarecedora, retiraram-se em silêncio.

Ruth continuou com seus afazeres pensando em levar Saul às reuniões espíritas.

11

Uma visita inesperada

Os homens semeiam na Terra o que colherão na vida espiritual:
os frutos da sua coragem ou da sua fraqueza.[12]

Allan Kardec

No fim da tarde, após chegar da escola, Melissa se dirigiu para a cozinha. Ruth estava sentada à mesa aguardando-a. Em poucas palavras, relatou o acontecido com o sr. Benjamim, explicando sobre o fenômeno que ela havia vivenciado, o da premonição. Sem economizar palavras, a mulher lhe explicou sobre a beleza do seu dom e sobre sua missão espiritual. Melissa, inconformada e assustada, recolheu-se em seu quarto. Não queria ver ninguém, tampouco conversar.

A jovem não tinha a menor intenção de desenvolver sua mediunidade e salvar a humanidade. Na verdade, queria ser salva e detestava seus pesadelos, sonhos e suas visões. Lidava com tudo o que lhe acontecia com muita dificuldade.

---

12 KARDEC, Allan. *O Evangelho Segundo o Espiritismo.* Capítulo XXIV. Item 15 (N.E.).

A chuva caía de mansinho quando Melissa acordou na manhã seguinte. Arrumou o cabelo, olhou-se no espelho e percebeu que já havia engordado uns quilinhos. Seu olhar para o seu corpo foi de desapontamento, mas, pela primeira vez, pensou: o corpo é apenas uma forma, eu sou além dessa forma, como diz Caleb. Se não consigo emagrecer vou me amar gordinha! Não quero viver num inferno sem trégua, sendo minha própria carrasca, numa existência frustrada e infeliz.

Olhou mais uma vez para o espelho para contemplar seu corpo e, de repente, viu a figura majestosa de uma moça muito parecida com ela ao lado de um rapaz esbelto e sorridente. Melissa se apavorou, recuou às pressas, caiu em cima da cama e deu um grito que ecoou na casa inteira. Lobo, seu fiel cão que estava dormindo, imediatamente acordou assustado e começou a latir sem parar! Latia e corria freneticamente de um lado para outro!

– Socorro! Socorro! Alguém me ajude! Socorro! – gritou Melissa desesperada e assustada já no corredor.

Ruth saiu correndo da lavanderia, subiu velozmente as escadas e, num passe de mágica, chegou até onde Melissa estava. Atrás dela, surgiram Saul, Noemi, Esther e Deborah.

– O que aconteceu, Melissa? Diga-me – pediu Ruth angustiada e com o olhar arregalado.

– Vi uma moça igualzinha a mim no espelho! Ela estava dentro do espelho! A única diferença é que ela estava com roupas muito coloridas, brincos enormes, blusa bufante, saia colorida e rodada. Ao seu lado, sorrindo, um rapaz trajando uma blusa branca e uma calça preta com uma faca na mão. Senti medo! O que eles querem de mim? De onde vieram? Ruth, ajude-me; não quero ver essas coisas!

– Ufa! Que susto! Foi só isso? – questionou Ruth mais calma.

– Só isso? E você acha pouco? Não tenho paz, sossego, cada hora é uma coisa! Tenho medo do desconhecido! – retrucou.

– Melissa, deve haver um motivo para essa aparição – disse Saul animado.

– Lá vem você com esse blá-blá-blá – disse Melissa perturbada e irritada.

– Podem voltar aos seus afazeres. Não aconteceu nada. Vou conversar com Melissa – disse Ruth.

– Essa menina vai acabar nos enlouquecendo – resmungou Noemi para as filhas.

– Com certeza, mãe, ela é uma louca de pedra – disse Esther.

– Morro de medo dela! Deus me livre! – afirmou Deborah.

– Parem com isso! A Ruth já explicou, isso não é nada de mais; é apenas mediunidade! Parem de ter tanto medo e preconceito – pediu Saul, indignado com a mãe e as irmãs.

– Vamos lá para baixo. Não quero saber dessas coisas! – disse Noemi enquanto descia as escadas acompanhada das filhas.

Saul não saiu do lugar, queria acompanhar a conversa de Ruth com Melissa.

– Filha, seu pavor não tem sentido, não seja tão teimosa! Isso é você! Procure descobrir quem é e qual sua missão! Você é toda essa complexidade, vê, ouve e sente outras dimensões! Lê a alma das pessoas somente ao cruzar seu olhar com o delas, pegando na mão... Você tem capacidade de entrar em contato com os espíritos! Isso faz parte da sua missão! Não tem como fugir. Aceite.

– Ruth, já falei para Melissa parar de ter medo e analisar o que vê e ouve, mas acho que ela não entendeu – disse Saul.

– Melissa, deixe-me lhe dizer mais umas palavras – disse Ruth em tom terno. – Não tema a aparição desses espíritos, pois com certeza são seus mentores espirituais e vieram com a missão de ajudar a ajustar as fragilidades da sua personalidade.

– Como eles pretendem fazer isso? – perguntou Melissa indignada.

Tudo tem um motivo 143

– Filha, isso só será possível quando firmar contato com eles e adquirir capacidade de absorver seus atributos e valores, que se expandirão e se desenvolverão em sua personalidade, por meio do trabalho voluntário ao próximo. Nos atendimentos espirituais que realizar futuramente, nas mensagens que receberá e transmitirá obterá verdadeiros tesouros. Nesse sentido, os mentores atuarão como espelhos, pois eles são repletos de sabedoria, valores, virtudes e atributos divinos colocados a serviço da humanidade, do nosso Pai Maior e de Seu amado filho Jesus. Você não acha que os espíritos de ciganos iluminados estão para além das palavras que podem ser ditas, pois distribuem sonhos de prosperidade, fazendo qualquer um se sentir singular, capaz, repleto de habilidades e talentos, um ser único e especial, um ser vencedor?! Filha, os preconceitos de raças e etnias de espíritos são exclusividade dos humanos e não de Deus. Os espíritos apareceram com a forma de ciganos para revelarem sua origem, mas com certeza eles desejam que você se torne espírita.

Sem dizer uma única palavra, Melissa a abraçou, deu-lhe um fervoroso beijo e se retirou. Afinal, tinha muito em que pensar.

Ruth voltou para seus afazeres pensando que a espiritualidade estava convidando Melissa a viver o amor, a fortalecer a sua fé, a descobrir a verdadeira força que a sustentava: Deus e seu filho Jesus. Suas visões eram um convite para operar mudanças e para que ela aprendesse a se doar de corpo e alma, inteira. Ruth preocupava-se em como ajudar Melissa a abraçar seu dom natural com serenidade. Um dom que apenas exigiria a busca da sua própria espiritualidade, da sua força interna, do seu autoamor, do conhecimento de que existem Leis Divinas que, se violadas, exigem reparação.

Ruth, em seus pensamentos, indagava como fazer Melissa entender que a mediunidade ampliava ideais espirituais e os transformava em caminhos. Gostaria que ela compreendesse que os mentores ensinavam o médium a aceitar os "nãos" da vida, a respeitar a vontade dos outros, o livre-arbítrio, a se libertar do sentimento e desejo de vingança, a descobrir as bênçãos do perdão que sustentam esse universo, a exemplo de Jesus que perdoou seus carrascos. Além de permitir ao médium ampliar a consciência e descobrir que os sofrimentos, na maioria das vezes, haviam sido provocados por atos, vaidades, imprudência, egoísmo, ingenuidade, ambição, apegos e ilusões dele mesmo. Que nada é bom ou mal, e é cada um que faz a interpretação de fatos e situações que podem destruir ou fazer crescer. E também fazê-la ver que existem mistérios da criação sobre o qual não se tem o menor controle, que promovem a percepção do mundo interior e fomentam a responsabilidade pelo próprio crescimento a partir de pensamentos, sentimentos, emoções, desejos e ações. Que as verdades espirituais iluminam a alma e se manifestam na personalidade e no caráter de cada um, adiantando o amadurecimento. Como passar tudo isso para a sua menina?

Naquele momento, ela desejava ser um mentor espiritual para poder entrar nos sonhos de Melissa e lhe mostrar maravilhas...

~ellƒee~

– Espinafre, Martelo! Venham já aqui! – gritou Lucrécia histérica.

Os dois rapidamente atenderam ao chamado da chefe.

– Então, quero saber como estão as coisas com Melissa. O que ela está fazendo, como estão nossos planos e o que ela tem sofrido ultimamente.

– Lucrécia, as coisas estão calmas – respondeu Martelo. – Tentamos acabar com a popularidade dela na escola influenciando Esther e Deborah a espalharem que ela era uma bruxa, mas ela nem se importou. Depois, tentamos fazer com que ficasse com fama de louca, fazendo-a ver a morte de um velho, mas Ruth nos atrapalhou. Estamos tentando, mas é difícil, porque aquela velha horrorosa e aquele velho senil oram sem parar e orientam Melissa o tempo todo! A fé deles nos atrapalha!

— Não quero saber de desculpas, quero resultados imediatos! — gritou Lucrécia totalmente fora de si.

— Pode deixar... vamos tentar azarar a vida dessa infeliz. Mesmo que demore, conseguiremos. Uma hora o velho e a velha vão bater as botas, aí venceremos. Você vai ver! — disse Espinafre morrendo de medo de Lucrécia.

— Acho bom me trazerem resultados, senão... — ordenou Lucrécia em tom ameaçador.

12

Uma revelação fantástica

Embora ninguém possa voltar atrás e fazer um novo começo,
qualquer um pode começar agora e fazer um novo fim.

Chico Xavier

Ressaca, não de vinho, pois não bebia. Ressaca da vida fútil e inútil. Um gosto amargo a fazia pensar.

Melissa, impressionada com os acontecimentos, não conseguia dormir. Um violino ao longe tocava uma canção triste. A música fazia surgir a sensação de que seu mundo estava desorganizado, agitado e confuso. Ela sentia profunda dor no peito e o estômago parecia um mar revolto. O suor escorria-lhe pelo rosto. Rolava de um lado para outro na cama e pensava: "Mas que vida é essa? O que posso fazer?". Cismada, não achava finalidade para nada. A história de Ruth a impressionara, mas sua resistência falava mais alto. Em vez de aceitar seus dons com amor, insistia em rejeitá-los e permanecia frustrada e infeliz. Quem era, por que via coisas que mais ninguém via? Na madrugada, no emaranhado de seus pensamentos, ao longe ouviu um chamado:

– Melissa! Melissa! Melissa!

– Não pode ser! O que é isso agora? – pensou assustada.

Tudo tem um motivo ❦ 147 ❦

Rapidamente, levantou-se da cama e abriu as janelas para ver quem a estava chamando àquela hora da noite, mas não viu ninguém. Voltou a deitar-se. Novamente ouviu chamarem-na.

– Melissa! Melissa! Melissaaaaa!

Intrigada, levantou-se, vestiu um roupão, colocou um chinelo e, na ponta dos pés, desceu as escadas e seguiu rumo ao jardim, que terminava em um bosque. Caminhou guiada pela voz até chegar à beira do riacho. O luar resplandecia e seus reflexos na água iluminavam a noite escura.

– Não tenha medo! Venha! Aproxime-se!

– Quem é você? O que quer de mim? Onde está? O que faz aqui?

– Olhe para as águas, fique em profundo silêncio e observe.

Melissa, sem ver ninguém nem tampouco compreender o que se passava, virou-se para as águas e ficou em silêncio observando. De repente, luzes coloridas brotaram das águas e flutuaram no ar, misturando-se freneticamente e formando pequenos círculos, que se uniram em uma única esfera dourada.

– Aproxime-se da esfera de luz – pediu a voz.

Melissa, titubeando e com medo, obedeceu. Tirou os chinelos, o roupão, e somente de camisola entrou vagarosamente no riacho e se aproximou da esfera dourada. Tocou-a. A esfera se tornou sólida e caiu em suas mãos. Encantada, fascinada, pasma e atônita, Melissa saiu do riacho com a esfera dourada nas mãos, ávida por saber do que se tratava.

– A você que não quer aceitar seus dons, olhe dentro dessa esfera de cristal. Observe as cenas, os fatos. Ela vai lhe mostrar sua história, sua origem.

– Quem é você? – perguntou Melissa com os olhos faiscantes diante da beleza da esfera e da possibilidade de finalmente saber quem eram seus pais e de onde viera.

– Faça o que lhe pedi e entenderá.

Com os olhos marejados de emoção, Melissa sentou-se à beira do riacho, colocou a esfera na sua frente e olhou firmemente em sua direção. Não demorou e imagens começaram a desfilar diante dos seus olhos.

Melissa viu uma senhora acender uma fogueira, homens exuberantes, e mulheres lindas dançando alegremente ao som de violinos e pandeiros, vestiam longos, coloridos e esvoaçantes vestidos e usavam colares, pulseiras e brincos.

O cenário era alegre, descontraído e mágico.

Enquanto Melissa via as imagens, a voz lhe disse:

– Pertencer ao nosso povo é um privilégio, somos conhecidos como os "senhores da estrada". Somos ciganos nômades, andamos de um lugar para outro e não pertencemos a lugar algum. Nosso lema é a liberdade. Trabalhamos em várias atividades, transportamos mercadorias, vendemos ouro, realizamos trabalhos de correio, criamos animais, fabricamos pulseiras e brincos. Adoramos a música, a dança, o teatro e a acrobacia. "Nas nossas histórias, temos a nossa riqueza, não em nossos bolsos", assim dizia nossa mãe. Nunca participamos das guerras. Fomos e ainda somos discriminados e perseguidos cruelmente. As pessoas têm medo de nossa cultura, que preza a liberdade e o respeito ao outro, e, principalmente, do dom de nossa prática divinatória. Lemos a sorte por meio do baralho, da palma da mão e das bolas de cristais. Prevemos o futuro com o objetivo de orientarmos a caminhada humana, ajudando na busca do crescimento espiritual; mas somos mal interpretados e normalmente confundidos com charlatões e ladrões. Durante a guerra, fomos perseguidos, assassinados brutalmente em câmaras de gás, ou enviados para campos de concentração. Trabalhamos bastante e fomos submetidos a muitas experiências como cobaias humanas. Entre nós, ciganos, encontravam-se seus pais.

Ao ouvir isso, Melissa quase desmaiou. Atordoada, fechou os olhos e, após alguns instantes, ao abri-los novamente, recompondo-se do susto, deparou com uma linda mulher cigana, que se aproximou e a abraçou sorrindo.

– Quem é você? – murmurou Melissa, quase sem forças e tomada pelo terror.

A mulher, com olhos vívidos e expressivos, carregados de mistério, respondeu:

– Sou Kali, sua irmã. Vim ajudá-la. Nossos antepassados estão preocupados com o seu destino. Mandaram-me revelar-lhe sua origem para que possa aceitar seus dons, cumprir sua missão e viver em paz. Pediram para lhe dar um conselho: resgate nossas tradições. Conheça-nos para conhecer-se. A partir de hoje, você descortinará os mais secretos pensamentos, mergulhará num conhecimento eterno, inconfundível e intransferível. Aceite. Sua missão será pautada por nossas práticas espirituais divinatórias, que lhe permitirão desenvolver poderes milagrosos de afastar energias negativas, transmutando, harmonizando, equilibrando, curando, positivando, gerando abundância, promovendo a fé, a paz, a harmonia, a estabilidade emocional, o equilíbrio nos relacionamentos, espalhando segurança, confiança e serenidade a todas as pessoas que cruzarem seu caminho e se sentirem derrotadas pela vida, sem conseguirem acalentar seus sonhos, tudo isso em nome de Deus.

– Então, esse tempo todo Ruth tinha razão! Tenho um dom! – Melissa engoliu em seco e não conseguiu dizer mais nada, porém sentiu-se feliz com as palavras da irmã.

– Sim, Ruth é um anjo que Deus colocou em seu caminho. Fique atenta aos seus conselhos – disse Kali com um sorriso nos lábios.

Naquele instante, Melissa se lembrou de tudo o que Ruth havia lhe falado nos últimos tempos, sobre seus dons naturais e sobre sua missão. Tinha a sensação de que estava ficando louca. Estaria dormindo? Tudo aquilo seria um sonho?

Kali, sorrindo, olhou-a e disse:

– Não é sonho. Você não está dormindo, tampouco enlouquecendo. Vim revelar-lhe sobre sua vida porque me foi permitido!

E não se assuste, saiba que alguns espíritos têm a capacidade de materializar objetos, como a bola...

– Está bem – murmurou Melissa. – Não estou sonhando e você veio revelar minha origem. Sou uma cigana. Mas acho que quando fechar os olhos e abri-los novamente, estarei na minha cama bem quentinha e dormindo confortavelmente ao lado do meu lindo cão Lobo. Deixe-me me beliscar. Ah! Isso não está acontecendo de verdade. Estou no meio de um sonho!

– Nada disso, mocinha – disse Kali de olhos arregalados. – Valha-me Deus, como você é teimosa e resistente. Dizem que o pior cego é aquele que não quer ver, e o pior surdo aquele que não quer ouvir. Acho que você é a prova viva desses provérbios. Está me vendo, me ouvindo, com uma bola de cristal na sua frente, acabou de ver cenas do nosso clã e ainda assim faz questão de não crer em nada! Melissa, preste atenção aos sinais da vida! Acorde!

– Está bem, prometo que vou tentar compreender esse nosso encontro e acreditar que não estou ficando maluca!

– Melissa, não se esqueça de que temos nossas regras e leis. Valorizamos os idosos, as crianças e somos muito unidos. Somos discriminados e, apesar de todas as agruras que passamos, sempre seguimos adiante na estrada da vida, ansiando por um mundo melhor. Desenvolvemos a capacidade de vergar sem quebrar, adquirimos resistência aos choques, temos capacidade de adaptação e vivemos com alegria e liberdade. Nossa espiritualidade é sagrada. Em breve, vai ler o futuro dos homens, mas terá o dever de aconselhá-los para o bem. Tome cuidado com os vícios, os abusos, o desespero, a vaidade e a arrogância. Não permita que seus dons a destruam! Não cobre por trabalhos espirituais. Não explore os incautos. Respeite a natureza. Maravilhe-se com o esplendor das estrelas, sinta a força do universo e ganhe energias e entendimento sobre as misérias humanas geradas pelo próprio homem. Aprofunde-se no sótão escuro de suas memórias e ajude-os a superar seus horrores, sem abusar de sua confiança. Tenha força! A força do amor. Assim conseguirá ser feliz eternamente. Seja o muro que escora a tristeza dos outros. A palavra que consola. O gesto que transmite a paz. Dê o ombro para o desconsolado. Estenda a mão para o necessitado. Acalente os doentes. Tenha fé. Faça sua parte para um mundo melhor. Aceite as perdas que virão! Suporte com força e não se desestruture. Olhe novamente na bola de cristal.

Melissa ouviu tudo atentamente e fixou o olhar na bola de cristal, presenciando o acontecimento de vários fatos em cenas ininterruptas. Observou um lindo castelo com uma família maravilhosa, depois viu o castelo pegando fogo e as pessoas sendo assassinadas... na sequência, viu uma linda mulher jurando vingança pelos seus entes queridos mortos. E assistiu às cenas dessa mesma mulher num local tenebroso, escuro, sendo resgatada e renascendo num prostíbulo; viu cenas de fome, frio, violência, bebidas, brigas, fazenda, loucura e mortes. Em questão de minutos, assistiu a um imenso filme sem entender a profundidade do conteúdo.

– Acabei de mostrar-lhe suas duas últimas vidas – disse Kali. – Em uma delas, você foi uma linda rainha e na outra a dona de uma fazenda. Na primeira, os capítulos da sua vida foram mal escritos, pois neles predominaram o ódio e o desejo de vingança, o que desencadeou uma imensa saga. Na segunda, apesar de repetir seus erros, você se regenerou praticando a caridade e reparando parte do mal que fez a várias pessoas. Assim, os créditos dessa vida lhe proporcionaram a oportunidade de uma vida razoável nesta atual encarnação. Portanto, o que vive hoje é fruto do que plantou em vidas passadas. Cuidado para não repetir os mesmos erros quando deparar com as perdas novamente, pois elas virão.

Depois dessas palavras, Kali desapareceu.

Melissa olhou para os lados, mas foi em vão. Estava sozinha no bosque. A bola de cristal permanecera intacta à sua frente. Melissa respirou fundo, pegou a bola e retornou para a casa.

No caminho, refletiu sobre o acontecido e concluiu que naquele instante havia parado de sentir medo. Não sabia explicar as razões, mas sua alma ressuscitava gloriosa. Lembrou que até então pisava nas flores, que havia sepultado a própria vida, mas, numa fração de segundos, a irmã Kali a fez ouvir a canção das esferas celestiais, mostrando-lhe as causas da vida presente, o que lhe deu a alegria de um recomeço, a possibilidade de ser feliz, de cantar para as estrelas, dançar para o mar, correr pelos campos, respirar a eternidade, cantar a vida e celebrar o amor. Kali tirou a esperança das estrelas e transformou a dor de Melissa, fazendo-a flutuar nas nuvens da esperança e alegria. A garota sabia que não estava sozinha e que havia encontrado mais um colo, no qual poderia chorar até a tempestade passar. Sua vida correria como um rio.

Com o suor escorrendo-lhe por todo o corpo, Melissa acordou sobressaltada e trêmula. Olhou ao redor e viu que não havia saído do quarto. Tudo fora um sonho... um lindo sonho mediúnico.

13

Reveses da vida

Saudade é uma dor que fere nos dois mundos.[13]

Chico Xavier

Alguns dias se passaram e Melissa não conseguiu esquecer o sonho com Kali. O que viu na beira do riacho não lhe saía da mente.

Enquanto tomava o café da manhã, olhava para Ruth pensando se devia ou não contar-lhe o sonho. Ouviu um barulho repentino e ao fundo a voz de Kali:

– Conte!

– Ruth! – chamou Melissa ansiosa.

– Sim, querida, o que foi?

– Preciso contar-lhe algo. Podemos dar uma volta no bosque? Você pode ir comigo?

– Nossa, Melissa, é tão importante assim? Não pode me contar aqui mesmo na cozinha enquanto preparo o almoço?

– Não quero que ninguém ouça; é segredo.

---

13 XAVIER, Francisco Cândido. GOMES, Saulo, org. *As mães de Chico Xavier*: lições de vida sobre a morte, o aborto, o suicídio e as drogas. Intervidas (N.E.).

– Então espere um minutinho, deixe-me desligar o fogão, senão vai queimar a comida e não teremos almoço.

Depois, Ruth acompanhou Melissa até o bosque e no caminho ouviu as histórias sobre Kali, a bola de cristal e tudo o que sonhara naquela noite.

– Ohhhhh! – uma expressão de alívio transpareceu no rosto de Ruth.

Tomada de grande emoção, ela disse para Melissa que o sonho era uma revelação fantástica, que ela sempre sentiu que a jovem era cigana.

Ruth ficou muito feliz por Melissa. Mas, antes que concluíssem a conversa, ambas foram interrompidas por um chamado desesperado de Saul. As duas correram até a casa para saber o que estava acontecendo.

– Chamem um médico imediatamente! Chamem um médico! Caleb está caído no banheiro, todo retorcido, quase roxo!!! Chamem um médico! – gritava Saul apavorado.

Ruth nem terminou de ouvir Saul contar sobre o que estava acontecendo. Pegou o telefone e chamou o médico da família. Enquanto isso, Melissa subiu as escadas e foi em direção daquele que considerava seu pai. Quando chegou lá, sentou-se no chão e colocou a cabeça dele no seu colo fazendo-lhe cafuné e alisando suas mãos.

– Aguente firme, Caleb, o médico já está chegando! Não desista! Fale comigo, converse comigo! – murmurou Melissa com carinho.

– Filha, vou aguentar, vou esperar o médico e ficar bom! É só um susto! Fique calma!

– O que você está sentindo, Caleb? – perguntou Melissa desesperada.

– Uma dor imensa no braço esquerdo e no peito. Uma dor imensa...

– Fique calmo, respire fundo, já vai passar! O médico já está chegando.

Melissa, quase fora de si, começou a cantar uma canção de Elvis Presley para acalmar Caleb, pois ele adorava ouvir sua voz:

Love me tender,
Love me sweet,
Never let me go.
You have made my life complete (...)

Enquanto cantava, o coração de Caleb era embalado com aquela linda voz. Ele se acalmou e fitou sua amada filha. Melissa não terminou a música quando notou que o coração de Caleb havia parado de bater e seus olhos estavam fixos nela, porém imóveis. Naquele instante, a máscara da menina guerreira se desfez. Ela lançou o braço ao redor do pescoço de Caleb, e apertando-o com força contra o seu peito, soluçando, gritou:

– Não vá embora! Não me abandone! Não me deixe sozinha! Preciso de você, não desista de viver! Acorde, Caleb! Volte, Caleb! Fique comigo! Não me deixe! Fique comigo! Preciso do seu amor! Da sua proteção! Não morra, não vá.

Melissa não conseguia acreditar que seu amado Caleb havia partido. Fechou o punho e socou com toda a força o chão do banheiro. A revolta dominou seu coração. Não cantava mais o amor, cantava o medo, a tristeza e a desolação. Estava arrasada. Não se conformou em perder seu querido protetor, que, apesar dos seus erros, a havia criado com muito amor. Seu coração estava em frangalhos. Ela preferia não existir. Chorou histericamente. Cedeu aos delírios. O tempo pareceu suspenso. As lembranças da visita de Kali e as últimas palavras eram tangíveis: *Cuidado para não repetir os mesmos erros quando deparar com as perdas novamente, pois elas virão...".*

Com Caleb em seus braços, o sangue fervia em suas veias, as lágrimas desciam pela sua face, mas o coração estava aos poucos congelando; sabia que ele não estava mais ali, nem estaria... A boca ficou seca e ela sentiu um gosto amargo de saudade, que nunca mais seria satisfeita com um sorriso ou um abraço...

Melissa, ao longe, ouvia o burburinho lá fora. Era Noemi, as meninas e Ruth que subiam as escadas às pressas acompanhadas pelo médico. Quando chegaram ao banheiro, olharam para Caleb nos braços de Melissa e ela balançou negativamente a cabeça de um lado para outro, murmurando:

– Não deu tempo! Ele se foi... Ele me abandonou... Ele me deixou! – disse com voz cansada e triste, cabisbaixa e chorando.

Ruth levou um susto. Entrou em pânico e perdeu as forças. Sentiu-se tonta e cambaleou. Saul, desnorteado, segurou-a e puxou-a para os seus braços, confortando-a. Acariciou seus cabelos em silêncio. Desesperada, ela começou a chorar. De repente, tudo lhe pareceu uma estrada abandonada e a sensação de um imenso vazio tomou conta de todos. Não queria acreditar que acabara de perder seu mais querido companheiro e amigo de tantos anos.

Ruth sentiu o coração profundamente ferido. Uma emoção horrível tomou conta de todo o seu ser. Tinha de consolar Melissa, mas não sabia como.

Caleb havia partido. Essa era a realidade que todos naquela casa haveriam de enfrentar. Pela primeira vez, Ruth sentiu alto grau de impotência. Não pôde evitar a morte do seu querido amigo. Nada pudera fazer. Era a vontade do Pai. Precisava aceitar com um mínimo de dignidade...

O corpo foi levado ao necrotério. Um vaivém dos amigos durante o velório com prantos sinceros, deixou claro que ele era um homem respeitado, admirado e querido por muita gente daquela cidade carioca, por sempre ter sido uma pessoa íntegra, honesta e boa. Seu enterro foi simples. Sua morte abriu feridas e causou muita dor. Melissa gritou, chorou, esperneou e ficou durante muito tempo de luto. Não saía do quarto e não queria ver ninguém. Falava a contragosto com Ruth quando ela insistia muito. Estava mergulhada no horror da saudade, da ausência de seu pai querido, e não percebia o que estava acontecendo com Ruth que, logo após o desencarne de Caleb, começou a adoecer, pois não conseguia superar a morte dele, tampouco cuidar dos negócios como ele. Nomeou um gerente para cuidar das lojas e colocou Saul para auxiliá-lo, a fim de prepará-lo para no futuro assumir os negócios da família. Melissa não se interessava pelos negócios e não tinha noção que se não reagisse para cuidar de Ruth, em breve corria o risco de perder aquela a quem considerava como mãe amada.

A garota estava sem forças, cansada, sem vontade de fazer absolutamente nada. Com a morte de Caleb, sentiu-se mais uma vez rejeitada, abandonada pela vida e por Deus. O coração estava ressentido, hostil e agressivo. De alguma forma, sentia-se culpada e queria fugir da realidade. Melissa não se dava conta de que amava muito Caleb, e o amor exige assumir riscos, inclusive saber perder. Quando se isolava de todos no quarto, não querendo ver nem falar com ninguém, sem ter consciência, estava tendo um simples ataque de raiva infantil. O desencarne de Caleb abriu suas feridas da infância. Mais uma vez, ela se viu desprovida de amor. Estava experimentando novamente a dor aguda que sofreu quando perdeu os pais na guerra. Estava sentindo raiva e frustração por mais uma vez não ter conseguido vencer a imprevisibilidade da vida. A sensação de desamparo e decepção tomava conta de todo o seu coração. A revolta batia em sua porta.

Melissa não sabia que precisava vencer as dores da infância e adotar uma nova postura diante da vida, esquecendo, perdoando e aceitando as coisas como eram. A depressão, a insegurança, o medo de ir adiante, sem Caleb, estava tornando-a mais fraca do que realmente era.

A jovem estava morta por dentro e não percebia as dores, as fraquezas e vulnerabilidades de Ruth que, naquele instante, também precisava de seu apoio. Melissa precisava aprender a enfrentar os reveses da vida em vez de se deixar aniquilar por eles com atitudes destrutivas e autoflagelantes. Tinha de aceitar perder, crescer, amadurecer e aprender a doar amor em vez de desejar apenas recebê-lo. Perdas... achava que sua vida era uma coleção de perdas, e apesar de a irmã ter deixado claro que sua vida atual era fruto de vidas passadas, ela não se importava com isso.

– Melissa! – Saul chamou-a na porta do quarto que estava fechado.

Melissa não atendia ao chamado de Saul nem o de ninguém.

– Melissa! Venha depressa, Ruth não está se sentindo bem! Venha ajudar-me a socorrê-la! Ela está muito mal! Corra antes que seja tarde!

Ao ouvir aquelas palavras, a jovem deu um salto da cama, abriu a porta e saiu correndo em direção de onde Ruth estava. Lobo a acompanhou.

– Ruth, o que está acontecendo? – perguntou Melissa aflita.

– Nada, filha; o Saul que é exagerado e se apavora à toa! – respondeu Ruth com sorriso generoso.

– Nada? Você quase desmaiou na cozinha, ficou pálida, saiu até um pouco de sangue da sua boca e você sentiu profunda falta de ar!

– Ah! Saiu sangue da sua boca? Vamos chamar o médico já! – ordenou Melissa.

– Isso mesmo! – gritou Noemi. – Saul, pegue o telefone e chame o médico imediatamente!

Saul assentiu com a cabeça e saiu correndo até a sala. Pegou o telefone do médico e o chamou. Em poucos minutos, o médico chegou e examinou Ruth. Depois da consulta, reuniu todos e informou que ela estava com tuberculose. O susto foi geral. Todos ficaram atônitos.

"Ruth com tuberculose? E agora? Como enfrentar mais essa tragédia?", perguntou-se Melissa, desestruturando-se totalmente. Nervosa, revoltou-se ainda mais contra a vida.

– Que Deus é esse? Parece meu carrasco, não me dá tréguas. Deus me odeia, só pode ser isso! Levou Caleb e agora quer levar Ruth, que me ensinou que Deus é onisciente. Prefiro ficar sozinha. A partir de hoje não vou acreditar em mais nada! Isso não é justo! Deus não existe!

Tudo tem um motivo ❧ 159 ☙

– Melissa, calma, deixe de ser rebelde e insubordinada. Pare de blasfemar. Respeite as vontades de nosso Pai Maior. Entregue sua vida a Ele. Por acaso Ele não a salvou aos cinco anos de idade? Se você perdeu Caleb e agora Ruth está doente, Ele deve ter suas razões. Aliás, você também as conhece. Segundo os estudos que tenho feito, antes de vir para esta vida, você escolheu as provas pelas quais iria passar. Se Deus, por sua vontade, levar Ruth, Ele tem seus motivos. Deixe de ser mimada e infantil e aceite o que está acontecendo em vez de ficar revoltada. Cuide de Ruth com carinho e amor. Ela pode vencer essa doença! – disse Saul enérgico.

– Não fale assim comigo, não quero ouvir nada do que está falando! Deixe-me em paz! Dizem que Deus é amor! Isso é uma grande mentira. Deus é dor, isso sim! Aliás, muita dor! Deus não difere de Hitler[14], é tão autoritário, repressivo e fascista como ele! Todo dia mata milhares de inocentes!

Um vento frio cortou o ambiente. Melissa sentiu um arrepio e ouviu uma voz:

– Melissa, não duvide do amor divino, da bondade e da misericórdia. Você não se lembra das vidas passadas. Não sabe o que fez para ter escolhido passar por essas provas! Acalme o coração e não duvide de Deus nem por um instante. Não cometa os mesmos erros de vidas pretéritas! Não se revolte. Aceite. Não blasfeme. Ore e confie. Espere em Deus. – Depois dessas palavras, um perfume de rosas preencheu o ambiente.

– Saul, pare de falar comigo! Não quero ouvir mais nada! – gritou Melissa nervosa.

– Eu não disse nada! Está louca?

---

14 Adolf Hitler (Braunau am Inn, Áustria 20 de abril de 1889 – Berlim, Alemanha 30 de abril de 1945). Foi líder do Partido Nacional Socialista dos Trabalhadores Alemães, também conhecido por Partido Nazi ou nazista, sendo ainda oposição aos sociais--democratas, os *Sozi*. Hitler se tornou chanceler e, posteriormente, ditador alemão. Era filho de um funcionário da alfândega de uma pequena cidade fronteiriça da Áustria com a Alemanha. No período de 1939 a 1945, liderou a Alemanha no maior conflito do século XX, a Segunda Guerra Mundial (N.E.).

– Como não? Claro que foi você! – disse Melissa atordoada. – Se não foi você, quem foi?

– Não tenho a menor ideia! – exclamou Saul. – Que perfume forte é esse?

– Parece perfume de rosas – respondeu Melissa.

– De onde vem?

– Não sei! Mas não foi você que falou comigo? Para eu esperar em Deus?

– Não, Melissa! Estava quieto aqui no canto ouvindo-a esbravejar!

– Esperar em Deus? Esperar o quê? Esperar ele levar a Ruth também? Quer saber, acho que Deus é um ser arrogante, pedante, raivoso, vingativo e homicida, que faz questão de ser idolatrado dia e noite e sai castigando todo mundo por qualquer coisa. Não quero mais saber de Deus!

– *Mamma Mia*, como dizia Caleb! Melissa, o que é isso? Aquela frase de Jesus: "Pai, perdoa porque eles não sabem o que fazem", vem bem a calhar nesta hora. Quanta bobagem! Era melhor eu ser surdo! Melissa, pare de blasfemar contra Deus, que não tem nada a ver com a morte de Caleb nem com a doença de Ruth! Você parece uma garotinha de cinco anos de idade, que não gosta de ser contrariada! Pense antes de falar sobre Deus! Respeite-O. Ele sempre foi maravilhoso com todos nós! Somos abençoados! Devemos honrá-Lo, respeitá-Lo, louvá-Lo e glorificá-Lo! Lave sua boca quando for falar Dele!

– Saul, saia da minha frente, deixe-me em paz! Fique com o seu Deus e não me amole! – gritou Melissa histérica.

O jovem não acreditou no que estava ouvindo, respirou fundo e falou:

– Garota estúpida! Não percebeu que está buscando motivos para ser negativa? A vida toda fez isso. O tempo todo faz isso. Hora está revoltada porque não sabe de onde veio, depois porque é gorda, porque vê espíritos, porque Caleb morreu e assim tem passado sua vida. Reclama, lamenta, nunca está satisfeita, nunca tem o bastante, nunca consegue ser feliz e fazer feliz quem está ao seu lado. Não enxerga um palmo na frente do nariz. Devo admitir que esperava muito mais de você numa hora dessas. Estou farto de ser tolerante com sua infantilidade e negatividade. Devia se sentir envergonhada por falar assim de Deus. É verdade, centenas de pessoas morrem todos os dias. Mas a maioria não morre em vão! Muitas permanecem eternamente em nosso coração. Caleb é uma dessas pessoas, não morreu em vão! Ele é um exemplo de superação, venceu o alcoolismo, lutou anos a fio para nos dar do bom e do melhor, tanto material como espiritualmente. Ele nos deu amor, formação espiritual e educação! E você está fazendo questão de esquecer tudo o que ele lhe ensinou! Garota mimada, infantil e egoísta! Está sendo irracional e emocional! Vá dar uma volta, relaxe, ponha a cabeça no lugar e pare de reclamar! Tenha autocontrole. Sua dor não é maior que a minha! Amo Ruth e sei que se for a vontade de Deus, ela vai superar a tuberculose! Devia ir para o quarto ficar sozinha com Deus e Jesus e orar pela vida de Ruth! Aprenda a orar! Renda-se a Deus e a Jesus! Glorifiquei-os.

Saul não ouviu a resposta de Melissa, retirou-se para o quarto. No caminho, pensou que pela primeira vez em sua vida perdera a paciência com Melissa. Nunca havia ficado tão irritado com suas colocações. Onde já se viu chamar Deus de homicida e compará-lo a Hitler? Ele conseguia compreender que para ela a perda de Caleb e a doença de Ruth eram difíceis de aceitar, mas esperava uma atitude um pouco mais adulta. Esperava que ela não perdesse a esperança e a fé mesmo estando perdida, sem rumo, com a morte de Caleb. O jovem acreditava que era possível ela aceitar os fatos e escolher pensar positivamente, recuperando-se ainda que devagar. Não esperava tamanha revolta, não compreendia por que Melissa vivia do que podia ter sido e fazia questão de ser tão empedernida.

Alguns dias se passaram e Ruth apresentou uma pequena melhora. A medicação prescrita pelo médico estava surtindo efeito e os sintomas da doença estavam paulatinamente desaparecendo. A febre e a tosse cessaram e sua disposição aumentou.

Melissa a tratava com muita dedicação e amor. Não permitia que ela fizesse grandes esforços. Esmerou-se na cozinha, na casa, ajudando Noemi e as meninas em todas as tarefas sem reclamar. Suportava Noemi, Deborah e Esther com mais paciência. Depois da discussão com Saul, Melissa passou a acordar cedo, ir à escola e cuidar da casa e de Ruth com muita disposição.

No início do verão, no crepúsculo, a brisa era suave. Ruth estava sentada em sua cadeira de descanso admirando as flores da beira do riacho. Dialogava silenciosamente com Deus, desfazendo-se do medo e reforçando sua promessa de vida. Sentiu o pensamento devanear e recuar no tempo. Naquele instante, lembrou-se do extraordinário sorriso de Melissa, dos seus olhos brilhantes, dos seus gestos e da sua pureza. Aquelas lembranças lhe davam certeza de que queria viver intensamente tudo de novo. Queria ter uma nova chance. Inesperadamente, o amor preencheu todo o seu coração e ela desejou conversar com a amada menina.

– Melissa! Venha até aqui no riacho! Quero falar umas coisas com você... – chamou Ruth

– Você está passando bem? – perguntou com um sorriso nos lábios.

– Sim, estou ótima – respondeu Ruth, enxugando disfarçadamente algumas lágrimas. – Que bom que me ouviu. Sente-se ao meu lado – pediu Ruth muito emocionada.

Melissa não estava entendendo. Por alguns instantes as duas ficaram em total silêncio observando as flores e sentindo a brisa suave.

– No silêncio desta tarde, refleti sobre sua inocência e o amor que sinto por você. Concluí que vivemos momentos inesquecíveis, mágicos! Queria que soubesse que você é o meu descanso, a minha paz. Com você posso sorrir, cantar, gritar, chorar, espernear, sentir o que verdadeiramente sinto; ser eu mesma sem culpa e sem necessidade de compensação, tudo por causa desse seu amor. Você compreende e traduz todos os meus sentimentos, todas as minhas emoções, tanto nos tempos fáceis como nos difíceis. Amo sua presença, seu olhar, seus gestos e seu sorriso puro de menina inocente a desabrochar. Quanto carinho, afeto, dedicação, paciência e compreensão você tem derramado sobre a minha vida desde que chegou! Principalmente quando me perco de mim, quando fico sem chão! Você não dramatiza meus problemas, não se irrita comigo, pelo contrário, quando não estou bem, distribui sorriso e alegria! Filha, eu a amo demais!

– Ruth, também a amo muito! Você é a mãe que me criou e amou. Adoro você! – respondeu Melissa, agora olhando fixamente nos olhos de Ruth.

– Querida, saiba que desde que entrou na minha vida, quando eu tinha perdido tudo e todos a quem amava, foi a sua pureza e simplicidade que alcançaram os porões escuros da minha alma, fechando as minhas feridas e me fazendo novamente ter vontade de viver e amar. Em minha memória perpetuo sua imagem de filha amada, revendo os retalhos do meu atual cotidiano insano, sem Caleb, no qual você faz com que me sinta inteira, apesar de muitas vezes me despedaçar. Sei que sofre a falta dele também, mas oculta de mim suas lágrimas. Desconheço o futuro, mas por você superarei os anseios da minha alma, curando meu coração corroído, lutando para vencer a morte com esperança de recomeçar. Você derrama cumplicidade e suavidade, acende o céu do meu coração, fazendo minha vida ter cor, sabor, sentido e meu coração ter vontade de sorrir e brilhar.

Melissa a ouvia atentamente e emocionada.

– Saiba que a Lua, o Sol, as flores, as estrelas e o mar curvam-se diante de sua ternura, beleza, pureza e candura. Meu amor é tão imenso que inflamará o céu estrelado de magia todos os dias da sua vida. O brilho das estrelas dissolverá tudo o que lhe provocar dor para nunca deixá-la cair em desencanto e jamais lhe faltar amor. Você é minha alegria, estrela-guia, que faz o feio ficar belo, transformando meus fantasmas em anjos de luz. Se um dia eu me for, grite bem alto que de onde estiver vou ouvir, pois por você me tornarei imortal, sempre verei a luz do dia e estarei sorrindo. Nunca sinta saudades. Se sentir, olhe para as estrelas, pois estarei lá eternamente amando-a...

Melissa sorriu suavemente, embaraçada, e, sem graça, abraçou Ruth fortemente, dizendo:

– Você que é a minha paz! Amo-a muito!

Ruth não disse nada. Em silêncio, voltou a admirar as flores e o riacho. Ambas ficaram ali, abraçadas, sentadas, apreciando aquela beleza divina. Depois de conversarem mais um pouco, entraram para jantar.

Naquela mesma noite, muito cansada, preocupada com Ruth, Melissa tentou dormir, mas teve dificuldade. Rolou de um lado para o outro sem parar. Depois de muito tempo, adormeceu. Acordou no teto do quarto e sentia que estava em outra dimensão. Os móveis e objetos pareciam estar longínquos, mas ela tinha plena consciência de que não estava em seu corpo. Via seu corpo dormindo na cama. Sentiu muito medo, ficou apavorada. Olhou para a janela e avistou três esferas douradas. Dentro de uma delas, o rosto de um lindo homem, moreno-claro, olhos verdes, cabelos negros e dono de um sorriso encantador. Ele sorriu para Melissa e falou:

– Você tem uma missão!

Melissa sentiu pavor e voltou imediatamente para o corpo. Percebeu que acabara de retornar para o corpo e que um homem da esfera dourada falara com ela. Horrorizada, sentiu medo de dormir novamente e chorou copiosamente a madrugada toda. No dia seguinte, correu para os braços de Ruth e narrou o acontecido. Ruth deu boas gargalhadas e a tranquilizou:

– Filha, calma, você acabou de vivenciar seu primeiro desdobramento ou projeção da consciência. Saiu do corpo. Isso é lindo, testemunhou a existência da vida da consciência fora do corpo. Isso significa que percorreu dimensões extrafísicas. Se os desdobramentos se repetirem, você poderá viajar para outras cidades, outros países, falar com pessoas que não conhece, com espíritos de outras dimensões, auxiliar nos trabalhos de cura e muito mais. Você deve agradecer a Deus, pois é portadora da faculdade de desdobramento e poderá prestar socorro no mundo espiritual. Para isso precisa aprofundar seus estudos.

Melissa se acalmou e deu continuidade à sua rotina diária. Na hora de dormir, ficou acordada e com muito medo até não aguentar mais. Novamente acordou fora do corpo e do lado da sua cama. Olhando para a outra extremidade do quarto, viu três espíritos vestidos de branco.

– Você está sendo preparada... – disse um deles.

Apavorada, ela não ouviu o fim da frase. Sentiu o corpo subir e atravessar o teto numa velocidade assombrosa. Em poucos instantes estava viajando no universo. Viu estrelas, círculos coloridos e espíritos volitando. De repente, encontrava-se no corredor de um hospital, onde viu duas muletas no chão. Num relance, voltou para o corpo. Desperta e mais uma vez assustada, pensou sobre aquela experiência. Achou agradável, mas não gostou da sensação que sentiu no corredor hospital. Alguém a quem amava muito partiria em breve. Pensou em Ruth e começou a chorar. Cansada, adormeceu.

Enquanto dormia, um visitante entrou em seu quarto.

– A vida é maravilhosa – disse Martelo. – O velho empacotou! Um a menos para ajudar essa idiota. Agora a brincadeira começou a ficar boa. Vou potencializar tristeza e saudade até ela ficar bem deprimida. Em breve estará sozinha, sem ninguém... aí minha senhora vai acertar as contas de vez com ela.

14

Desespero total

*Aceitemos a experiência que o Senhor nos reserva
cada dia, fazendo o melhor ao nosso alcance.*[15]

Chico Xavier

Passado um ano, a tragédia aconteceu. Ruth desencarnou dormindo. Melissa, ao acordar e saber do ocorrido, ficou fora de si e em total e absoluto desespero.

Transtornada, aos prantos, revoltada e com todas as emoções indomáveis, durante o velório foi até o caixão e disse:

– Obrigada, Ruth, por me abandonar nesta Terra sem ao menos se despedir! Obrigada por ter me abandonado, sem ter visto meus filhos nascerem! Agora vou ter de me virar com essa horrorosa da Noemi e suas "adoráveis filhas". Saiba que você me deixou sem chão. Sua morte é inútil! É ridícula, estúpida e um grande desperdício! Você e Deus me odeiam, só pode ser. Acabou de me condenar a ficar reclamando pelo resto da minha vida por causa de minha má sorte. Por quê? Por que desistiu de viver e me abandonou? Por quê?

---

15 XAVIER, Francisco Cândido. Pelo Espírito Emmanuel. *Linha 200*. IDE (N.E.).

Depois do enterro, Melissa atravessou um dos piores momentos da sua existência: a insuportável dor da separação de Caleb e de Ruth. Sentiu um vazio em sua alma como se estivesse destruída por dentro, totalmente despedaçada. Nem conseguia dar atenção ao seu querido cão. Com medo de ele adoecer de solidão, ela pediu para Saul providenciar um outro lar para ele. Saul, Noemi e as meninas também ficaram totalmente desconsolados; afinal, Ruth e Caleb os haviam adotado e faziam de tudo por eles. Agora a vida de Saul, de Noemi e das meninas estava nas mãos de Melissa, pois ela era a única herdeira dos bens de Ruth e Caleb. Melissa chamou Saul, Noemi e as meninas e disse para que ficassem tranquilos, que nada mudaria; todos continuariam a morar ali. Saul seria o responsável por todos os negócios de Caleb. Assim, com medo de não ter para onde ir, Noemi e as filhas tornaram-se mais humanas e passaram a tratar Melissa com mais respeito e consideração. Afinal, dependiam dela. Melissa, em consideração a Saul e em respeito a Ruth e Caleb, continuou sustentando Noemi e as filhas, mas mantinha imenso distanciamento delas. Saul era o intermediário. Os meses passaram e ela não conseguia evitar a profunda dor que sentia. Não conseguia encarar os fatos com compreensão, apesar de saber por suas próprias experiências extracorpóreas que a morte de fato não existia. A depressão, o suor frio, o mal-estar e as dores de cabeça eram constantes. As palavras confortadoras de Saul não a consolavam. Ele dizia que Caleb e Ruth estavam bem amparados pela espiritualidade, porém ela esbravejava revoltada com Deus e Jesus.

Naquele ano seu rendimento na escola caiu. Com muito esforço ela frequentou as aulas, mas acabou abandonando os estudos.

Saul, preocupado e inconformado com a reação de Melissa, sempre depois do jantar recostava-se na cadeira da sala e conversava com ela, a fim de ajudá-la a superar a imensa dor e o sofrimento. Naqueles momentos ela sentia certo alívio e o ouvia.

– Melissa, sei que existe na sua alma uma ferida aberta. Existe também um ressentimento com a vida. Você está iludida! Pensa que essa dor que sentiu aos cinco anos de idade ainda é a mesma. O tempo está passando e você eternizou dentro de você uma dor que se repete o tempo todo quando outro tipo de dor é acionada. Você não é mais uma criança de cinco anos; portanto, o que sentiu pertence àquela época. Reveja isso dentro de você, Melissa. Analise suas crenças e enxergue o que a vida lhe deu!

– Saul, sei que está estudando a espiritualidade e hoje faz parte do mesmo grupo de estudos de Ruth, mas, quer saber? Não me amole! Não estou nem um pouco interessada nas dores da minha infância e nas coisas desse seu Deus, que só sabe levar embora as pessoas que eu amo. Sabe de uma coisa? Acho que Ele deve me odiar! Só poder ser isso! Deus me odeia ou não existe!

– Deixe de ser infantil, Deus sempre abençoou sua vida! Perdeu seus pais durante a guerra? Ganhou outros pais depois da guerra. Por que em vez de contar suas desgraças não aprende a contar suas graças? Aos cinco anos estava sozinha dentro de um poço? Agora está com pessoas que lhe querem bem, dentro de uma mansão que herdou de Caleb e Ruth. Eles deixaram tudo para você! Pare de caminhar por estradas destrutivas! Saia desse poço que congelou sua alma, vá mais para a frente, veja-se aos sete, oito, nove, dez, doze, catorze anos... Por acaso não está dentro de uma casa confortável, cercada de carinho, cuidados e amor? Reveja os bons momentos da sua vida. Pare de se lembrar só dos maus momentos! Supere-os. Analisando sua vida como num filme, tenho certeza de que encontrará muitos momentos de felicidade verdadeira. Sei que a dor da perda de Caleb e Ruth é insuportável, mas veja o que lhe deixaram: um legado espiritual. Orientaram-na para uma vida rica rumo à conquista de bens morais e espirituais, além de terem deixado uma confortável vida material também! Sei que não é fácil, mas faça um esforço para aceitar a vontade de Deus. Liberte-se do passado, enfrente as perdas e siga em frente, na luz da espiritualidade, guardando no coração o amor de Caleb e Ruth! De onde eles estão iluminam sua jornada! Com certeza, oram para que vença e cumpra sua missão! Faça sua parte!

– Como, Saul? Como me libertar desse passado horrível marcado por perdas? Não sei como fazer isso, não sei viver sem a Ruth e o Caleb – murmurou Melissa baixinho.

– Melissa, recordar de um fato alegre ajuda a mudar o humor instantaneamente, isso aprendemos com Ruth, mas escrever uma história de vida repleta de realizações pode fazer você se conscientizar do quanto é abençoada e o quanto recebeu da vida! Uma retrospectiva total da sua vida ajudará você a se libertar do seu passado. Por favor, pegue um papel e uma caneta e faça uma linha do tempo marcando todos os anos da sua vida até os dias atuais. Em cada ano escreva apenas as coisas boas que lhe aconteceram. No fim, perceberá muito mais coisas boas do que ruins. Escreva uma história de sucesso para si mesma. Conte uma história de sucesso e de realizações. Em pouco tempo, perceberá que o passado será visto como maravilhoso e claro e se sentirá muito mais feliz. É simples, experimente! Depois que fizer isso, repasse ano a ano e faça outra lista com as coisas ruins que lhe aconteceram e faça um levantamento dos sentimentos negativos que lhe provocaram. Conscientize-se de todos os sentimentos negativos em cada fato de toda a sua vida até os dias atuais. Olhe para esses fatos e sinta novamente esses sentimentos, veja-os, encare-os, e se sentir vontade de chorar, chore. Em seguida, observe cada fato negativo e extraía a lição aprendida. Por exemplo, aos seis anos presenciei uma briga e aprendi que com violência não se resolve nada. Aos quinze, anos fui ridicularizada na escola por ser gorda e aprendi que preciso desenvolver autoestima... e por aí afora. Depois, dirija-se a Deus, a Jesus e a toda espiritualidade e peça para que todas as suas lágrimas sejam recolhidas, peça perdão por seus erros, para as pessoas que magoou e perdoe as pessoas que a magoaram. Faça uma oração, mais ou menos assim:

Deus, nosso Pai, Vós que sois puro amor e bondade, permiti ao Vosso filho amado Jesus e a todos os mentores espirituais me curarem nesta noite, por Vossa misericórdia enviai Vossos mensageiros. Que toda raiva, rancor, ressentimento, ódio existentes dentro de mim sejam por eles retirados e queimados no Vosso fogo sagrado; que os meus pensamentos, sentimentos e emoções sejam purificados; que a minha alma seja completamente lavada com suas águas celestiais desde o dia do meu nascimento. Amado Deus, permiti que Vossos mensageiros divinos recolham e acolham com amor os espíritos dos meus antepassados e os que porventura me perseguem. Perdoai-os, pois ainda se encontram presos em suas dores. Restaurai os seus espíritos, com o Vosso imenso amor. Amém.

– Faça isso por três dias e me conte o resultado.

– É muito difícil... – murmurou Melissa.

– Você só sabe dizer isso. Aceite o que lhe aconteceu na guerra, a morte de Caleb e de Ruth. Perdoe a vida, perdoe Deus, depois volte no tempo, olhe para aquela garotinha com cinco anos, veja-a no poço se sentindo sozinha, desamparada, e fale com ela. Diga que não deve ter medo, que tudo vai ficar bem! Mostre-lhe a Melissa atual. Diga para não se sentir insegura. Deixe a dor da Melissa de cinco anos para trás. Você não é mais aquela criança! Suas necessidades, seus desejos e sonhos são diferentes. Por que insiste em continuar tendo as reações emocionais daquela época? Liberte-se. Cresça, deixe de ser criança, de ver as coisas de maneira distorcida pelo seu emocional infantil e ilusório! Enfrente suas dores e sombras! Olhe para dentro de si mesma e veja os monstros que criou e a estão devorando. Veja-os, sinta-os, deixe-os passar como uma onda no mar e peça para que sejam seus aliados. Você precisa parar de culpar Deus, de se culpar e de culpar os outros pelas coisas que lhe aconteceram.

– Já falei, não sei fazer isso! – exclamou Melissa irritada.

– Queira, decida fazer isso! Tente! Primeiro tome a decisão de rever sua vida na linha do tempo, de lembrar os bons momentos e contar uma história de sucesso para si mesma. Depois, reveja os sentimentos negativos que criou com as experiências que vivenciou e busque em cada situação sofrida a lição a ser aprendida. Quando enxergar as lições, o aprendizado provocado por cada situação, estará liberta, pois, o arrependimento verdadeiro chegará ao seu coração. Isso a ajudará a perceber o que precisava ser superado e vencido. Depois, decida aceitar as perdas, pois nelas estão contidas preciosas lições para o aprimoramento. Em seguida, decida perdoar o passado, esquecer, superar; enfim, curar-se. Primeiro tome a decisão e aguarde. Com o tempo, sentimentos novos virão. Decida, faça sua parte, se conheça e ore, peça ajuda para a espiritualidade, para Deus, em nome de seu amado filho Jesus para que ajudem a curar a sua alma. Seja humilde. Peça ajuda! Eles podem fazer isso por você. Jesus e Seus mensageiros divinos curam qualquer doença da alma. Melissa, neste momento de dor, fortaleça sua fé! Cultive boas lembranças, bons pensamentos e sentimentos. Creia em Deus! Outra coisa, aceite que é um ser humano, que vai morrer um dia e que comete erros. Aceite-se. Perdoe-se. Desenvolva uma visão clara e objetiva da vida, saia das ilusões.

– Que ilusões? Não tenho ilusão alguma. Você enlouqueceu? – perguntou Melissa indignada.

– Claro que tem! Está perdidamente iludida com tudo! Você se tranca em seu quarto, dorme o dia inteiro, ilude-se, achando que dormindo vai se livrar das dores do mundo! Que não terá de enfrentar nenhuma dor. Isso não resolve nada! Pare de se fazer de coitadinha, vítima da vida e de Deus. Você é perfeita, enxerga, anda, fala, respira. Seja grata! Você não sabe o que é ter dor de verdade! Com essa postura acaba tiranizando todo mundo! Aceite que ninguém neste planeta de aprendizado tem uma vida maravilhosa! E que todos um dia vamos morrer!

– Como assim, tiranizando todo mundo, você ficou mesmo maluco! – disse Melissa chocada com a colocação de Saul.

– Melissa, no papel de vítima você obriga todo mundo a ter dó de você, a cuidar de você, a fazer o que deseja, a fazer para você o que você mesma deveria fazer. Isso é tiranizar. Você carrega uma dor que não acaba nunca, e faz os outros carregá-la também! Não cansa de sofrer? Será que não se viciou em sofrer? Parou para pensar nisso? Você domina todo mundo com esse seu jeitinho eterno de coitadinha!

– Viciei-me em sofrer? Eu? – retrucou Melissa nervosa.

– Sim! Acostumou-se com esse sentimento de dor crônica e não consegue se desapegar dele! Ao sentir-se feliz, busca uma razão para sentir-se infeliz. Reparou que nunca está bem? Vive deprimida! Está certo que perder os pais na infância é uma tragédia! Concordo. Mas você acha que é só isso que as pessoas perdem na vida? As pessoas perdem a saúde com doenças terríveis; membros do corpo em acidentes, cirurgias; perdem o emprego, a casa, as empresas, as fazendas, os amigos, os filhos, o marido... Melissa, a vida de todos nós, ora é repleta de perdas, ora de ganhos. Quantos deficientes se superaram e são exemplos vivos de força, coragem e fé? Precisamos aceitar os fatos e seguir adiante. Temos de sonhar e lutar pelos nossos sonhos para que possamos ganhar na vida a realização plena deles. Reconheço que seu sofrimento foi acumulado pela perda de Ruth e Caleb. Mas não é só o seu, o meu também, amava-os com todo o meu coração. Já pensou se eu ficasse dormindo o dia todo como você? O que seria dos negócios? Quem colocaria comida na mesa? Pense, reaja, lute para sair dessa depressão. Saiba que estou aqui para ampará-la. Você não está sozinha. Substitua os pensamentos destrutivos por esperança! É normal sentir dor pela perda de entes queridos, mas podemos escolher não eternizar essa dor dentro de nós, escolher seguir em frente...

– Sem Caleb e Ruth não conseguirei ser feliz! Você não entende?

– Você está iludida. Se de fato quiser e desejar, poderá retomar sua vida e ser feliz sem os dois. Poderá se libertar e libertá-los para continuarem a caminhada, seguindo cada qual sua missão espiritual. Fortaleça em você a esperança e abandone o desespero, entregue-o a Deus e a Jesus e Eles a libertarão. Em vez de desesperar-se, pergunte-se: "Como essas perdas podem me ensinar a crescer?"

– Você não entende. Não sabe o significado da palavra saudade. Saul, o que sinto é saudade! Saudade, vontade de viver de novo um simples abraço, ver o sorriso, ouvir a voz, sentir o calor do afago de Caleb, de Ruth... E não posso, pois eles se foram! Sim, sinto saudade! Muitas vezes penso que enlouqueci, pois o ponteiro do meu relógio parou e o tempo cessou. Vivo no passado. Saul, não sou uma mimada louca, viciada em sofrer, apenas sinto saudade! Convivo com a constante presença e ausência que o tempo não desfaz. Queria voltar no tempo e reviver cada segundo intensamente, sem pensar que um dia essa nossa convivência pudesse terminar. É verdade, a saudade me atormenta, definho diante da morte deles, meus dias sem eles são vazios, meu sol perdeu parte do brilho e as estrelas perderam a luz. Os sonhos já não existem. Sinto uma dor aprisionada no peito. Choro, mas me lembro da alegria deles e isso me traz um pouco de paz. Sem que eu deseje, meu coração canta uma canção triste, sentindo calado a sua dor por causa do meu amor. Sinto falta do olhar, da alegria, dos gestos, dos carinhos, da companhia de Caleb e de Ruth e do Lobo. A presença deles era a minha luz. Eles eram a minha vida, a força que estava sempre em mim. A calma de Caleb e a sabedoria de Ruth acalentavam a minha alma. Contemplando agora esse retrato, meus olhos tentam inventar uma nova história e explorar novos caminhos. Pela primeira vez na vida penso em escrever um livro com o nome de *Amor eterno*, que cantará uma canção alegre, apesar de Ruth e Ca-

Tudo tem um motivo ❧ 175 ❧

leb nunca mais aparecerem. A saudade me deixa fraca, mas a tristeza, muito mais humana, pois, apesar da saudade, só desejo que eles, onde estiverem, sejam felizes. Sou feita de amor e de saudade. Eles partiram, por essa razão choro quando vejo a chuva que cai. Desejo que Caleb e Ruth perdoem os meus erros e lembrem-se de que meu amor nunca vai acabar. É isso, Saul, sinto saudades! Saudades...

Depois desse desabafo, o jovem ficou cabisbaixo e quase sem argumentos, sussurrando, disse:

– Controle essa saudade negativa, veja se não está confundindo saudade com apego. Não se deixe destruir, consumir nem aniquilar, alimentando rancor pela vida, ódio de Deus, adquirindo culpas, medos e hábitos destrutivos. Fique calma, aceite os fatos e a vida. Viva, fuja do desespero, da depressão, da melancolia e, silenciosamente, perceba a canção da vida pulsando em seu coração. Não seja prisioneira dos seus próprios sentimentos e não sofra de mãos atadas pela dor do que se foi, do que passou. Aprenda a controlar a mente e a vontade. Viaje pela vida inspirada pelo encanto e beleza da criação divina, mergulhe nas asas do tempo que aliviam qualquer sofrimento por amor. Eternize as lições que Ruth e Caleb lhe deram e coloque-as em prática. Abrace a vida por inteiro, não fique sem rumo, sem destino. Observe as estrelas, o luar e o Sol, e encontre esperança nessa sua desesperança. Encontre alegria na sua saudade, lembre-se deles sorrindo, amando-a. Entregue-os a Deus, liberte-os. Amanhã é outro dia, tempo de recomeçar. Troque o desejo de morte pelo desejo de vida e o medo pela coragem. Enfrente seus monstros interiores e alie-se a eles.

Melissa ouviu as palavras de Saul, mas nada respondeu. Saul, pensativo e preocupado com o estado da garota, levantou-se e percorreu a casa indo em direção ao jardim. Contemplando a bela paisagem, concluiu que era muito difícil aceitar que Caleb e Ruth não estavam mais por ali. Retornou e observou um retrato de Ruth com ele e Melissa. Com os olhos marejados, subiu as escadas e foi para o seu quarto ler seus livros preferidos em busca de mais algumas respostas. O desabafo espontâneo de Melissa o abalou. Suas palavras foram surpreendentes; ele a admirava mesmo em crise. Ele era um companheiro amoroso e fiel, estava sempre ao seu lado, em seus piores momentos, confortando e orientando. O amor estava diante dos seus olhos, mas ela não via. Pensou por alguns instantes e resolveu sair, precisa comprar algo para Melissa.

Enquanto isso, Melissa caminhou até o riacho como uma sonâmbula. Olhou o vazio, passou as mãos pelo cabelo, colocou as mãos no coração e chorou copiosamente. Em seguida, também se retirou para o quarto. No silêncio da noite, ela estava com Ruth e Caleb e eles estavam com ela.

No meio da madrugada, Saul bateu na porta do seu quarto aflito.

– Melissa! Melissa! – chamou Saul vária vezes.

Melissa acordou assustada e, atordoada, foi até a porta e a abriu.

– Saul? O que aconteceu para me acordar a uma hora dessas? – perguntou com voz de sono.

– Nada de grave. Vim lhe trazer um presente.

– Presente? – ela perguntou.

– É... ele respondeu sem graça. – Não quis esperar até amanhã. Vamos, pegue esta caixa e abra.

Melissa abriu a caixa e seus olhos brilharam quando ela viu a tornozeleira de ouro com uma estrela e um coração de rubi.

– Nossa, Saul, é linda! Por que me deu esta joia? O que significam esses pingentes: a estrela e o coração?

– A estrela é para você se lembrar do amor eterno de Ruth e de Caleb. O coração de rubi para você se lembrar do meu carinho – disse Saul encabulado. – A partir de hoje comprará um pingente para cada momento feliz e marcante da sua vida. Assim, toda vez que ficar triste e desanimada olhará para a tornozeleira, para cada pingente, e vai se lembrar de como a vida foi e é maravilhosa com você.

– Muito obrigada! Adorei. Posso voltar a dormir? – ela pergun-tou sonolenta.

– Pode. Boa noite.

– Boa noite, Saul – disse Melissa, dando-lhe um beijo na face.

Saul sentiu seu rosto esquentar e se retirou rapidamente para o quarto.

15

Deslizes fatais

*Ante os desajustados da Terra, respeita-lhes o caminho
e silencia quando não lhes consigas compreender as
lutas entremeadas do pranto que desconheces.*[16]
Meimei

Por algum tempo, atendendo aos pedidos de Saul, Melissa frequentou o grupo de estudos espíritas que ele frequentava, mas como não firmou seus propósitos, e não conseguiu aceitar a morte de Ruth, após um ano, enfraquecida, desmotivada, desanimou, cansou e abandonou novamente o caminho espiritual. De nada adiantou os conselhos de Saul.

O desespero e a revolta falaram mais alto e fizeram com que ela se aproximasse de péssimos amigos e, aos poucos, enveredasse pelos tristes e lamentáveis caminhos dos vícios. Achou que havia encontrado uma forma de fugir da realidade e de seus compromissos. Insistia em não crescer, em continuar com uma mente infantil, apesar de a vida a convidar a crescer e a amadurecer. Melissa,

---

16   XAVIER, Francisco Cândido. Pelo espírito Meimei. *Palavras do coração.* Editora e Distribuidora Chico Xavier (N.E.).

mesmo tendo mediunidade, que lhe proporcionava rico aprendizado por meio das visões e das revelações, não levou sua missão espiritual a sério, não conseguiu lidar com equilíbrio com a perda de seus entes queridos e não aceitou que a morte e a separação eram transitórias. Dessa maneira tornou-se vítima de fortes obsessões para contentamento dos inimigos espirituais. Deprimida, revoltada, na penumbra do seu quarto, não percebia a presença de espíritos trevosos que se ocupavam o tempo todo em sugerir-lhe a fuga da realidade por meio de vícios, tumultuando seu íntimo com pensamentos de revolta.

Ao lado de sua cama, Martelo e Espinafre cercavam-na durante o sono, envolvendo-a com emanações pesadas, enquanto diziam:

– Não é justo o que aconteceu. Deus não está nem aí para você, Deus a odeia! A espiritualidade nada faz para ajudá-la.

– Ir às reuniões espíritas é perder tempo – disse Espinafre. – Primeiro levam-lhe toda a família na guerra, depois Caleb e Ruth. Essa sua vida é muito miserável Não vale a pena! É melhor se drogar e beber para esquecer tudo isso!

Atendendo a todas as sugestões mentais dos espíritos trevosos, a princípio, ela se envolveu com bebidas alcoólicas, depois com maconha e, finalmente, com a cocaína.

A jovem ignorou os ensinamentos de todos os que tentaram ajudá-la. Era como se tivessem jogado pérolas aos porcos. Sem lidar com a dor das perdas e sem se libertar das obsessões, seu emocional sofreu muitos danos agravados pelos vícios. Ela esqueceu que a melhor maneira que poderia encontrar para reagir à perda dos entes queridos era escolher viver, e viver bem. Viver na luz e buscar concretizar os seus sonhos, cumprir sua missão, realizar seus desejos e ser feliz. Com certeza, era isso que Ruth e Caleb esperavam dela. Claro que nada disso arrancaria a dor e o vazio que estavam em seu peito, nada mataria a saudade, mas ela estaria fazendo o que precisava para superar os obstáculos da vida, os quais todos nós estamos sujeitos.

Saul, Noemi, Esther e Deborah tentaram de tudo para libertá-la do álcool e da cocaína, mas foi tudo em vão. Chegou um momento em que Melissa, não querendo ajuda e revoltada, saiu de casa sem rumo com uma turma de amigos que compartilhavam da mesma sina que ela. Melissa chegou ao fundo do poço e em pouco tempo o seu dinheiro acabou.

Saul não quis sustentar seus vícios e o dos amigos dela. Queria lhe dar um lar, colaborar com seu sustento desde que ela aceitasse fazer um tratamento para se curar. Durante alguns meses, ele enviou-lhe uma mesada para que ela pudesse se manter, mas quando soube que ela dormia nas praças, nas ruas e que o dinheiro que lhe enviava ia para as mãos dos traficantes, com muita dor no coração, parou de ajudá-la.

O jovem não tinha certeza se estava agindo certo, mas queria livrá-la dos vícios. Na verdade, ele queria que ela reagisse. Gostaria que ela nunca tivesse se envolvido com as drogas. Tudo o que ele mais desejava era que ela superasse suas fraquezas, deixasse de se destruir e ficasse bem espiritualmente.

Melissa, todavia, nem se importou com o corte da mesada de Saul. Para sobreviver e manter seus vícios procurou emprego de cantora em cabarés. Sujeitou-se a todos os tipos de favores para conseguir cantar na noite em troca de alguns tostões. Abriu concessões, desrespeitou o próprio corpo, violou seus princípios. Sem perceber, aos poucos, perdeu sua dignidade. Na mão dos donos de cabarés inescrupulosos, que a usavam para os prazeres da carne, remeteu-se à vida de prostituta. Durante muitos meses cheirou e bebeu, acordando com gosto de vômito na boca, dominada por homens com intenções horríveis, distanciada de si mesma. A dor tangível não mais lhe afligia o coração. Não havia ninguém decente ao seu lado.

Quando Saul descobriu suas novas atividades, desesperou-se. Procurou-a alucinadamente por todos os ambientes noturnos da região por longos meses, sem conseguir encontrá-la. Não se conformava de ela estar tão fora dos limites da razão e mergulhada na loucura dos vícios e da prostituição.

Pensando nisso, sua mente foi invadida por lembranças vagas dos ensinamentos de Ruth e Caleb. Em silêncio, orou fervorosamente para que a espiritualidade e Jesus auxiliassem Melissa a vencer suas fraquezas.

A jovem nem imaginava que no mundo espiritual os antigos inimigos de vidas passadas comemoravam sua desgraça.

— Essa maldita está no lugar que merece. Demorou, mas conseguimos influenciá-la a abandonar a espiritualidade e seguir o caminho das drogas – disse Martelo contente e realizado.

— É, compadre, fez jus ao seu apelido, bateu tanto na mesma tecla que a imbecil caiu nas suas artimanhas. Parabéns! – disse Espinafre.

— É, e por causa disso caí nas graças da minha amada novamente e hoje estou desfrutando dos seus prazeres. Há séculos minha amada a persegue – disse Martelo, contando vantagem de sua atuação maléfica na vida de Melissa.

— Essa tonta nem imagina as tramas que fizemos contra a vida dela – disse Espinafre gargalhando.

Martelo e Espinafre satisfeitos, assistiam à degradação de Melissa e se sentiam felizes e realizados.

— Vamos embora? – perguntou Espinafre.

— De jeito nenhum, quero ver essa desgraçada sofrendo, de camarote! Não me poupe desse prazer. Vamos assistir à sua desgraça ao vivo e em cores para eu ter o que contar à minha amada Lucrécia!

— Melissaaaaaaa! Venha cá, é urgente!

— Sim, senhor, o que deseja?

– Já foi até a mesa do bacana de gravata vermelha? – perguntou o dono do cabaré, sr. Pierre, asperamente.

– Ainda não, já estou indo – respondeu Melissa meio bêbada.

– Ande logo, você precisa induzi-lo a beber meus uísques. Preciso faturar, e você sabe que ganha uma comissão! Não demore, ou lhe dou uns tapas na cara para ficar esperta!

E lá foi Melissa cumprir sua tarefa. Ela já sabia que depois de oferecer as bebidas, os clientes costumavam pedir "outros favores".

– Boneca, venha cá me dar um pouco de prazer. Vamos subir.

Melissa satisfazia os clientes para garantir seu emprego e o fornecimento das drogas, mas, no seu coração, um crescente ódio dos homens dominava-a.

– Eu a amo, não me abandone, boneca. Faço tudo o que desejar, mas não me deixe por causa daquele idiota ricaço! Eu sou o homem da sua vida – disse Marcos em tom meloso.

– Deixe de bobagem, você não é nenhuma maravilha e está bem acabado – disse Melissa. – Caia na real. Você está muito feio. Largue do meu pé! – respondeu Melissa com frieza.

Melissa estava perdidamente apaixonada por Marcos havia alguns meses, mas, com o tempo, ele a destruiu oferecendo-a a outros por dinheiro e traindo-a com as colegas do cabaré. Melissa jurou nunca mais amar homem nenhum. Primeiro o abandono de Paolo, seu primeiro grande amor, e agora a traição de Marcos. Melissa concluiu que o amor era algo podre, uma idiotice, coisa de gente fraca. Amar para ela tornou-se sinônimo de ir ao encontro do abismo, da dor, do horror. Com a decepção sofrida com Marcos, passou a odiar o amor e queria apenas o dinheiro dos homens, muito dinheiro. Sabia que estava doente da alma, mas queria procurar a cura.

No fim do expediente, foi dormir um pouco. Tentativa vã. Não conseguiu. Em razão do ódio que crescia em seu coração, demorou para pegar no sono. Ainda sob o efeito do álcool e das drogas, meio sonolenta, teve uma visão. A princípio, viu-se atravessando um túnel escuro, depois sendo levada ao jardim de um castelo. Ao observar a beleza das flores, sentir o perfume das rosas, viu a irmã Kali segurando uma rosa vermelha nas mãos com o semblante entristecido. Kali disse:

– Melissa, ouça-me, por favor. Você está sendo obsidiada, exauriram suas energias, estão influenciando-a a se drogar. Saia dessa vida com urgência, retome sua espiritualidade, não abuse novamente da sua beleza, não explore os homens, não destrua casamentos. O preço a pagar será muito alto. Lembre-se de seus compromissos espirituais. Não seja derrotada pelas trevas do coração! Ore e peça ajuda para sair desta vida! Melissa, resgate nossa cultura. Olhe dentro da bola de cristal e veja o futuro terrível que está caminhando na sua direção com pegadas de gigantes. Mude suas atitudes, seus sentimentos, sua vida! Ressuscite os seus sonhos! Mude sua história! Sepulte a tristeza e liberte-se dos vícios! Faz muito tempo que você não vê a luz do amor! Ouça a voz do coração e volte a viver!

– Ouvir a voz do coração? E coração tem voz? – respondeu Melissa a si mesma com ironia e totalmente drogada.

Melissa achou que estava delirando e que as visões não passavam de tolas alucinações provocadas pela bebida e pelas drogas.

Depois da visão, voltou a dormir. No dia seguinte, no cabaré, ficou à disposição dos clientes. Um deles, Artur, inflamado de paixão, disse:

– Melissa, meu amor, eu a amo! Você é tudo para mim! Tenho uma ótima notícia para lhe dar. Decidi que vou abandonar minha mulher para me casar com você.

Melissa não acreditou no que ouviu e começou a rir descontroladamente.

– Casar? Ficou maluco? Acho que já bebeu demais. Vai abandonar sua esposa? Está louco? Nunca, jamais vou me casar com você nem com ninguém! De onde tirou essa ideia?

– E o dinheiro que me pediu para comprar uma casa? Vendi tudo o que tinha para dar para você! Pensei que iria se casar comigo, que moraríamos juntos e seríamos felizes. Você me disse que eu era o grande amor de sua vida! Como se recusa a casar comigo? Está louca? Deixei minha mulher e dois filhos sem nada para sustentar seu luxo! Você me enganou só para pegar o meu dinheiro? – perguntou Artur desesperado e inconformado.

– Meu querido, amo você do meu jeito! Você me deu o dinheiro porque quis, não o obriguei. Não sabia que era pobre. O que posso fazer? Casar? Nem morta. Não posso fazer nada por você. Absolutamente nada. Já comprei a casa. Não posso lhe devolver o dinheiro. Muito obrigada. Agora, se desejar pode aparecer de vez em quando que lhe faço favores de graça! – disse Melissa irônica e rindo, sem dó nem piedade.

– Você não pode estar falando sério! Acho que está bêbada e vai mudar de ideia. Quero me casar com você. Você é minha, entendeu? Minha e de mais ninguém! Eu mato quem se aproximar de você!

Artur, muito bêbado, desorientado, agrediu Melissa. Fez um escândalo e ameaçou matá-la. Não demorou e os capangas do sr. Pierre o convidaram a sair da boate. Na marra, depois de apanhar muito, ele saiu alucinado. Não acreditava que ela havia lhe dado um golpe. Ele voltou ao cabaré durante muitos meses, mas todas às vezes acontecia a mesma coisa, levava uma surra e era colocado para fora, até que desistiu. Tempos depois, Melissa soube que ele, separado da mulher e falido, matou-se. Ela lamentou o ocorrido, mas não se importou, achava-o um fraco. Seguiu sua vida normalmente como se nada tivesse acontecido. Melissa não tinha noção do mal que havia feito a si mesma, e que a Lei Divina faz com que colhamos exatamente aquilo que plantamos.

Naquele ambiente noturno carioca, o coração dela tornou-se duro. Para ela o amor não passava de pura diversão e prazer carnal entre corpos sem almas. Todos, sem exceção, puniam-se pelos desamores vividos e espalhados em seus caminhos. Homens e mulheres eram como feridas ambulantes, despedaçados, desesperançados e descrentes.

Para aqueles homens, as mulheres não passavam de objetos sem valor, diferenciadas pelas curiosidades, que rapidamente se tornavam sem cor, sem brilho e sem vestígios. Os homens para as mulheres? Eram objetos sexuais e fonte de renda.

Os processos de conquistas? Eram caçadas incessantes, estimulantes, num querer sem motivo, num vazio infinito, numa luta sem fim, perpetuadas na angústia de angustiados, com um chicote que não poupava as mulheres. Ali, naquele lugar, todos apagaram as luzes do seu mundo e se tornaram incapazes de sair do inferno que criaram. Eram incapazes de recomeçar, de se entregar, de sonhar, partilhar, doar ou amar. Homens perfumados e egocêntricos, inseguros, desesperados, fúteis... outros, desesperados para encontrar um corpo que lhes desse prazer. As relações não eram importantes.

Melissa tinha espíritos inferiores que se regozijavam com sua queda, mas também tinha espíritos evoluídos que desejam sua ascensão. Numa colônia espiritual próxima à crosta terrestre, estava Margareth, a mãe de Melissa em outra vida, que acompanhava com amor sua trajetória de vida, não deixando de fazer orações e solicitando a Deus, nosso Pai, clemência para com suas faltas e auxílio fraterno dos espíritos beneméritos. Num ato de profundo amor, Margareth pediu ao plano espiritual para localizar Ruth e Caleb para que juntos visitassem Saul e o auxiliassem na busca por Melissa, a fim de resgatá-la daquela triste vida. O plano espiritual permitiu. Assim, os três auxiliaram Saul a encontrá-la mediante intuição.

16

O resgate

Se quiser realmente ver o teu maior inimigo, para
por alguns instantes à frente de um espelho.

Emmanuel

Depois de muito tempo procurando por Melissa, que parecia ter sumido do planeta, certa madrugada chuvosa, Saul, desanimado e cansado, atendeu à sua intuição e entrou num cabaré. Parecia que alguém lhe dizia para onde ir. Entre a penumbra, a música alta e muita bebida, tal foi sua surpresa quando finalmente encontrou sua amada Melissa, segurando uma taça de vinho e gargalhando numa das mesas, nos braços de um cafajeste, um gigolô, e possível traficante.

Saul ficou sem ar, atordoado com a cena. Sentiu sua alma em frangalhos. Aquela situação mostrou o quanto era frágil e vulnerável a dor moral. Desejou gritar por ajuda, mas num ímpeto criou coragem e aproximou-se de Melissa. Ergueu as sobrancelhas e a chamou num canto. Avaliou-a da cabeça aos pés, e chocado com a sua aparência, agarrou-a pelo braço e disse:

– Parabéns! O que está fazendo com sua vida é de dar orgulho para qualquer um! Caleb e Ruth devem estar orgulhosos de você! Que fantástico! Sob a desculpa esfarrapada de ter perdido as pessoas que lutaram por você e a amaram a vida toda, destruiu totalmente sua vida! Há anos a procuro! E como se não bastassem a bebida, as drogas, agora está aqui! Prostituiu-se descaradamente para alimentar seus vícios! Entregou-se às aflições, sabotou sua vida! O que espera colher? Quer morrer de *overdose*, partir para um suicídio, pegar alguma doença sexual grave ou ser assassinada? Melissa, o que está fazendo com você mesma? Se machucando. Se punindo. Se autoflagelando. Por que está se destruindo dessa maneira? Quero que saiba que sempre a amei e sempre a respeitei. Você é uma mulher maravilhosa e não merece esse lamentável destino. Melissa, você está bêbada ou drogada? – perguntou Saul quase explodindo de raiva.

– Bêbada não. Estou drogada! – falou Melissa gargalhando escandalosamente e expressando nos olhos puro desprezo e indiferença.

– Vamos embora deste lugar!

– Hummmm. Que machão autoritário! Sai para lá, esqueça-me. Deixe-me em paz! Vá embora daqui, ninguém o convidou para a noitada! Quem pensa que é para falar comigo desse jeito? Suma daqui, seu miserável! Vá emboraaaa!

– Miserável? Certo, senhora do drama! Só que agora chega! Acabou a brincadeira! Vai voltar para casa comigo, agora!

– Não vou mesmo! Adeus! – gritou Melissa, empurrando-o com toda força.

Saul cambaleou, tropeçou e caiu. A fúria de Melissa aumentou e ela não conseguiu se controlar. Partiu para cima dele e arranhou seu pescoço.

Saul deu um salto para trás e só então percebeu que Melissa chorava. Havia se transformado numa arma, disparando seu ódio contra o único homem que a respeitara e a amara em toda a sua vida.

Assustado, ele ficou estático. Sabia que ela o agredira, guerreando com ele porque estava cansada de ser tão fraca. Na verdade, estava agredindo a si mesma, contra a vontade de aceitar a vida como é, de aceitar suas fragilidades e o profundo desejo de ser amada. Ele sabia que a incompreensão a estava destruindo.

Com um suor brotando em sua testa, controlando a raiva pela situação, com vontade de sacudi-la e fazê-la sair daquele lugar horroroso, Saul respirou fundo, organizou suas ideias e disse:

— Melissa, por desejar o seu bem, saiba que tomarei providências legais urgentes para tirá-la deste local! Você não percebe que corre risco de ser violentada ou assassinada?

Melissa, surda para os conselhos de Saul, imediatamente chamou seus capangas para tirá-lo do cabaré. Depois de muitos pontapés e socos, e quase uma facada no peito, Saul foi colocado para fora.

Estirado na rua, todo machucado, sentindo-se um derrotado, impotente, ele pensou no que Caleb e Ruth seriam capazes de fazer para tirar a menina daquela situação miserável. Assim, dirigiu-se à delegacia e denunciou Melissa por atentado ao pudor. Os policiais foram para o cabaré e prenderam-na, juntamente com mais algumas pessoas.

— Maldito! Desgraçado, idiota, porco, cafajeste. Você não vale nada, Saul! Foi você que me denunciou! Seu traste infeliz — gritou Melissa na delegacia ao ver Saul na recepção.

O amigo, muito aborrecido, saiu. Foi dar uma volta para dar a chance de Melissa se acalmar. Ele não se importou com as ofensas nem com os ferimentos. Tinha paciência e amor suficientes para aguentar os refluxos da vida da sua amada. Por ela enfrentaria qualquer desafio. Ele não era um herói, apenas um homem apaixonado.

Na delegacia, Melissa ficou completamente abandonada, pois nenhum de seus amigos da noite aventuravam-se a socorrê-la. Não queriam ser identificados e correr o risco de ser presos.

– Socorro! Alguém me ajuda! – gritou Melissa desesperada e perplexa.

Ninguém apareceu. Naquele lugar tenebroso, ela teve inúmeros pesadelos. Durante a madrugada, como era de costume, em razão das suas péssimas vibrações, Melissa foi cercada por espíritos trevosos.

– Maldita, horrorosa! Benfeito por estar nesse estado! – gritou Espinafre.

– Você merece isso e muito mais pelo que fez aos meus entes amados! Vou persegui-la até o fim dos seus dias! – disse Lucrécia.

– Desgraçada! – merece muito mais, muito mais! – vociferou Martelo gargalhando!

Na confusão, outro espírito, o de um homem muito perturbado e maltrapilho, amaldiçoou Melissa e seus descendentes.

– Ordinária, tirou-me tudo; minha família, minha casa! Cometi suicídio porque você não quis casar comigo! Maldita, nem se importou!

Melissa não imaginava o tamanho dos débitos adquiridos. Ignorava completamente a Lei de Ação e Reação. Fazia o que lhe dava na cabeça e não respeitava os ensinamentos de Ruth e Caleb. Não se lembrava dos alertas espirituais, dos mandamentos divinos, das consequências que poderiam advir de seus atos. Mal sabia que em breve beberia o próprio veneno.

Descuidada e negligente, não percebeu que desde a morte de Ruth havia sido influenciada espiritualmente para cair nas armadilhas das trevas. Seus dons naturais de clarividência, cura e projeção, representavam um perigo para aqueles que lutavam para manter o caos espiritual no planeta.

Falanges de trevosos usaram a Lucrécia e seus capangas. Planejaram o encontro das duas para a queda de Melissa. Ela desistiu de seguir pela estrada do cumprimento da sua missão, do amor e da caridade. Caminhou pela ilusão dos vícios, da futilidade, da autocomiseração, da revolta, da intolerância e da imprudência sem limites. Esqueceu-se de todas as orientações de Ruth e Caleb e fez questão de não se lembrar dos perigos em abrir as portas da negatividade, da luxúria e se conectar com os trevosos das mais baixas dimensões. Deixou de cumprir seu papel.

Aquela noite foi tenebrosa e agitada. Melissa não conseguiu dormir por causa das perturbações.

No dia seguinte, Saul apareceu e a levou para uma clínica de recuperação. Na clínica, sob o efeito de um rígido tratamento e abstinência das drogas, apesar dos tremores, Melissa melhorou consideravelmente. Em cerca de sessenta dias começou um trabalho num orfanato com crianças de várias faixas etárias. Um novo mundo se abriu para ela.

Saul não desanimou. Todos os dias demonstrava a grandeza do amor que sentia por Melissa, mas ela fingia não perceber. Contudo, ele seguia amando, intercedendo, desejando que o coração dela se voltasse para o bem, para o amor e para a espiritualidade, e novamente fosse capaz de descobrir a beleza das flores.

Certamente o espírito de Saul era evoluído, pois era capaz de amar incondicionalmente. Nutria pela moça um amor maduro e desvinculado das suas necessidades e ansiedades. Melissa não tinha noção de quem ele havia sido em sua vida passada e as razões de ser como era no presente. Mas os véus do tempo escondiam um maravilhoso segredo.

17

Uma nova oportunidade

A caridade é um exercício espiritual. Quem pratica
o bem, coloca em movimento as forças da alma.

Chico Xavier

No início do trabalho voluntário, Melissa não apresentava muita animação, mas com o passar do tempo, aos poucos, as crianças do orfanato foram conquistando seu coração e os melhores momentos da sua vida passaram a ser aqueles em que estava no orfanato.

— Melissa, um dia você me ajuda a sair deste lugar fedorento? Não gosto daqui, é muito feio e sujo. Além disso, não tem escola e eu queria muito poder estudar! Queria aprender a ler e escrever! Queria ser professora! — falou Ana Carolina, uma garota com sete anos de idade, de olhos verdes arregalados, paraplégica e quase cega.

— Um dia, com certeza, você vai sair daqui! — disse Melissa carinhosa.

— Será? Não precisa mentir para mim. Acho difícil que alguma família queira adotar uma menina paraplégica e quase cega! Eu sei que dou muito trabalho e já estou grande. As famílias gostam

Tania Queiroz/Marcus Vinícius

de adotar bebês perfeitos! Acho que é por esse motivo que estou neste orfanato há tantos anos! Até hoje ninguém quis me levar para casa. Você me leva para a sua casa, Melissa?

Melissa ficou completamente atordoada com o pedido. Constrangida, não ocultou sua surpresa. No fundo, sabia que a menina tinha razão.

Naquele instante, Melissa percebeu o quanto tinha sido ingrata com Deus, o quanto fora abençoada, o quanto recebera da vida. Num relance, nas palavras daquela criança, envergonhou-se de si mesma e percebeu que sua dor era ínfima perto da dor de Ana Carolina. A vida fez com que Melissa fosse adotada por pessoas maravilhosas. E Ana Carolina, há tantos anos naquele orfanato, que oportunidade a vida lhe concedera? Com certeza, até aquele momento, absolutamente nenhuma.

"Você me leva para a sua casa, Melissa?", essas palavras ecoavam na mente de Melissa. Durante dias a fio não saíram de seus pensamentos.

Melissa pensou muito e concluiu que precisava largar de vez a dependência química e o alcoolismo, o mais rápido possível. Afinal, tinha encontrado um sentido verdadeiro para a sua vida. No seu coração brotava o desejo de ajudar as crianças do orfanato, não apenas Ana Carolina, mas Gustavo também, um garoto meigo, de nove anos de idade, surdo-mudo. Para se comunicar com ele e com as outras crianças surdas, ela aprendeu a linguagem de sinais. Durante o seu trabalho voluntário no orfanato, Melissa conheceu muitas crianças com problemas graves. Não podia levar para casa todas elas, mas, com certeza, desejava levar ao menos duas: Ana Carolina e Gustavo.

Assim, em menos de um ano, Melissa estava completamente recuperada. Saul, como sempre, a apoiava. No fim de seis meses, ela saiu da clínica e foi para a sua casa, onde terminou o tratamento. Não voltou a morar com Noemi e as meninas, que, com Saul, mudaram-se para uma nova casa, desocupando a antiga casa de

Caleb e Ruth. Acomodada na sua casa, Melissa, mais equilibrada, demonstrou interesse em entrar com o pedido de guarda das duas crianças. Apesar das inúmeras tentativas legais, os juízes não concederam a guarda para ela, por conta de seu terrível histórico com drogas, bebida e prostituição.

Mas Melissa não desanimou. Cheia de esperança, continuou seu trabalho no orfanato e passou a sonhar em construir uma carreira. Desejava ser respeitada para poder adotar e levar as crianças para o seu lar. E assim o fez. Assumiu seu talento musical. Por muitos anos, procurou oportunidades para cantar nas rádios. Fez vários testes, até que participou de um festival, um concurso de talentos, organizado por Pallone, que para profunda tristeza de Saul, mais tarde se tornou seu marido e empresário. No festival, Melissa foi destaque e acabou assinando seu primeiro contrato com uma gravadora, onde gravou seu primeiro disco, que vendeu milhares de cópias. Sua popularidade aumentou paulatinamente e se consolidou anos mais tarde por meio de alguns programas de televisão. Melissa mudou totalmente sua vida, mas não se esqueceu de sua motivação inicial: a adoção legal de Ana Carolina e Gustavo. Apesar de dezenas de tentativas, para a sua tristeza e das crianças, Melissa não conseguiu adotá-las legalmente, mas passou a sustentá-las e a investir na formação delas, pagando escolas especiais. Assim, cuidava apenas da sua carreira e das crianças a distância, visitando-as sempre que podia. Mantinha um relacionamento equilibrado com o agora marido, e cultivava a amizade fiel de Saul. Contudo, apesar de todo o sucesso, Melissa não ficou motivada para desenvolver e praticar os seus dons mediúnicos. Além do mal-estar provocado pelo excesso de trabalho, Melissa vivia mal-humorada, irritada, com a sensação de ter um peso na nuca e na cabeça. Era nervosa, deprimida, tinha insônia e pesadelos constantes, via vultos, sentia-se cansada, desanimada, com falta de ânimo e uma tristeza profunda. O marido, entretido com o mundo cultural, pouco fazia por ela. Mas Saul não deixava de orientá-la. Nessa época, ele já era um espírita praticante e líder de uma casa de atendimento, mas como sempre ela não o ouvia, tampouco acatava suas sugestões.

Certa tarde de inverno, Saul foi visitá-la e ficou assustado ao ver seu estado.

– Melissa, você não está se sentindo bem? – perguntou ao vê-la pálida.

– Não, Saul. Não estou bem, acordei com febre, dores tremendas e percebi em minhas pernas e braços manchas enormes, que apareceram de repente e se espalharam por todo o meu corpo – respondeu preocupada.

– Nossa! Vamos imediatamente procurar um médico! E seu marido, onde está? – perguntou Saul apreensivo.

– Para variar, viajando – respondeu Melissa tristonha.

Melissa foi se arrumar e logo os dois partiram rumo a um hospital. O médico pediu alguns exames para detectar a causa da febre, das dores e das manchas. Nenhum dos exames revelou doença. Ela voltou para casa, mas os sintomas não desapareceram. No dia seguinte, com uma febre muito alta, foi levada ao hospital novamente.

– O senhor é parente dela? – perguntou o médico para Saul.

– Quase. É como se fosse. Pode me dizer o que ela tem? O senhor já sabe?

– O senhor é namorado dela? – perguntou novamente o médico.

– Não, sou como um irmão mais velho. Fomos criados juntos – respondeu sem graça.

– Ah! Entendo. Depois de esgotar várias possibilidades, estou desconfiado de que Melissa está com hanseníase, uma doença também conhecida como lepra. O senhor já ouviu falar? – perguntou o médico friamente.

Saul ficou desesperado. Não sabia como ia contar aquilo para Melissa, que aguardava ansiosa pelo diagnóstico.

Tudo tem um motivo   195

– Não tenho certeza, mas vou fazer mais alguns exames. Converse com ela e traga-a para novos exames amanhã à tarde. Por hora, ela está medicada. Podem voltar para casa.

Saul, entristecido com a notícia, levou-a para casa e no caminho disse:

– O médico desconfia que você esteja com hanseníase. Já ouviu falar?

– Não pode ser! Deus me livre! Essa doença é terrível! Você está brincando, não é mesmo?

– Não, Melissa. Amanhã o médico fará novos exames.

– Meu Deus do céu! Isso não pode estar acontecendo comigo! Não mereço mais essa desgraça em minha vida!

– Melissa, não fale assim! Deus é generoso e cada um de nós recebe as provas necessárias para a evolução. Confie em Deus. Tenha calma. Pode não ser nada, apenas um susto. Vamos aguardar os resultados dos exames.

– Lá vem você com esse papo de sempre. O tempo passa e você não muda.

– Melissa, sou um espírita convicto, graças a Deus. Acredito que você está passando por isso para, de uma vez por todas, entender que se não buscar a espiritualidade, ela vai encontrá-la!

– Não entendi sua piadinha sem graça! – respondeu Melissa.

– Não é uma piada. Você precisa aprender a lidar com você mesma, só isso. Precisa assumir conscientemente sua missão espiritual. A Ruth cansou de ensiná-la...

~~~

Ao chegarem à casa de Melissa, Saul a acompanhou até a porta, parou e pousou as mãos no ombro dela. Ela o encarou. Ficaram em silêncio por alguns minutos. Depois, ele disse:

– Para Deus nada é impossível. Ore e peça para ele curá-la em nome do Seu filho Jesus. Creia. Ele tem esse poder. Deus e Jesus podem curar sua vida.

Melissa balançou afirmativamente a cabeça e nada respondeu.

Saul, mais uma vez, não perdeu a oportunidade para alertar a amada sobre a necessidade de desenvolver a mediunidade e praticar a caridade.

Ela agradeceu suas palavras, deu-lhe um forte abraço e muito pensativa entrou em casa.

Naquela mesma noite, antes de dormir, pela primeira vez depois de anos, ela orou fervorosamente a Deus e a Jesus pedindo perdão pelos seus erros e implorando pela sua misericórdia. Desta vez, motivada por uma doença grave, Melissa resolveu frequentar reuniões espíritas em busca de conhecimentos. Apesar de gostar do lugar e dos amigos espirituais, sentiu que precisava buscar suas raízes para o despertar dos seus dons naturais. Finalmente, fez vários cursos e estudou também sobre a cultura cigana. Resgatou algumas ferramentas e passou a ler mão e cartas, porém, com o tempo, descobriu que o seu dom natural se manifestava espontaneamente, sem a necessidade daquelas ferramentas. Por algum tempo, grata por sua doença ter desaparecido, ela aplicou passes magnéticos e realizou desobsessão, orientando a caminhada das mulheres e dos jovens. Infelizmente, sua atividade não durou muito tempo.

⁓ꜱꜱꜱ⁓

– Pallone, o que está me dizendo? Quer a separação porque se apaixonou por outra? – Você só pode estar brincando! – gritou Melissa indignada.

– Não, minha querida. É verdade, estou perdidamente apaixonado e estou indo embora – respondeu Pallone tranquilamente.

Melissa, depois da separação, desestruturou-se novamente. Deprimida, abandonou o trabalho espiritual que estava desenvolvendo e negligenciou sua carreira, que praticamente desapareceu.

Certa manhã, ela foi surpreendida com uma intimação do banco, solicitando sua presença para negociar uma hipoteca.

Melissa se assustou, não imaginava que sua casa estava hipotecada. Imediatamente, ligou para Saul.

– Saul, preciso da sua ajuda. Estou perdendo a casa. Por favor, verifique como estão os negócios, as lojas. Pallone administrava tudo e eu não sei nem por onde começar.

– Deixe comigo. Fique tranquila. Ainda esta semana lhe dou um retorno.

Melissa, mesmo depois da separação você deixou seu ex-marido com uma procuração que lhe dava plenos direitos de negociar os seus bens? – perguntou Saul indignado.

– Sim, Saul, confiei nele.

– Então saiba que nestes últimos anos ele perdeu algumas lojas, casas e sítios. Fiz o levantamento que você solicitou e descobri que você não cuidou da herança que lhe foi deixada por Caleb e Ruth. Deixou seu ex-marido acabar com quase tudo o que possuía.

– Nossa, Saul. Vou perder a casa?

– Temo que sim, pois a loja e o terreno que restaram não cobrem o valor da hipoteca. A casa em que você mora vale milhões.

Ao tomar consciência do perigo de perder a casa e de sua real situação financeira, ela tomou a decisão de começar a ler cartas para levantar um dinheiro e pagar as dívidas adquiridas pelo ex-marido. Assim, cobrando um valor razoável por consulta, ela passou a ler a sorte. Por algum tempo tudo parecia correr bem, até que ela se perdeu na ambição e na vaidade. A precisão das suas revelações e orientações era inquestionável. Os consulentes ficavam impressionados e sua fama logo se espalhou no Rio de Janeiro e em São Paulo. Ela viajava no tempo e revelava o passado, o presente e o futuro. Seu dom natural era simplesmente maravilhoso. Sua clientela era a mais rica dos dois estados. Homens e mulheres, que buscavam na espiritualidade uma forma de terem seus problemas resolvidos sem esforço, que encaravam os espíritos como seus empregados e a espiritualidade como mercadoria, faziam dela uma referência. Ela atendia os clientes em sua casa, num ambiente cuidadosamente decorado.

Saul fez inúmeras tentativas de persuadi-la a não seguir por aquele caminho, mas não obteve sucesso.

– Melissa, pense bem, nesse caminho temo que se perca de si mesma! – disse Saul. – A mediunidade é uma prática psíquica que exige o desejo sincero de evolução, de servir a humanidade em nome do Criador e de Seu amado filho Jesus. Só deve praticá-la os indivíduos que a entendem como um caminho de renovação e transformação, um caminho seguro e confiável para transformar as trevas que habita a alma humana em pura luz, para a divinização do seu mundo interno e do mundo que a cerca. Você vai começar a atender cobrando e terá de dar conta do que for encomendado. Correrá o risco de adotar uma conduta imoral, sem ética, distante dos ditames do Criador; um caminho muito perigoso.

– Ah! Saul, deixe de bobagem. Vou atender espiritualmente, mas vou ajudar muita gente. Deixe de ser tão ortodoxo! Eu sei o que estou fazendo – respondeu Melissa.

Saul sabia que somente alicerçados em valores espirituais elevados, na ética, no amor, no bem comum, os médiuns estariam protegidos das artimanhas dos espíritos perversos, hipócritas e falsos, que faziam de tudo para prejudicar quem merecesse a própria queda. Dessa forma, ele se preocupava com o futuro de Melissa e com a justiça divina em ação.

Melissa não tinha consciência do abismo em que estava mergulhando.

Nas dimensões das trevas, Lucrécia estava muito agitada...

– Estúpido! Idiota! Imbecil! Vai até lá e conserta as coisas. Não deixe essa infeliz se dar bem na vida ou acabo com a sua raça. Veja o que aconteceu! Por seu descuido, ela está atendendo consulentes para pagar dívidas! Impeça-a! – gritou Lucrécia enfezada.

Martelo, o fiel servo, abaixou a cabeça e sussurrou:

– Perdoe-me, minha rainha. Isso não vai mais acontecer, prometo dar cabo da vida dessa infeliz, minha deusa!

– Não, seu idiota, já falei mil vezes que não quero que ela morra. Desejo que sofra! A morte para ela seria um prêmio, quero que sofra! Bastante, entendeu?

– Sim, senhora! Pode deixar que já tenho planos para fazê-la sofrer muito... muito mesmo! Em breve a senhora vai voltar a gargalhar muito! Prometo!

– Assim espero. Há anos a persigo. Só vou sossegar quando sua dor se tornar insuportável; quando ela se destruir por inteiro! Não permita que ela seja feliz! Senão...

– Seu desejo é uma ordem, minha rainha! Vou preparar uma armadilha e aumentar o véu das suas lembranças. Ela não reconhecerá Saul...

– Assim espero! – gritou Lucrécia irada.

– A senhora terá orgulho do nosso trabalho. Desta vez vamos pegar essa moça de jeito. Já estou organizando uma gangue que vai providenciar clientes especiais para ela... Vai ter de vender a alma... Ela vai se arrepender de ter nascido! Deixe comigo! Será sucesso garantido! – afirmou Martelo com muita convicção.

18

Mergulhando na escuridão

Fora da caridade não há salvação.[17]
Allan Kardec

Na jornada da vida humana, muitas pessoas querem ter o controle absoluto sobre os fatos, as situações, os entes queridos, seu destino e o destino dos outros. Não aceitam "nãos" como resposta, não querem perder nada, por essa razão buscam pessoas de má índole que realizam qualquer tipo de trabalho espiritual para garantir a realização dos seus caprichos.

Algumas pessoas procuram esse tipo de trabalho para ter de volta um emprego, para alcançar uma promoção; outras, para realizar algum tipo de vingança, acerto de contas e muitas ainda para forçar um casamento, um relacionamento amoroso com um homem casado e com filhos. Em suma, almejam acabar com um concorrente, com uma rival, um sócio, um vizinho e assim por diante. São pessoas que encomendam e pagam caro por trabalhos, usam espíritos das baixas dimensões para manipular, explorar e ter ganhos fenomenais dominando os mais fracos.

---

17 KARDEC, Allan. *O Evangelho Segundo o Espiritismo*. Capítulo XV (N.E.).

Assim, compram o ingresso para visitar um inferno sem trégua e se tornam seus próprios carrascos, semeando uma futura existência frustrada e infeliz.

Melissa, com uma conduta inapropriada, surda aos conselhos de Saul, alicerçada em interesses materiais, orgulho e vaidade, em breve vai se tornar prisioneira das entidades obsessivas. Com o livre-arbítrio se tornou uma empresária da fé e fez da mediunidade uma mercadoria, acreditando que escaparia das Leis Divinas.

— Quanto? A senhora só pode estar brincando! É uma piada de mau gosto? Imagine se vou pagar essa fortuna! A senhora enlouqueceu? – disse o consulente Lorenzo muito nervoso.

— O senhor é quem sabe. Quer que eu afaste o seu sócio dos negócios deixando-o doente sem me pagar nada? De graça?

— Pois então não precisa fazer o serviço. A senhora não passa de uma exploradora! – disse o homem.

— Ah! Eu sou exploradora? O senhor é que não tem ética. Quer acabar com a vida do seu sócio, dar um golpe e ficar com tudo, e eu é que sou a exploradora?

— A senhora deveria fazer caridade! – disse o homem nervoso.

— Eu faço caridade, só que não de graça! – disse Melissa gargalhando. – O senhor não quer que eu faça a caridade de acabar com o seu sócio para ficar sozinho na empresa?

— O que a senhora quer é ganhar dinheiro à minha custa, isso sim, mas não tem coragem de assumir! – gritou Lorenzo.

— Claro que assumo. Tanto que já lhe passei o preço e o senhor não quer pagar. A vida é sua, o sócio é seu, o senhor é quem sabe.

— Não dá para a senhora fazer mais barato?

— Não, é esse preço mesmo. Para esse tipo de trabalho não tem desconto!

— Nossa, a senhora tem coragem de explorar os coitados, mesmo!

— Está brincando? Sua concessionária vale milhões e o senhor se acha um coitado? – perguntou Melissa rindo.

— Vou pensar. Até logo! – ele disse, levantando-se.

– Até logo, meu amigo! O senhor vai, mas, aviso-o que, infelizmente, não demorará a me procurar! – respondeu Melissa.

Depois do atendimento de Lorenzo, Melissa se retirou para descansar; afinal, atendia cerca de dez pessoas por dia.

~eee)))~

Como ela previu, Lorenzo voltou e encomendou o serviço, pagando sem reclamar; afinal, queria se livrar do sócio. Três semanas depois, o sócio teve um derrame e se afastou dos negócios.

Os meses passavam e todas as manhãs Melissa dava início aos atendimentos.

– Dona Melissa, ajude-me. Perdi meu amante, ele me trocou por outra. Não posso viver sem ele. Estou desesperada, não sei o que fazer, minha vida está um caos. Estou sem esperança e com vontade de morrer. Acho que a morte é a única solução!

– Calma, Sofia. Vou jogar as cartas e interpretar o que está lhe acontecendo. Pelo que vejo, você, descuidada, entregou o coração para o homem errado. Ele não é livre, é casado e tem filhos. Você não consegue trabalho e nos últimos seis meses ele a sustentou, certo?

– Sim, ele é casado com uma mulher horrorosa. Tem três filhos medonhos também. Costuma me ajudar com o que pode.

– Hum, ele a ajuda financeiramente e ela é uma mulher horrorosa. As cartas me mostram que ela é uma mulher muito sofrida. Ele se casou com ela por causa dos bens materiais. Não a ama e nunca a respeitou. Desde o início do casamento ele teve inúmeras amantes. Ela já o flagrou várias vezes, mas sempre o perdoa.

– Não é bem assim. Ela é chata, não o compreende como eu, não lhe dá atenção, carinho nem amor. Acho que ela também não o ama.

Tudo tem um motivo   203

– Não entendi! Explique novamente, por favor. Se você dá compreensão, atenção, carinho e amor para ele, por que ele a trocou por outra?

– Não sei, acho que essa mulher que está com ele atualmente fez algum tipo de feitiço. Sei que ele me ama loucamente, mas não consegue evitar ficar com essa mulher. Na verdade, ele me pediu para aceitar a outra.

– As três, você quer dizer. Não percebo na energia dele disposição de se separar da atual esposa.

– É, ele me falou que não pode se separar dela por causa dos filhos.

– Não é isso que sinto; o que consigo captar é que ele há muitos anos não trabalha, pois a esposa é abastada e o sustenta. Além disso, ele é muito agressivo e violento!

– Não, imagine! Desde que se casaram ele administrou muito bem a herança dela e multiplicou os bens da família com esforço. Ele dirige a empresa do pai dela há anos. Quando fica nervoso é porque alguém o tirou do sério!

– Mas me parece que ele foi até preso por bater na esposa. E também precisou sair da empresa porque se envolveu com algumas funcionárias.

– A senhora não está vendo direito, a mulher dele é barraqueira, ela o provoca. Ele saiu da empresa porque duas funcionárias se engraçaram com ele, mas ele não quis nada com elas; para se vingar, as duas espalharam que ele as estava cortejando. Foi um escândalo, mas ele não teve culpa nenhuma.

– Sofia, dizem que o pior cego é aquele que não quer ver. Estou interpretando as cartas e elas me dizem que esse moço é um fanfarrão, que se aproveita da esposa para manter um alto padrão de vida e sustentar suas amantes. Interpreta o papel de coitadinho para todas as mulheres. Não se apega a ninguém. Ele adora paixões violentas, mas logo enjoa das mulheres, pois tem o espírito livre.

– Mas ele é o grande amor da minha vida. Vim aqui para a senhora fazer uma amarração e quebrar o feitiço que essa mulher colocou nele. Se fizer isso, tenho certeza de que ele vai largar a mulher e os filhos e virá ser feliz ao meu lado. Sei que sou a mulher da vida dele!

– Simples, não é mesmo? Faço uma amarração e quebro o feitiço. Ele larga a família, a outra amante e vai ser feliz com você pelo resto da vida. Lindo. Sofia, o negócio é o seguinte, esse moço não está enfeitiçado, ele é um homem que depende totalmente do patrimônio financeiro da mulher, mas isso não o impede de viver aventuras amorosas. Você não passou de uma aventura. Mas se você é egoísta e o quer mesmo sabendo como ele é, o que eu posso fazer? Você o terá de volta em vinte e quatro horas como eu prometo nos anúncios que faço. Não se preocupe. Mas tem um preço.

– Está bem, eu pago – disse a mulher.

Melissa deu um largo sorriso, nunca ganhara dinheiro tão fácil. Sabia que o moço voltaria para ela, mas em poucos meses teria uma recaída e a trairia novamente.

Diariamente Melissa atendia várias pessoas com todos os tipos de problemas: narcisistas, hipocondríacos, obsessivos, deprimidos, medrosos, fanáticos, pervertidos, traumatizados, psicopatas. Pessoas que viviam com milhares de ideias febris, medos, culpas, dependências, ciúmes, cobranças, possessões e carências. Todas prisioneiras da própria mente, dos seus desejos absurdos, da sua triste história psicológica. Pessoas que esperavam encontrar a tal felicidade, mas que normalmente estava longe e fora delas, estava com alguém ou em alguma coisa. Eram pessoas que não compreendiam que os fracassos ou sucessos eram subprodutos de escolhas, de atitudes construtivas ou destrutivas, da maneira de ser, de ver, pensar e sentir sobre o mundo que as cercava, ou seja, frutos do mundo interior de cada uma, dos pensamentos, pessoas sem a menor compreensão com a dor alheia, apenas preocupadas com a sua própria dor, que para elas era maior que elas próprias.

Vez ou outra, o remorso aparecia e ela se lembrava das orientações de Ruth. Refletia sobre o quanto verdadeiramente as pessoas estavam dispostas a evoluir, a se transformar, a reformar seu íntimo, a mudar seus hábitos, a aprender a conviver sem ferir e sem se machucar, aceitando o livre-arbítrio daqueles que julgavam amar, encarando as perdas como oportunidades de transformação e renovação.

Melissa tinha vaga consciência que se transformara numa mercenária espiritual, utilizando sua mediunidade para atender aos mais variados caprichos humanos.

A ambição a deixou cega. Ela ignorava que os débitos com o plano divino estavam se avolumando e em breve teriam de ser ressarcidos. O mal que estava cometendo, desrespeitando o livre-arbítrio das pessoas, forçando relacionamentos por meio de amarrações, deixando crianças sem famílias, forçando sociedades, desfazendo-as sem imparcialidade e prejudicando pessoas inocentes para satisfazer os seus consulentes, teria de ser reparado.

Nos domínios das zonas inferiores, Lucrécia sentia-se muito feliz pela estrada enveredada por Melissa. Ela sabia que em breve a inimiga iria colher o que estava plantando. Tinha noção exata dos seus futuros sofrimentos.

19

Agiotagem espiritual

Você receberá, de retorno, tudo o que der aos outros, segundo a lei que nos rege os destinos.[18]

André Luiz

— Margareth, vamos falar com o conselheiro Francisco? Deve existir uma forma de ajudar Melissa a sair dessa vida – disse Caleb desesperado, enquanto tomava seu café na sala de estudos.

— Meu amigo, pode contar comigo. Vamos procurá-lo hoje à noite depois da palestra. E também tentar localizar Ruth.

— Sim, parece que ela esta numa colônia socorrista. Mas lá o trabalho é intenso e ela não consegue vir para cá – respondeu Caleb.

---

18 XAVIER, Francisco Cândido. Pelo espírito André Luiz. *Sinal verde*. IDE (N.E.).

Já eram quase vinte e uma horas quando Caleb e Margareth procuraram o conselheiro, que se dirigira à sua sala imediatamente depois da palestra.

– Com licença, podemos entrar? – perguntou Margareth timidamente ao conselheiro, que orientava a todos os irmãos da colônia.

– Entrem! Fiquem à vontade, já estou terminando – ele disse sorrindo.

– Olá, conselheiro, boa noite – falou Caleb, sentando-se no sofá que ficava ao lado da mesa do conselheiro Francisco, numa sala aconchegante. Margareth o acompanhou.

Não demorou e o conselheiro se dirigiu a eles:

– Em que posso ajudá-los, meus queridos e fraternos irmãos?

– Viemos solicitar sua ajuda para a nossa menina Melissa, que está encarnada e lamentavelmente está fazendo da mediunidade um meio de ganhar a vida – disse Margareth aborrecida.

– Ah! Sei sobre o caso dela. Ficamos tristes quando soubemos como está agindo. Está brincando com coisa muito séria e acredita que não sofrerá as consequências dos seus atos – explicou o conselheiro preocupado.

– Nós sabemos, conselheiro – respondeu Margareth com os olhos cheios de lágrimas. – É por essa razão que estamos preocupados. Precisamos ajudá-la. Viemos pedir sua autorização para irmos até ela e tentarmos orientá-la sobre as consequências nefastas dos seus atos.

– Margareth, vou conversar com meus superiores e ver o que é possível fazer. Saiba, minha irmã, que pelo tipo de trabalho que ela está realizando, a egrégora ao seu redor está muito negativa e vocês terão dificuldades de se aproximar. Outra coisa, ela tem algumas falanges de espíritos trevosos a serviço dela, e estes desejam mantê-la com escrava.

– Por tudo isso precisamos agir antes que seja tarde demais. O senhor bem sabe que ela tem algumas duras provas nesta existência e com as atitudes que está tomando agrava cada vez mais sua situação, aumentando assustadoramente os débitos. Precisamos tentar acordá-la!

– É, vamos também tentar inspirar Saul a dialogar com ela de forma que a faça perceber o mal que está fazendo a si mesma e aos outros.

– Está bem, fiquem aqui que volto em alguns minutos. Vou falar com o superior e ver se é possível ajudá-la. Fiquem tranquilos, é rápido.

Algum tempo depois, o conselheiro retornou acompanhado de mais três irmãos. Todos se sentaram à mesa de reunião e convidaram Margareth e Caleb para se juntar a eles.

– O caso da Melissa é grave – disse a conselheira Luíza em tom severo. – Ela teve uma educação espiritualizada na qual aprendeu sobre as verdades espirituais; portanto, escolheu seguir o caminho das trevas, prejudicando seus semelhantes por interesses mesquinhos, sabendo das consequências. Nesse caso, ela não tem direito a uma intervenção de auxílio. Assim, neste momento precisa ficar sozinha para colher o resultado das suas péssimas atitudes. Por meio da agiotagem espiritual fomentou graves obsessões.

– Compreendo perfeitamente a sua opinião, conselheira Luíza, mas creia, Melissa não tem noção da sua prática – disse Margareth entristecida.

– Isso mesmo, eu e Ruth não falamos nada disso para ela porque também não sabíamos. Aprendi sobre o assunto aqui na colônia. Por favor, tenham misericórdia, precisamos alertá-la. Os senhores bem sabem que esse tipo de trabalho que ela está praticando é terrível – disse Caleb com os olhos cheios de lágrimas e muito emocionado.

– Sim, Caleb. Infelizmente ela colherá muito sofrimento. Melissa não tem ideia do que representa receber favores desses espíritos das altas inteligências das sombras – disse o conselheiro Francisco.

– Permitam-me uma pergunta – falou Frederico, o assistente da conselheira Luíza: – Melissa não tem ideia de que muitos irmãos terrenos afirmam acreditar em Deus e na Sua justiça, mas na hora das provas não aceitam o que lhes acontece e por esse motivo, para se livrar da dor, buscam saídas fáceis e rápidas, ou seja, buscam os que trabalham com os espíritos das baixas dimensões para lhes conceder desejos, emprestar prazeres, realizar milagres, concedendo bens materiais, satisfazendo seus desejos carnais com exploração energética vital, que inclui a sexual, sem os avisar do que lhes será cobrado; muitas vezes o custo são suas almas e a alma dos entes queridos?

– Não, Frederico, afirmo que ela não tem noção de nada disso, isso posso lhe garantir! – respondeu Caleb enfaticamente.

– Melissa não sabe que não deve interferir na vida de seus consulentes, pois foram eles próprios que aceitaram as provas para corrigir comportamentos negativos de vidas passadas? Ela não sabe que sempre que força a solução de um problema na vida de uma pessoa, que é escrava dos vícios, do dinheiro, do sexo, com espíritos trevosos e cobra por isso, está extorquindo a fé dos incautos e praticando a agiotagem espiritual? – perguntou Frederico.

– Não, senhor! Nem eu sabia disso. Na Terra, os encarnados nunca pararam para pensar que a agiotagem espiritual não é diferente da agiotagem financeira – respondeu Caleb.

– Como não, meu amigo? – questionou o conselheiro Francisco perplexo.

– Lá na Terra, algumas pessoas têm uma noção da Lei de Ação e Reação, mas acreditam que para tudo tem um jeitinho – respondeu Caleb. – Principalmente no Brasil, onde vivi durante muitos anos. Uma velinha, uma oração, um botão de rosa, uma cachaça, um despacho, um banho de sal grosso, um galho de arruda... acham que isso resolve tudo. Ou seja, acreditam que os problemas são negociáveis e transferíveis. Não têm noção de que carma é débito e que darma é crédito; que o carma só é pago mediante moedas divinas, ou seja, o amor e a caridade.

– Então, pelo que me diz, inadvertidamente se esquecem da Lei de Ação e Reação e acreditam que não precisam resgatar as dores que infligiram aos outros nas vidas pretéritas e na vida atual?

– Isso mesmo, elas tentam forçar soluções. Muitas pessoas por acreditar na existência dos espíritos, procuram outras que fazem todo tipo de trabalho, assim como Melissa está fazendo no momento, e acham que podem comprar tudo. E o pior é que compram mesmo, sem ter noção do perigo que correm com os trevosos a que se associam.

– Hum, então elas não sabem que quando praticam atos de agiotagem espiritual, entram em contato com malfeitores do além e os favores concedidos por eles se dissolvem com o tempo e acabam endividando seus entes queridos, arrastando-os para profundos sofrimentos com graves obsessões que perduram por muitas gerações?

– Não, senhor. A maioria não tem noção das graves consequências da agiotagem espiritual que praticam. São egoístas e invigilantes e acreditam que as histórias sobre os trevosos são exageradas, pura ficção.

– Não posso crer... – respondeu o conselheiro. – Não sabem que

(...)as imperfeições morais dão azo à ação dos Espíritos obsessores?[19]

"O que acham dessa situação, meus amigos?"

Os dois balançaram a cabeça confirmando e o conselheiro continuou:

– Muito bem, então vocês terão permissão para avisar Melissa, mas essa será a última oportunidade que lhe será concedida.

– Muito obrigada, senhores conselheiros – disse Margareth encarando com ternura todos os presentes.

---

19   KARDEC, Allan. *O Livro dos Médiuns.* Item 252 (N.M.).

– Muito obrigado! – respondeu Caleb sorrindo.

– Sugiro que influenciem Melissa e Saul por meio de sonhos, pois essa forma costuma impressionar – explicou Luíza.

– Ótimo conselho, obrigada – respondeu Margareth.

– Senhores conselheiros, como explicarei para Melissa sobre a agiotagem espiritual de forma que ela compreenda facilmente? – perguntou Caleb encarando o conselheiro.

– Fazendo analogia com a agiotagem financeira – respondeu Francisco.

– Como assim? – perguntou Caleb. – O senhor pode me elucidar?

– Claro! Caleb, como você sabe, no mundo terreno a agiotagem é o ato de pedir dinheiro emprestado fora do mercado de crédito legítimo, ou seja, para o agiota, que lucra em cima de taxas de juros altíssimas. Assim, quem pega dinheiro emprestado com um agiota mostra que tem uma vida financeira tumultuada, desorganizada, significa que gasta mais do que pode, tem uma vida descontrolada e cheia de dívidas. Na vida dessas pessoas existe a necessidade de rever o comportamento financeiro, pois se ficarem nas mãos dos agiotas, vão destruir a si mesmas e a família em pouco tempo.

– É verdade, conselheiro. Lá na Terra há muitas pessoas nas mãos dos agiotas por causa de desequilíbrios financeiros – disse Caleb. – Muitas são viciadas em jogos, corridas de cavalos; outras, em drogas ou em consumir tudo o que veem pela frente. Quando perdem dinheiro ou gastam demais, assumem grandes dívidas e se desesperam, arrastando seus entes queridos em suas loucuras, o que gera muita dor, confusão, brigas e sacrifícios para tentar quitar as dívidas contraídas.

– E, assim, mergulhadas no desequilíbrio financeiro, muitas buscam empréstimos para saldar seus débitos – disse o conselheiro Francisco. – Quando não conseguem dinheiro com os bancos, dão golpes em inocentes desavisados, abusam da confiança dos parentes e amigos e ainda recorrem sem pensar aos agiotas.

– Sim, isso é muito comum – respondeu Caleb.

– Meu amigo, no plano espiritual ocorrem situações semelhantes – argumentou o conselheiro Francisco. – A agiotagem espiritual é o ato de pedir favores e privilégios fora do banco divino, ou seja, para os espíritos das trevas, que emprestam energias ilegais, lucrando com a vampirização dos processos obsessivos que desencadeiam após tais acordos. Assim, as pessoas passam a ter uma vida emocional, psicológica e afetiva fracassada, além da personalidade desequilibrada. Essas pessoas não aceitam a vida como ela é. Não respeitam o livre-arbítrio. Ignoram as Leis Divinas. Elas têm necessidade de se equilibrar, se reformar, iluminar a consciência, revendo seu universo emocional e psicológico, bem como seu comportamento manipulador. Se ficam nas mãos dos trevosos não conseguem resolver seus problemas, pois são vampirizadas, o que agrava ainda mais seus débitos.

– *Madona*! A Melissa está em grande apuro – murmurou Caleb.

– E como! – respondeu o conselheiro. – Caleb, você sabe que todos os seres humanos têm uma cota no banco divino de acordo com sua obra. Quando as pessoas são viciadas na agressividade, na violência, no sexo, na desonestidade, na deslealdade, na falsidade, na falta de amor e na depressão elas negligenciam as Leis Divinas e plantam a dor por onde passam. Assim, contraem dívidas, negativam o saldo bancário divino. E acabam colhendo a negatividade que semearam por meio de situações difíceis, que podem representar aparente e momentâneo fracasso, mas deixam claro que são a vida e as Leis Divinas em ação que estão lhes ensinando sobre as consequências dos seus atos, sentimentos e pensamentos. Como estão sem crédito, cada obstáculo representa a oportunidade de adquiri-lo novamente. Se suportarem as vicissitudes com equilíbrio, fé e esperança, tudo será superado. Assim, as dores impostas pela vida são apenas um convite para ganharem os créditos perdidos, mudarem as atitudes, a postura perante o mundo, e evoluírem espiritualmente.

Tudo tem um motivo ❧ 213 ☙

– Infelizmente, muitas pessoas, para aliviar sua dor, em seu desespero, costumam não aceitar o destino e buscam qualquer tipo de ajuda espiritual. Quando acordam, é tarde demais, já caíram em verdadeiras armadilhas e nas mãos de pessoas inescrupulosas. Muitas chegam a perder casas, carros e todo o dinheiro. Em alguns casos, já vi cometerem até suicídio.

– Inadvertidamente, esquecem completamente da Lei de Ação e Reação – complementou Luíza. – Negligenciam a lei da vibração e do crescimento e compram a solução para os seus problemas, ou seja, praticam a agiotagem espiritual. Ledo engano. Não compreendem que quando pagam por um auxílio espiritual, não estão recebendo bênçãos divinas legítimas, mas realizando uma transação espiritual comercializada ilegítima, sem as bênçãos do Criador. Assim, tornam-se escravas de espíritos trevosos e pagam um preço muito alto. Serão vampirizadas e colherão dores em outras vidas.

– Com as Leis Divinas não há negociação, nosso carma pessoal é inegociável e intransferível – disse enfaticamente Francisco. – No caso de realizarem uma transação desse tipo e se arrependerem, os agiotas espirituais, sem dó nem piedade, aplicam métodos coercitivos e muito violentos, danificando a saúde, os relacionamentos e a atividade profissional; enfim, acabam com a vida desses devedores.

– É, meu irmão – disse Luíza –, os agiotas espirituais do astral, pertencentes a verdadeiras máfias, são procurados por pessoas de todas as religiões que acreditam na existência dos espíritos, mas pessoas que creem que a espiritualidade não passa de uma mercadoria a ser comprada e descartada. Inconscientes da realidade espiritual, que é reflexo da vida material, afetiva e psicológica, se autoiludem, buscam nos agiotas espirituais a solução dos seus problemas e, na verdade, mergulham num mundo infernal, cheio de armadilhas, vinganças, perseguições, desespero e pavor. Entram no inferno e não conseguem sair dele. Envolvem-se com espíritos inescrupulosos e cruéis, que se vingam e fazem de tudo para manter os devedores escravos eternos de seus pactos, vida após vida. Isso vai acontecer com Melissa, se ela não acordar a tempo. Entrará em uma guerra sem trégua e sem dia marcado para começar ou terminar; uma guerra silenciosa, oculta. Será vítima de várias estratégias cruéis e impiedosas. E não ficará impune à Lei Maior.

– Eu sei, senhora conselheira – disse Caleb. – Por essa razão vou com Margareth para o mundo terreno tentar alertá-la. Muito obrigado pelas explicações.

Margareth, entristecida, levantou-se, agradeceu a todos e seguiu com Caleb para junto de Melissa.

20

Surpresa adorável

Todas as riquezas do mundo não valem um bom amigo.

Voltaire

A noite estava calma. O outono era suave, com uma doce brisa e um lindo luar. Sentada na varanda da casa, ela tomava um delicioso chá contemplando os jardins. Depois de alguns anos atendendo a todos os tipos de pessoas, refletia profundamente sobre seu desejo de abandonar o que estava fazendo. Havia alguns meses estava tendo sonhos estranhos com Caleb e uma senhora que lhe parecia familiar, e ambos lhe solicitavam abandonar aquelas atividades.

A campainha tocou. Calmamente, ela se levantou e foi até a porta. Para sua alegria, era Saul, a quem não via já fazia algum tempo.

Os dois trocaram profundos olhares e Saul se moveu em sua direção, dando-lhe um forte abraço.

A mente de Saul foi invadida por lembranças da infância e adolescência ao lado de Melissa. Ele fixou o olhar em seu rosto e notou que o tempo lhe fizera muito bem, ela estava mais linda do que nunca! Os cabelos longos e cacheados emolduravam seu rosto e os grandes olhos verdes, e seu sorriso resplandecia e iluminava todo o ambiente.

Melissa não se controlou, ficou emocionada com a surpresa adorável daquela visita. Abraçou Saul muitas vezes e demonstrou que a sua chegada a fizera sentir como se tivesse voltado para casa.

— Saul, que saudades! Por que me abandonou? Está tudo bem com você? E como têm passado Noemi e as meninas?

— Minhas irmãs se casaram e estão bem. Mamãe, depois do derrame, está cuidando melhor da saúde e finalmente resolveu aceitar a espiritualidade. Hoje trabalha como voluntária no centro espírita que dirijo. Está mais calma, serena e usufrui com alegria da presença dos netos.

— Que bom, fico feliz.

— E você, como tem passado? O que tem feito de bom? Continua atendendo as pessoas espiritualmente?

— Sim, meu querido. Confesso que tem sido uma experiência e tanto. Mas estou cansando de atender pessoas problemáticas, que desejam conhecer o futuro, que confundem amor com carência, que aceitam qualquer tipo de relação, pois não se acham boas o suficiente e capazes para encontrar uma relação melhor e mais saudável. Sou obrigada a fazer amarrações para atender aos seus caprichos. Por semana, creio que tenho cerca de dez pedidos para promover a separação de casais com filhos, pois os amantes desejam aquilo que de forma natural nunca teriam. Esses amantes se acostumaram a relações abusivas, neuróticas, de submissão. Acostumaram-se com pouco, são usados, descartados, desprezados e convivem com a indiferença, os maus-tratos e, ainda, justificam a mente doente dos seus amados colocando a culpa nos espíritos, em feitiços e magias.

— Melissa, que trabalho sem sentido! Por que insiste em fazer essas coisas?

— Para sobreviver, meu caro. A vida custa muito dinheiro. Outro dia, sem o menor escrúpulo, pediram-me para matar um sujeito. Você não faz ideia do que tenho enfrentado naquela sala de atendimento. Todos que me procuram são carentes e mimados. A maioria traz esse hábito da infância, pois ou foram superprotegidos ou ignorados, rejeitados, envergonhados, humilhados, ridicularizados por expressarem seus sentimentos e desejos belos, puros e verdadeiros. Os adultos que os educaram também os amaram e foram amados, sob o comando do conectivo "se", "se fossem bons", "se fossem educados"... "se fizessem isso ou aquilo, aqui e acolá". Foram educaram dessa forma, por inúmeras razões, mas elas não importam agora, pois qualquer que tenha sido a causa, o resultado é que pararam de sentir, de se respeitar e, o pior, de respeitar os outros, e acabaram condicionados ao "se" em todas as esferas da vida, do trabalho, e, principalmente, dos relacionamentos. Quando crianças, tinham de disfarçar suas fraquezas e carências e se comportar como os pais, os professores e amigos queriam, a fim de serem aceitos, caso contrário, eram excluídos, considerados fracassados, fracos e tolos. A verdade é que não conseguiram ser bons o tempo todo e fazer tudo o que desejavam que fizessem; não conseguiram comprar tudo o que disseram ser bom para eles; não conseguiram atender a todos os "se". Por tudo isso, carregam até hoje crenças errôneas, negativas e limitantes sobre eles mesmos; mergulham de cabeça em processos obsessivos e destrutivos; pedem amarrações, magias que lhes atendam os caprichos; não respeitam o ciclo natural dos acontecimentos; não aceitam quando a vida lhes tira algo; não aceitam a vontade divina em seus destinos e querem fazer justiça com as próprias mãos sem medir as consequências. Acreditam que os trabalhos espirituais que realizo são a salvação da vida deles. Tornam-se dependentes e pagam caro para que eu os satisfaça.

– É, minha amiga, esqueceram-se de que são seres divinos e que um dia prestarão contas de seus atos ao Criador – disse Saul.

– Nunca estão satisfeitos. Querem sempre mais. Esta semana sonhei com Caleb e ele me pareceu muito preocupado com os trabalhos que estou realizando.

– Melissa, confesso que também desejo que pare de fazer esse tipo de atendimento. Você está se comprometendo por pessoas que não aceitam suas provações. Esse caminho não respeita as Leis Divinas. Enquanto atende aos caprichos desses clientes, promove a sua queda humana e espiritual. Está utilizando espíritos das baixas dimensões para lhe fazer todo tipo de favores; certamente, isso será cobrado em um futuro bem próximo. Pare enquanto é tempo.

– Saul, não fiz nada de grave, não matei ninguém, apenas fiz algumas amarrações e ajudei em algumas separações, além de ter encaminhado alguns casos para um amigo que faz trabalhos mais pesados.

– Melissa, você que pensa que não faz nada. Você transformou a espiritualidade em uma mercadoria. Essas pessoas pagam para que o problema espiritual delas seja resolvido e continuam do mesmo jeito, sem fazer o mínimo esforço para mudar a postura no mundo. Quando você não consegue resolver, passa para o seu amigo, mas saiba que é cúmplice de tudo o que ele faz. Você está num caminho deplorável, não respeita o livre-arbítrio do outro e quer obrigar homens e mulheres a fazer coisas contra a vontade delas. Isso é maldade, você não tem o direito de influenciar o destino das pessoas. Não use os espíritos com fins lucrativos, mantenha-se afastada de amarrações e trabalhos desse tipo. Pare de manipular os outros espiritualmente. Com o tempo, você vai se dar muito mal.

– Nossa, Saul. Não tinha pensado por esse lado, achei que não tinha nada com isso; afinal, não faço os despachos.

– Não faz, mas manda fazer. O que dá na mesma. Cobrando por trabalhos espirituais, acaba se metendo na vida dos outros e se conectando com espíritos inescrupulosos. Em que tipo de pessoa está se transformando? Não se iluda, haverá consequências terríveis, o favor de hoje é a escravidão do amanhã. Eles a explorarão terrivelmente, provocando em breve sua falência moral, emocional, afetiva, psicológica, espiritual e material. Melissa, não se esqueça:

Obsessores visíveis e invisíveis são nossas próprias obras, espinheiros plantados por nossas mãos.[20]

– Saul, diariamente atendo católicos, kardecistas, evangélicos, umbandistas, maçons, budistas, ateus, gnósticos, espiritualistas de todo tipo e por aí vai. São pessoas de todas as religiões e com os mais variados tipos de personalidade, que nutrem profunda necessidade de resolver um problema imediato afetivo, pessoal, familiar ou profissional. Pessoas que creem em Deus, em Jesus, nos santos, nos mentores, mas que, infelizmente, ainda não creem em si mesmas. Outras creem apenas no mundo materialista, são pessoas inseguras e agoniadas com relação ao futuro; desesperadas porque têm dificuldade em lidar com os problemas cotidianos, com os filhos, o marido, a esposa, os chefes; enfim, pessoas que buscam respostas e soluções imediatas para alcançar a realização dos sonhos e desejos. Muitas querem se libertar da dor insuportável que as atormenta para superar uma perda, conquistar um amor, ser promovida, enriquecer etc. Eu as ajudo como posso, é só isso...

– Melissa, você mesma disse que faz o que eles pedem, só não matou ninguém. Sabe o que eu acho? Que está se aproveitando das fraquezas dessas pessoas. Prometendo mundos e fundos fazendo-as ficar dependentes de você.

– Não quero ninguém dependente de mim. Já chega o caso daquele marido que não se conformou que a mulher foi embora com outro homem. Lembra-se? – perguntou Melissa.

– Claro, foi logo no começo, você me ligou apavorada pedindo minha opinião e ajuda – respondeu Saul.

---

20 XAVIER, Francisco Cândido. Pelo espírito Emmanuel. *Seara dos médiuns.* FEB (N.M.).

– Que caso medonho... – murmurou Melissa.

– Ele desesperado, bateu à sua porta para que você resolvesse o problema dele. Você, em vez de ser sincera, de encaminhá-lo para tratamento, prometeu trazê-la de volta em vinte e quatro horas com a ajuda dos espíritos. Ele, claro, pagou o valor que você cobrou, mas o trabalho não trouxe a mulher de volta.

– Ela fugiu com um colega de trabalho para a Argentina – murmurou Melissa desapontada.

– Quando ele percebeu já era tarde demais, ele havia dado todo o dinheiro que possuía para você. Depois de algum tempo, sem a mulher, sem carro e sem dinheiro, tentou agredi-la e matá-la.

– Nem me lembre dessa história. Minha sorte foi você estar aqui. Mas daquele dia em diante eu aprendi.

– É, Melissa. A falta de bom senso a está levando a cavar sua própria sepultura. Pare com tudo isso enquanto é tempo. Seu descaso com as Leis Divinas pode provocar parasitismo espiritual, levando-a à loucura e a processos degradáveis. Arrume um trabalho, abra uma loja, não viva "da" espiritualidade, viva "para" a espiritualidade. Lembre-se dessa frase de Jesus:

> *Curai os enfermos, limpai os leprosos, ressuscitai os mortos, expulsai os demônios; de graças recebestes, de graças dai.*[21]

"Abandone sua atividade mercenária, reconheça seus erros, promova sua renovação, estenda suas mãos fraternas em auxílio dos nossos irmãos que sofrem, seja um bálsamo na vida dos que buscam entendimento. Seja uma missionária de Cristo. Permita que as virtudes do caráter dos espíritos elevados, como a paciência, a tolerância, a compaixão, o perdão, a humildade e as coisas positivas se manifestem na sua personalidade como muros alicerçados, invioláveis para a proteção da sua alma e do seu espírito. Desenvolva a sensibilidade, a compaixão pelos nossos semelhan-

---

21   Mateus 10:8 (N.M.).

tes, tornando-se um canal de amor, mudando sua vibração e, consequentemente, sua vida".

Melissa deu de ombros, mas ficou pensativa e preocupada com a explanação de Saul. Ambos conversaram horas sobre os seus clientes e a necessidade de ela abandonar o que fazia. Era tarde da noite quando ele foi embora.

A jovem adorou a visita de Saul e, pela primeira vez antes de ele ir, sentiu saudades.

Durante a noite voltou a sonhar com Caleb e teve a impressão de ele tê-la alertado sobre a egolatria inconsequente e a importância de se engajar no serviço de amor ao próximo.

No dia seguinte, ela decidiu que não atenderia mais ninguém naquele mês. Cancelou toda a agenda. Na verdade, sentiu necessidade de refletir sobre a vida e os atendimentos. Estava em busca de respostas. Fechou-se para balanço. Resolveu tirar férias e ir visitar seu país de origem: a Itália.

No plano espiritual, Caleb e Margareth se abraçaram emocionados. Os sonhos com Caleb e as orientações de Saul estavam dando resultados. Melissa parou para pensar.

21

Paixão avassaladora

*A prova é a luta que ensina ao discípulo rebelde e preguiçoso
a estrada do trabalho e da edificação espiritual.*[22]

Emmanuel

Era início de tarde quando Melissa chegou a sua casa no Brasil – depois de uma longa e cansativa viagem. Não havia sinal algum de preocupação em seu coração, apesar das emoções tumultuadas em seu íntimo. Acreditava que tudo o que passara na Itália, naquela ilha, fora um engodo da vida e estava terminado.

Entrou em casa, jogou as malas a um canto da sala, tirou as botas e foi para o chuveiro. Tomou um banho, trocou-se e ligou para seu amado amigo Saul. Precisava de respostas. Com certeza, ele as teria.

– Olá, tudo bem? Como a vida o tem tratado, meu querido amigo?

– Muito bem, e a você? – perguntou Saul com a voz exultante pelo retorno de Melissa.

---

22   XAVIER, Francisco Cândido. Pelo espírito Emmanuel. *O Consolador*. FEB (N.E.).

Tudo tem um motivo 223

– Não tão bem quanto você, mas estou indo. A propósito, quero que venha me visitar, preciso de sua orientação espiritual urgente!

– Nossa! Aconteceu alguma coisa com você na viagem? Está bem? – perguntou Saul preocupado.

– Não é nada grave, mas preciso de ajuda. Nada sério, mas estou encucada.

– Pode contar comigo. No fim da tarde posso passar na sua casa para conversarmos – respondeu Saul com a voz saudosa.

– Será uma alegria recebê-lo. Vou lhe preparar um delicioso jantar! – ela disse alegre.

– Combinado! Até mais – respondeu Saul empolgado.

– Até mais! Obrigada por me atender tão prontamente!

Melissa fechou os olhos e naquele instante agradeceu a Deus por ter um amigo tão leal e sincero como Saul, amigo com quem ela podia contar em todas as horas. Foi até a cozinha e preparou um jantar simples, mas muito saboroso. Depois, dirigiu-se ao quarto, escovou os cabelos, maquiou-se, olhou-se no espelho e se sentiu atraente. Aguardou Saul na sala de estar. Não demorou, o sol se pôs e a campainha soou. Era ele. Imediatamente, ela abriu a porta e o viu no portão; correu em sua direção e pulou em seus braços, dando-lhe um forte abraço. Ele a levantou e rodopiou com ela nos braços. A saudade era imensa.

– Uau! O que aconteceu? Há quanto tempo não corre e pula no meu colo, me faz rodopiar e me abraça desse jeito? – perguntou Saul feliz com ela nos braços, mas preocupado, acreditando que algo muito grave tivesse acontecido.

– Não é nada, não – respondeu Melissa descendo do seu colo. – É apenas saudades! Só isso, o resto é bobagem.

– Não acredito, mocinha. Algo muito estranho está se passando com você. Pode me contar tudo em detalhes, sem ocultar nada!

– Entre, Saul. Vamos à cozinha. O jantar já está pronto. Enquanto saboreamos minha macarronada à bolonhesa, conversamos.

— Muito bem, assim é que se fala. Você adivinhou, eu estava com saudades do seu macarrão! Vamos tomar um vinho também, eu trouxe o seu preferido!

Melissa serviu o jantar em silêncio; Saul observou algumas lágrimas em seus olhos, que ela tentou disfarçar. Não entendeu o que estava acontecendo e sem titubear perguntou:

— Melissa, minha querida amiga, em que posso ajudá-la? Vejo que seu coração está apertado. Você está triste e um pouco deprimida. O que aconteceu? Conte-me tudo...

Melissa pensou um pouco e, como uma criança, começou a falar:

— Saul, aconteceu uma coisa maluca. Viajei para a Itália, fui para uma ilha. Lá, conheci um homem, Bernardo, aparentemente atraente e gentil e aceitei seu convite para sair. Ele me levou para jantar em um restaurante maravilhoso, mas durante o jantar ele se mostrou muito grosseiro, arrogante, vaidoso, orgulhoso, machão e autoritário, um horror! Disse para eu não me apaixonar por ele, apesar de saber que eu já estava apaixonada. Pediu que não tivesse expectativa, não me iludisse. Disse ainda que tínhamos um débito e que as coisas se ajeitariam do jeito dele e não do meu! Saul, ele foi muito grosseiro, um monstro!

— Nossa, Melissa. Esse homem mexeu com você para valer! — disse Saul surpreso e malicioso.

— Não brinque, Saul. Ele é pavoroso! Nunca mais quero vê-lo!

— Hum... não sei não, por todos esses adjetivos, acho que você se apaixonou! Acho que essa história acabou de começar!

— Você está louco, de jeito nenhum! Nunca! Jamais vou me encontrar com ele novamente! Não quero vê-lo nem pintado de ouro!

— Nunca, jamais... são palavras que não devem ser ditas, elas se contradizem...

— Saul, aconteceu uma coisa muito esquisita. Fiquei muito preocupada. Depois do jantar, quando fui dormir, tive a sensação de que saí do corpo e me encontrei com ele. Ele me beijou, disse que me amava, mas que não ficaria comigo nesta vida... O beijo foi uma loucura! Não consigo esquecer.

– Como eu conheço você, mocinha... não falei que estava apaixonada?

– Saul, o que é isso? Como posso ter saído do corpo e ter me encontrado com ele? Por que será que ele, no jantar, disse-me que não se envolveria comigo e fora do corpo veio me beijar e dizer que me ama? Ele é louco? Só pode ser...

– Calma, Melissa. Vamos por partes... Isso remete a várias possibilidades: você pode de fato ter saído do corpo e se encontrado com ele, como pode ter imaginado esse encontro. Seu desejo por ele foi tão forte que lhe pareceu real. Sua mente pode ter criado esse encontro.

– Saul, sei que saí do corpo. A propósito, como posso ter me apaixonado tão repentinamente?

– Ah! Melissa, não acredito que está me perguntando uma coisa dessas! Logo você que tem uma formação espiritual, o legado de Ruth, e já cansou de ver espíritos? Ora, pode ser que vocês se encontraram na praia e inconscientemente se reconheceram de vidas passadas. Para você se apaixonar tão depressa, pode ter laços profundos, questões não resolvidas com ele e as memórias ficaram guardadas na alma e despertaram assim que se encontraram. Talvez se reencontraram nesta vida para superar alguma coisa pendente... pode ser...

– Não sei, Saul. É tudo muito estranho, nunca senti nada parecido com ninguém... Acho que estou fazendo tempestade à toa, isso não deve ser nada.

– Pode ser que ele tenha um relacionamento sério e não possa se separar para ficar com você. Assim, avisou no jantar para você não se iludir, pois não quer machucá-la. Ele foi decente.

– Se é assim, por que não assume suas responsabilidades e para de me amolar quando estou fora do corpo com beijos e frases de amor...

– Melissa, talvez no corpo ele se sinta impedido de manifestar tais sentimentos e desejos, por essa razão nega, mas, fora do corpo, livre dos condicionamentos, das responsabilidades terrenas, liberta-se e diz o que sente e faz o que de fato deseja.

– *Madona*, que confusão! Nunca imaginei passar uma coisa dessas! – respondeu Melissa inconformada.

– Melissa, existe outra hipótese não tão agradável. Cuidado, você também pode estar caindo em uma armadilha tenebrosa!

– Armadilha tenebrosa? Que armadilha, Saul? Lá vem você me apavorar...

– Fique atenta, ore antes de ir dormir. Vigie seus pensamentos, pois existem entidades trevosas que atraem encarnados carentes, com sensualidade reprimida, para vampirizar suas energias por meio da sexualidade. Uma entidade desse tipo pode ter plasmado a aparência do Bernardo e se encontrado com você por motivos de vingança, coisas de outras vidas etc. Não se iluda! Dê tempo ao tempo, observe os acontecimentos, que tudo vai se revelar. A propósito, o jantar estava delicioso.

– As coisas já foram mais simples. Antes conhecíamos um homem, nos apaixonávamos, noivávamos e casávamos. Agora, olha a confusão! Ele pode ser um trevoso vingativo! Que horror! Não se pode desejar um homem e imaginar quando se está com ele, que tem um espírito de plantão querendo se aproveitar! Que universo é esse? Por mais que eu tente entender, aprender, desejo ficar distante de tudo isso! Não acredito nisso. Você está louco.

– Melissa, se seus dons naturais estiverem se voltando contra você mesma, lamentavelmente você sofrerá muito e não terei como ajudá-la, pois você está cética.

– Como assim, meus dons naturais se voltarem contra mim mesma? – perguntou apavorada.

– Há anos tenho lhe falado sobre isso, mas você é muito teimosa. Já teve visões com espíritos iluminados, experimentou premonições, teve uma doença grave e foi curada, e não consegue aceitar que precisa evoluir e desenvolver seus dons espirituais, naturais, para colocá-los gratuitamente a serviço da humanidade? Tornou-se uma mercenária espiritual quando desrespeitou as Leis de Deus. O que espera colher? Essa sua história com esse homem não está me caindo bem. Creio que as cobranças por não levar a sua espiritualidade a sério já começaram.

– Ufa! Adoro você, Saul. Mas, às vezes, você fica muito chato e cansativo. Cobro consultas, faço uns trabalhinhos e todos saem felizes. Faço o que me pedem.

– E você acha que isso é levar a sério a espiritualidade? Até quando brincará com os mistérios divinos?

– Não estou brincando, as pessoas que atendo saem da consulta esperançosas. Eu faço o trabalho, se vão conseguir o que desejam ou não, não é problema meu.

– O problema não é seu? Cobra para fazer o que elas querem e pronto? Simples assim? Não tem a menor responsabilidade?

– Exatamente! Não dou palpites, não digo o que devem ou não fazer. Se uma mulher quer alguém que não vale nada, até digo a verdade, mas se ela insistir para que eu faça uma amarração eu faço. Pagam a consulta muito felizes e, ainda, indicam-me para todos e voltam!

– Certo, por hoje cansei. Não sou dono da verdade, a vida é sua e tenho de respeitar sua maneira de ser. Em seus atendimentos você não desvela o mundo emocional, psicológico e espiritual dos seus consulentes, incluindo revelações sobre as vidas passadas e orientando-os sobre a missão de vida, as obsessões, a lei da Ação e Reação e a Lei da Afinidade e Vibração? Avisa-os de que não é correto amarrar ninguém? Aposto que não os orienta para a importância do tato, da diplomacia, da bondade, da aceitação, da compreensão e cooperação nos seus relacionamentos cotidianos e familiares. Não deixa claro que, muitas vezes, é a maneira de pensar, agir e reagir de cada um que gera discórdias, desentendimentos, intolerâncias, raivas, violência e, consequentemente, perdas e doenças? Que depende deles uma reflexão para realizar mudanças na maneira de ser e pensar a fim de garantir uma vida com relacionamentos pessoais e profissionais bem-sucedidos? Que eles não precisam depender de ninguém para resolver seus problemas? Que basta ter fé e orar para conseguir o que desejam? Não fornece a eles a sabedoria para que possam aprender a viver e conviver em paz e harmonia com o amor divino, aceitando o que precisam aceitar?

— Não! Falo apenas como é a personalidade deles e deduzo a história de vida pela feição e pelo signo. E saiba que eles se encantam. A maioria é carente e egoísta!

— Melissa, você acha certo usar espíritos e lucrar com isso? Por que insiste em permanecer no mundo materialista, superficial e ilusório com todos esses dons? Tem noção do quanto poderia de fato auxiliar a caminhada desses seus consulentes se os conscientizasse sobre a importância de reverem suas atitudes, sendo verdadeiros, sinceros, respeitando o livre-arbítrio dos outros, evitando manipulações, fofocas, grosserias, conflitos, confusões, violências e superando traumas e complexos? Você tem noção do quanto ajudaria a salvar mentes alienadas? O quanto ajudaria a vencer os carmas da humanidade?

— Lá vem você com essa história de novo! – falou Melissa.

— Pense bem, minha querida, renuncie ao uso da sua inteligência para não agravar seus débitos e os de seus consulentes — ele respondeu tomando um gole de café. – O orgulho, a vaidade, a cobiça e o egoísmo são estradas escuras que levam à obsessão, que se assemelha a uma doença grave. Aos poucos, ela vai se instalar em sua mente de forma imperceptível até alcançar o nível de possessão. As trocas de favores que está fazendo, colocam-na em contato com espíritos do astral inferior especializados em obsessão, fascinação, vampirismo e hipnose. O dinheiro que ganha com as consultas não pagará os tormentos, a miséria moral e espiritual que colherá no futuro. Cuide da sua saúde espiritual. Você está deixando sua essência pura, aquilo que verdadeiramente é, perder-se nas mazelas espirituais dos outros por dinheiro.

Melissa arregalou os olhos, mas estava cansada demais para lhe dar a devida atenção. Saul ignorou seu cansaço e tentou com vários argumentos acordá-la para a necessidade de parar com os trabalhos que fazia, a importância de vigiar seus pensamentos, sentimentos e não se tornar presa do submundo. Contudo, foi em vão. Enquanto conversavam, Saul olhava dentro dos olhos de Melissa e desejava mergulhar dentro deles para salvá-la, para convencê-la a perceber seus enganos. Ele teve vontade de pedir que ela fosse com ele, mas se conteve. Sentado naquela mesa depois de horas de conversa, tomou o último gole de café com o coração repleto de esperanças de ter conseguido alertá-la. Assim, decidiu levantar-se e partir.

Melissa observava seus movimentos com o canto dos olhos. Esperava que ele dissesse mais alguma coisa, mas ele se retirou em silêncio. Antes de fechar a porta, ficou parada, admirando o vazio. Sabia que Saul era um amigo verdadeiro e sincero, que a conhecia mais que ela a si mesma e que as verdades que ele acabara de lhe revelar eram para o seu bem. O seu silêncio revelava que estava preocupada com as consequências futuras de seus trabalhos espirituais. Saul, desta vez, conseguira deixá-la insegura.

Uma sensação de mal-estar, misturada com medo e pavor, tomou conta de todo o seu ser. Seu coração parecia querer saltar pela boca. Tentou sufocar a ansiedade, mas foi em vão. Saiu correndo rumo ao chuveiro. Durante o banho, chorou copiosamente. No que ela havia se metido? Tirando forças de dentro de si, respirou, fechou os olhos e, de repente, um filme começou a desfilar na sua mente com todas as más ações. Pela primeira vez sentiu profunda vergonha pelo que fazia e de quem se tornara. Após o banho, trocou-se e foi caminhar pelas ruas. Sentia necessidade de fugir de si mesma. Depois de algum tempo, retornou e foi se deitar.

Ao dormir, saiu do corpo físico puxada pelo espírito de Bernardo, que, ao seu lado na cama, parecia torturado por um sentimento e com profundas olheiras. Quase sussurrando, olhando intensamente nos olhos dela, começou a dizer:

– Melissa... eu a conheço de outras vidas; eu a amo, mas não posso ficar com você nesta vida... Não posso me envolver com você...

Melissa, atordoada, não controlava as imagens que invadiam sua mente e as lembranças de tempos passados. Ela o observou nos olhos e percebeu que era o mesmo olhar de quando o conhecera havia séculos. Depois disso, ela suavemente acariciou seu rosto. Bernardo fechou os olhos. Ele apreciava seus carinhos. Assim, ele a envolveu em seus braços e a puxou com força para junto de si.

– Eu a amo... disse sussurrando sem conseguir controlar seu desejo.

– Eu também o amo.

Os lábios de Bernardo não deixaram Melissa dizer mais nada. Ele a calou com um enorme beijo. Melissa se sentiu sem fôlego. Sem conseguir raciocinar, ela retribuiu. Foi algo forte, um tanto quanto insano. Suas bocas em *frenesi* pareciam conter a força descomunal do universo. Suas mãos a seguraram com força. As mãos de Melissa alcançavam sua nuca enquanto o beijo se tornava mais intenso. Nesse instante, Melissa teve certeza de que ele a amava profundamente, tanto quanto ela. Depois do beijo ele fitou seus olhos e com ar tristonho retirou-se sem dizer uma palavra.

No seu quarto, que lhe parecia um lugar desconhecido, com iluminação fraca, onde se viam apenas uma cama de madeira gasta pelo tempo, e um tapete surrado, Melissa começou a rezar. Permaneceu em silêncio por alguns minutos, inconformada com a partida repentina de Bernardo. Então, reagiu. Levantou-se e, assustada, sem conseguir controlar suas lembranças, viu projetado na parede daquele espaço, um emaranhado de cenas de vidas passadas. Primeiro, um lindo castelo, um baile, um trovador, uma rosa vermelha, uma jura eterna de amor... Depois um massacre, um incêndio, um convento, uma rainha inescrupulosa. Na sequência, avistou um homem mandando matar alguém. Melissa levou um susto, tinha certeza de que o assassino era Bernardo. Mas quem ele matou? As cenas foram interrompidas e Melissa acordou no meio da noite atordoada. O que estava acontecendo? O que era aquilo? Como assim? Eles se encontraram fora do corpo, ele se declarou, disse que a amava, que não ficaria com ela e a beijou perdidamente! E aquelas cenas? Melissa pensou que estava enlouquecendo. E agora? O que faria? Depois de sentir seus beijos ficou mais apaixonada; os lábios dele eram tudo o que ela sempre procurara e desejara. E ela, pela primeira vez na vida, sentiu o sabor de uma entrega total. Acordou sobressaltada, com a certeza de que se não esquecesse Bernardo enlouqueceria. A paixão era avassaladora.

Em outra dimensão, reunidos em um local sombrio, os perseguidores de Melissa, com os olhos estatelados, entre risos e deboches, comentaram:

– Sua maluca, não adianta fugir! Não adianta correr! Desta vez vamos providenciar para que seja muito infeliz! – disse Martelo gargalhando.

– Ainda bem que ela resiste a desenvolver sua mediunidade para salvar a humanidade e não escuta as palavras do idiota do Saul. Felizmente, é uma imbecil! – disse Espinafre morrendo de rir!

– Em breve estará muita confusa, perdida, alucinada e infeliz!

Lucrécia, ao lado deles, também gargalhava, muito feliz.

Melissa não aceitava que estava sendo vítima de si mesma e de seu descuido com os dons espirituais. Por esse motivo, caíra nas garras dos vingadores.

22

Descontrole total

*A expiação é a pena imposta ao malfeitor
que comete um crime.*[23]

Emmanuel

No dia seguinte, Melissa acordou bem cedo. Depois da conversa com Saul resolveu parar definitivamente de atender clientes e procurar outra forma para sobreviver.

Concluiu, depois de pensar muito, que ele tinha razão, estava comprometendo sua alma. Decidiu que seria uma comerciante bem-sucedida como Caleb. Para isso, superaria as perdas provocadas pelo ex-marido, reuniria todas as suas economias e compraria uma loja. Assim, animada, foi até a banca de jornal mais próxima, comprou alguns jornais e começou a procurar negócios à venda de acordo com suas condições financeiras. Durante cerca de dois meses visitou várias lojas de roupas, calçados, papelaria, livraria, até que encontrou uma loja de decoração que a encantou. Pediu a ajuda de Saul para analisar os documentos para concretizar a compra. Não demorou e ela fechou negócio.

---

23 XAVIER, *Francisco Cândido. Pelo espírito Emmanuel.* O Consolador. FEB (N.E.).

Reformou a loja, pintou, trocou o piso e redecorou tudo para chamar a atenção dos clientes e alavancar as vendas. Pesquisou vários concorrentes, estudou sobre decoração e, apesar de não ser do ramo, com seu imenso bom gosto e dedicação, em seis meses já estava com uma clientela razoável. Contratou uma gerente especializada para ajudá-la e para ter tempo disponível para viajar para outros países em busca de novidades.

✧❧✧

A manhã surgiu suave quando chegou a Paris. Estava emocionada, feliz; afinal, estava na capital mundial da moda. Parecia que ia enlouquecer com aquelas vitrines, lojas de departamentos e aquela decoração dos parisienses, que era simplesmente um luxo! Compraria produtos exclusivos e selecionados! Sua loja de decoração seria um sucesso estrondoso! Caminhou durante horas pelas lojas, comprando tecidos, plumas, lantejoulas, tecidos para estofados e almofadas. A certa altura, exausta, parou com as compras e se dirigiu ao hotel para descansar e recomeçar no dia seguinte.

Caminhando pelas ruas de Paris, parou no Café de la Paix, na place de l'Opéra, um dos melhores cafés de Paris, sentou-se e fez seu pedido. De repente, uma voz conhecida a fez estremecer.

– Olá, como vai? Há quanto tempo? Em nosso último encontro saiu fugida, correndo! Mas o mundo é pequeno e redondo, não é? – disse Bernardo com um largo sorriso olhando fixamente nos olhos de Melissa, que não acreditava no que acabara de ver.

– Bernardo? O que faz por aqui?

– Compras, e você?

– Também! Vim a Paris em busca de tecidos para os estofados da minha loja de decoração.

– Uau! Que progresso! Parabéns! Mas me diga, como tem passado?

– Muito bem, e você? – perguntou Melissa com tom seguro.

– Não sei não, parece-me um pouco triste e solitária.

– Lá vem você com suas suposições. Definir como me sinto, por que me sinto... etc. Fique tranquilo, estou muito bem! Não tenho por que mentir para você.

– Está bem, eu acredito. O que fará à noite? Aceita meu convite para jantar?

Melissa, atordoada com o encontro inesperado, pensou rapidamente e respondeu:

– Sim, podemos jantar. Estou hospedada no Castelo d'Esclimont, na cidade de Rambouillet.

– Nossa, é distante do centro!

– Nem trinta minutos, tenho usado trem e táxi.

– Certo, não há problema, é um hotel maravilhoso! Vou buscá--la às nove horas e vamos a um teatro, depois jantamos aqui no centro.

– Combinado! – respondeu Melissa satisfeita com o convite. Parece que naquele instante seu coração tinha ganhado vida. Sentiu que mais uma vez viajava no tempo e parecia que os olhos de Bernardo a transportavam para esse tempo guardado em sua memória.

Os dois tomaram café e ficaram em silêncio até que Melissa se levantou e foi para o hotel. Naquela noite ambos jantaram; na noite seguinte também e por mais quatro dias consecutivos não se separaram. Trocaram telefones, endereços, visitaram museus, castelos, bares, cabarés e teatros. Fizeram compras até o dia em que Melissa precisou retornar.

Aquele encontro havia sido muito estranho e ela sabia disso, mas não resistiu aos encantos daquele homem. A atração que sentia por ele falou mais alto.

De volta ao Brasil, no avião, Melissa se perguntava por que ficaram tantos dias juntos sem ele sequer tocá-la! O que ele pretendia? O desejo crescia dentro dela e a convidava a viver aquela paixão, a doar para aquele homem seu corpo inteiro. Durante a viagem, percebeu que ele tinha a alma triste. Ele não assumia o desejo que sentia por ela. Inconformada, com os olhos cheios de lágrimas, indagava por que ele jogara as sementes da paixão em seu coração. Por que, naquela altura da vida precisava viver o desconforto de uma paixão não correspondida, uma relação de mão única? Melissa mergulhava na angústia sem obter respostas.

De volta à loja, com seus novos produtos, superava as próprias expectativas. A clientela não parava de crescer. Ela aprofundou-se no ramo, começou a fazer vários cursos livres de decoração e ampliou seus contatos e fornecedores. De certa forma, o trabalho a distraía e aliviava a dor de sua paixão não correspondida por Bernardo. No fundo de sua alma, aguardava um telefonema.

Uma noite, desesperada, cansada de ficar ao lado do telefone esperando-o ligar, ela resolveu sair com uma amiga para dançar. Ana, que trabalhava em uma multinacional, havia contratado seus serviços para decorar os novos escritórios da empresa.

– Você está bem? – perguntou Ana. – De repente ficou pálida.

Melissa não respondeu. Suas mãos estavam trêmulas.

– Nossa, você está passando mal? Está pálida e trêmula. O que aconteceu? Bebeu além da conta? – perguntou Ana preocupada.

– Isso não é nada, vai passar – respondeu Melissa quase sem forças.

– Há quanto tempo você está tendo esses sintomas? Você está doente? Foi ao médico?

– Não, já falei, não é nada! – respondeu Melissa irritada.

Não demorou e Melissa precisou ser socorrida. A bebida, o ambiente fechado e a fumaça fizeram com que perdesse os sentidos. A caminho do hospital, pediu para Ana ligar para Saul.

Ao saber, o rapaz correu para o pronto-socorro para ver a querida amiga. Ficou surpreso com o diagnóstico do médico. Ela não tem nada, apenas exagerou na bebida. Recomendo repouso e ficar bem longe de bares e do álcool. Precisa se desligar, relaxar, distrair-

-se e evitar beber. Não é nada sério, mas *overdose* por álcool não é bom para a saúde.

Saul agradeceu e levou Melissa para casa. No caminho indagou sobre o fato de ela ter bebido tanto. Hesitante, a jovem lhe contou o que vivera em Paris com Bernardo.

— Saul, não consigo esquecê-lo, penso nele dia e noite. É um inferno. Não consigo pensar em outra coisa. Bebi para esquecê-lo. Não consigo me concentrar no que estou fazendo. Ele parece um fantasma que mora nos confins da minha alma atrelando-me na trama dramática de uma relação intensa, mas imaginária e invisível. Ela acontece do lado de dentro, na alma. Do lado de fora, tudo é silêncio. Sonho com ele todas as noites. Acordo pensando nele. Ele domina a minha vida, meus pensamentos e sentimentos. Estou alucinada, não desejo outra coisa senão ele! Não sei o que fazer, a vida perdeu a cor, o sabor, o sentido... só desejo estar com ele.

— É, Melissa, mas a bebida não vai resolver o problema. Pare com isso já. Sendo homem não entendo as atitudes de Bernardo. Pensamos de forma muito diferente. Só levo uma mulher para o teatro e para jantar várias vezes se estiver com a intenção de viver um relacionamento ou no mínimo uma aventura. Não sei o que move esse moço a ter esse tipo de atitude. Acho que já passou dos limites e você deve se afastar dele. Não aceitar mais esses convites. Ele não lhe dá valor. Parece que ele está brincando com seus sentimentos, precisa esquecer essa história e seguir sua vida. Será melhor. Será que ele não está querendo apenas sua amizade e você está se iludindo sozinha?

— Saul, não compreendo as atitudes dele. Quando estamos juntos no mundo material ele nem me toca, não quer nada comigo, mas no astral, quando nos encontramos, ele me beija e faz declarações. Por esse motivo não consigo esquecê-lo um só minuto. Sinto que vou enlouquecer de saudade. A dor dessa saudade é simplesmente insuportável, você não imagina como tenho sofrido.

Tudo tem um motivo ❦ 237 ❦

– Melissa, você precisa estar atenta ao chamado da vida. Terá de aprender grandes lições: não seja obsessiva e aprenda a controlar sua mente, seus sentimentos e suas emoções! Respeite a si mesma, cultive a dignidade!

– Eu me respeito, Saul, tanto que assumo o que sinto por ele! – respondeu Melissa indignada.

– Melissa, você está assediando-o com essa relação doentia e possessiva. As causas desse relacionamento unilateral e mórbido com certeza estão no seu passado, em outras vidas e na rejeição que sofreu com Pallone. Você está atravessando essa vida totalmente desequilibrada no seu universo afetivo. Parou no tempo, nas experiências de rejeição e no abandono. Você alimenta ideias absurdas, incoerentes e mórbidas, além de sentimentos não resolvidos. O custo dessa obsessão é alto demais. Você está cega, surda e muda para a realidade. A paixão e o amor não são ruins, desde que não sejam cometidos exageros. Se você estudasse *O Livro dos Espíritos* ia compreender o que lhe falo:

As paixões são como um cavalo, que é útil quando governado e perigoso quando governa.[24]

"A meu ver, já começou a exagerar e isso não vai lhe fazer bem. Já está ficando doentio. Cuidado. Pare enquanto é tempo. Você está entrando num processo extremamente obsessivo. Temos um reino em nosso poder para governar: o reino interno. Seus muros precisam ser fortes para não permitir que a invadam. Somos nós que decidimos quem entra e quem sai por meio das nossas escolhas e da nossa vontade. Vontade enfraquecida, muros caídos, invasões espirituais... cuidado!"

– Pode ser, mas a intensidade do que sinto por ele é absurda!

---

24   KARDEC, Allan. *O Livro dos Espíritos*. Capítulo XII. Item 2. Questão 908 (N.M.).

– Eu sei, minha amiga, mas controle-se! Não caia numa dependência excessiva! Não seja obsessiva! Tome consciência e reforme-se interiormente, busque o autoconhecimento!

– Não consigo! É muito difícil! Na verdade... é impossível!

– Você adora essa frase, é a sua preferida, tudo para você é difícil. Talvez ele seja um espelho para você se ver e acordar – complementou Saul.

– Como assim, um espelho? – perguntou Melissa assustada.

– Observe como ele é, o que você gosta e não gosta nele, seus pontos fortes e fracos, pois ele pode ser o seu reflexo – respondeu Saul. – Tudo o que você condena nele mora em você, que ainda não se deu conta. Talvez ele apareceu na sua vida para você tomar consciência de quem você é, para enxergar quais sombras carrega para elevar sua consciência. Nos espelhamentos são repetidas as nossas fraquezas, a fim de que observemos e operemos modificações nas nossas ações, nos nossos padrões; encarando as ilusões, compreendendo a verdade, enfrentando nossas sombras sem enxergar o mundo de forma distorcida pelas nossas emoções.

– De jeito nenhum, eu não sou o reflexo dele, pois não sou fria, calculista, mesquinha, covarde e egoísta. Não costumo brincar com os sentimentos dos outros. Não iludo ninguém. Não tenho nada parecido com ele.

– Será que nunca brincou com os sentimentos dos outros nesta ou em outras vidas? Por que você o está julgando dessa forma? Por que ele lhe parece egoísta, calculista, frio, covarde e mesquinho? Não entendi. E quando você estava no cabaré, por acaso não era egoísta? Não brincou com os sentimentos de um sujeito que até se suicidou?

Melissa não ouviu as últimas palavras de Saul e continuou falando:

– Por que ele não assume que me ama? É um egoísta, não quer me entregar o que me pertence por direito. Ele me roubou e não quer me entregar o que é meu!

Tudo tem um motivo ৡ 239 ৡ

– E o que é seu? O que ele roubou? – perguntou Saul.

– O amor. Não vai adiantar fugir, negar, o amor que está no coração dele é meu. Um dia vai ter de me entregar! – respondeu Melissa.

– Nossa! Isso é que é uma tremenda ilusão! Acho que leu demais a história da Cinderela. Será que esse amor é seu mesmo? De onde tirou isso? Pense bem. Acho que você está ficando maluca, isso sim! – disse Saul brincando.

– Não, Saul, eu sei que ele me ama, só não quer assumir, ele tem medo!

– Medo do quê? Cuidado, não se iluda; quando um homem ama uma mulher, ele não sente medo de nada e luta com todas as forças para tê-la ao seu lado. Acho que não é o caso. Ele não demonstra amá-la. Você está nutrindo um amor obsessivo. Saiba, minha amiga, que esse tipo de amor é como uma doença, um vício. Você está parecida com um viciado em drogas. Seu amor tem via única, só você ama e nutre um sentimento exagerado. Descuida-se de si mesma, não pensa em mais nada e sofre insônia, alucinações, lapsos de memória, além de estar desligada da realidade.

– Eu estou desligada da realidade, Saul?!

– Sim, senhora do drama – ele respondeu. – Está alucinada, perdendo-se nas violentas emoções e perdendo a dignidade! Está mendigando amor, implorando amor de quem não quer você. Está perdendo o senso de ridículo! Começou até a beber...

– Agora você exagerou. Não tenho culpa se não crê no amor, se é mal resolvido, se não encontrou um amor verdadeiro na sua vida! Se é um cético com relação ao amor! Não vou admitir que alivie suas frustrações comigo! Creio no amor, sei que amo Bernardo e ele me ama!

Saul não acreditou no que ouviu. Mal sabia Melissa que ele tinha encontrado o amor havia muito tempo. Ignorando seus comentários, conversou com ela por horas até que se retirou para que ela pudesse descansar. Depois de sua saída, Melissa tomou um banho, fez um chá e foi dormir.

Rolou de um lado para outro na cama por horas, até que finalmente dormiu.

Durante o sono, sentiu ser levada para o mundo astral, onde Bernardo, sentado diante de uma mesa, disse:

– Eu a amo! Eu a amo! Contudo, não posso ficar com você, mas eu a amo!

– Se me ama por que não pode ficar comigo? Não entendo! – perguntou Melissa desesperada.

Bernardo afirmou que a queria muito, e mostrou o coração aberto, ferido, machucado, mas repleto de sentimentos de amor por ela.

– Por causa de nossos débitos, não temos autorização para ficarmos juntos nesta vida! Eu a reconheci! Sei que você é o grande amor da minha vida! Não se afaste de mim! – afirmou Bernardo!

Melissa acordou sobressaltada.

– Nossa, que coisa mais absurda, disse que temos débitos, que me ama, mas não pode ficar comigo. Que encontro estranho foi esse? – perguntou Melissa para si mesma, indignada.

Com o coração em frangalhos, mas com as esperanças renovadas, perdeu o sono, perambulou pela casa durante toda a madrugada, mas, finalmente, cansada, quando estava quase amanhecendo, voltou a dormir.

Durante o sono, sentiu novamente Bernardo puxá-la violentamente para fora do corpo.

Fora do corpo, em um lugar do astral, Bernardo puxou Melissa para junto de si, beijou-a violentamente e fez amor com ela várias vezes. Ela se deixou dominar completamente por ele, sentiu-se arrebatada, perdeu-se em seus braços. Entre abraços apertados, ambos se entregaram, sem que soubessem se era certo ou errado.

– Decidi que vou ficar com você! – disse Bernardo com tom de voz apaixonado.

Tudo tem um motivo ❦ 241 ❦

– Que bom, eu também quero ficar com você! Eu o amo! – respondeu Melissa completamente dominada por ele.

Melissa novamente acordou sobressaltada, sem compreender o que havia acontecido, acordou sentindo o cheiro de Bernardo em seu corpo e até com intenso desconforto em suas partes íntimas, com a nítida sensação de que havia acabado de fazer amor com ele.

"Como pude sentir tudo isso? Que loucura era essa que estou vivendo que transcende a lógica, a razão, como fiz amor com Bernardo fora do corpo no mundo astral? Que insensatez é essa que estou vivendo? Estou enlouquecendo?"

A dor da saudade que sentiu ao acordar foi insuportável. Mal conseguiu levantar-se para ir trabalhar. Estava impregnada pelas lembranças de suas experiências extracorpóreas com Bernardo. Sentia-se perdidamente apaixonada e alucinada. Melissa já não era a mesma, estava atordoada, com uma sensação de fraqueza e pressentia vultos em todos os lugares, achava que estava ficando louca. Sentia-se deprimida, triste e muito angustiada.

Inconformada com seu estado emocional e com as experiências extracorpóreas, resolveu procurar Bernardo, precisava falar com ele e saber o que estava acontecendo. Com certeza, ele teria alguma resposta para lhe dar...

– Alô, Bernardo, tudo bem com você? É Melissa... preciso falar com você urgente! Ah! Sei, está viajando, e quando volta? Daqui a dois meses? Nossa! Tudo isso? Está bem, quando chegar me liga, preciso falar com você! Obrigada. Abraços.

Melissa desligou o telefone muito aborrecida, pois teria de esperar dois meses para falar com Bernardo sobre o que estavam vivendo no astral.

Nessa altura, ela estava completamente nervosa, triste, desesperada, irritada e frustrada. Começou a ficar revoltada com ele, culpando-o pelo que estava lhe acontecendo. Ela se esforçava ao máximo para manter a loja. Nas semanas que se seguiram, continuou vez por outra a encontrar-se com ele fora do corpo e a fazer amor como uma louca. A cada encontro no astral ela ficava mais apaixonada, dominada e totalmente sem forças. Seu universo psíquico, o emocional, estava sobrecarregado e desgastado. Na verdade, estava um trapo humano, quase enlouquecendo de tanta paixão e desejo. Não pensava em outra coisa dia e noite, o tempo todo. Sem notar, começou a emagrecer, perder o apetite, sofrer de insônia e ter pesadelos terríveis. Descuidou dos negócios e pediu ajuda para Saul, pois não tinha disposição para mais nada. Não procurou ajuda e não falou mais sobre esse assunto com ninguém. Guardou tudo para si mesma e ficou cada vez mais dependente de suas experiências fora do corpo. Procurou um médico que lhe receitasse algum remédio poder dormir. Estava cega, surda e muda à razão. Caíra nas malhas da ilusão, era uma dura prova que a faria sentir o sabor dos próprios desenganos.

No astral, perfeitamente entrosados na vingança que abraçavam, e felizes com os resultados de seus feitos, Martelo, Lucrécia e Espinafre conversavam sobre os últimos acontecimentos:

— Por essa eu tenho de parabenizá-lo — disse Lucrécia toda feliz. — Seu plano é fantástico. Essa tonta pensa que é o Bernardo que está com ela fora do corpo! Sem perceber, ilude-se, apaixona-se e alimenta cada vez mais essa paixão de forma desenfreada. Amo tudo isso! As paixões avassaladoras são maravilhosas para acabarmos com quem desejamos! Pobres mortais estúpidas! Ah! Se soubessem como o amor platônico e a falta de controle emocional nos facilita as vinganças! Em breve, ela estará completamente louca e Saul não terá outra opção a não ser interná-la! Parabéns, meninos! Sinto orgulho de vocês!

– Não por isso, minha deusa, não por isso! Estou aqui para servi-la sempre! Conte comigo e com meu bando! Seu desejo para nós é uma ordem!

– Continue com esse plano, que é fantástico! – ordenou Lucrécia exalando sua fúria, sem conseguir se controlar. Em seguida, satisfeita com os acontecimentos, retirou-se para seus domínios macabros.

23

Abrindo as portas para a loucura

Chame do que quiser: vício, mania, loucura, obsessão, um erro. Eu chamo de amor.
Jéssica Barreto

A chuva fina daquela tarde não impediu Melissa de fixar seus olhos no telefone, aguardando ansiosamente uma ligação de Bernardo. Os dias estavam cada vez mais longos e demoravam a passar. O telefone continuava mudo, provocando sua obsessão doentia. Ela perguntou a si mesma, o que aquele homem estava fazendo com sua vida? E rindo-se sem alegria, irônica, duvidava da existência de Deus, que lhe cobrava um alto tributo por seus sonhos de amor. Sua alma descrente era puro silêncio, e seus olhos perdiam-se no ar. Estava inconformada com a indiferença de Bernardo, um monstro insensível, ao qual se ligara mentalmente e não desejava se soltar, pois dentro dos seus olhos claros encontrava tudo o que sua alma desejava amar. Sobrevivia do passado, dos encontros desencontrados fora do corpo. Sufocada, angustiada, o corpo cansado, morrendo aos poucos, sentia-se envenenada pelo louco desejo de ter aquele homem. Com os olhos rasos d´água, ela resolveu quebrar o silêncio e procurá-lo.

Tudo tem um motivo   245

– Você desapareceu, não deu mais notícias, ficou de me ligar... – disse Melissa tristonha.

– Estou muito ocupado – ele respondeu ríspido, defendendo-se, incomodado com o telefonema, que para ele era uma invasão de privacidade.

– Preciso conversar com você – ela falou baixinho.

– O que houve? – ele perguntou rudemente, com tom orgulhoso.

– Gostaria de entender as razões de termos nos encontrado fora do corpo várias vezes e feito amor...

– O que você está me dizendo? Nós nos encontramos fora do corpo e fizemos amor? Isso é piada, alguma brincadeira? Só pode ser. Você deve estar muito doente, carente ou ficando maluca mesmo! – disse Bernardo, indignado, do outro lado do telefone.

– Não é nada disso, Bernardo. Não estou maluca nem doente, temos nos encontrado fora do corpo e eu pensei que você me explicaria o porquê de isso estar acontecendo. Sei que tem um forte poder mental e lida com energias...

– Não sei do que se trata, não tenho a menor ideia do que você está falando – ele respondeu.

Melissa fez uma pausa, organizou seus sentimentos, pensamentos e continuou:

– Bernardo, analise se o seu poder mental não tem me atingido. Se mesmo inconscientemente não tem tido desprendimento espiritual e vindo atrás de mim para viver no astral o que não quer viver no corpo físico.

– Deixe-me pensar um pouco... Nunca neguei que a desejo, mas não deixei de revelar que não tenho a menor intenção de me envolver com você; sou casado, tenho três filhos e amo minha mulher. Já lhe disse em outras palavras que não tenho disponibilidade para outros relacionamentos. Não sei ao certo o que está acontecendo com você, talvez sejam projeções mentais...

– Você é casado e nunca me disse?! – perguntou Melissa nervosa.

– Não tenho de lhe dar satisfações da minha vida, se enxerga! – respondeu Bernardo de forma grosseira.

Melissa, atordoada, continuou:

– Mas você fora do corpo disse que me ama e quer ficar comigo! Ah! Disse também para eu não me afastar de você, senão eu iria me machucar!

Sem que ela pudesse ver, ele balançou negativamente a cabeça, com ar surpreso do outro lado do telefone.

– Isso é loucura! Não me lembro de ter estado com você fora do corpo em nenhum momento – ele respondeu. – Não me lembro de ter feito amor com você! Não sei do que está falando, não tenho ideia do que está acontecendo. Acredite, você está enlouquecendo. Nunca me encontrei com você fora do corpo, isso é loucura! E lhe garanto: não tenho nada a ver com isso. Ou está paranoica, ou é sensitiva e capta as minhas projeções mentais, ou seja, meus pensamentos e desejos, mas isso não tem nada a ver com encontros astrais fora do corpo – respondeu Bernardo friamente.

– Como assim? O que quer dizer com suas projeções mentais? Não entendi.

– De vez em quando, é claro, penso na possibilidade de fazermos amor. Sou casado, mas não estou morto, e você é uma mulher atraente. Talvez, você capte meus pensamentos, as imagens da minha mente, das minhas fantasias; isso é telepatia. Mas não significa que me encontrei com você fora do corpo. Na verdade, tive um simples pensamento e você o captou. Sem saber, invadiu minha privacidade, entendeu? Isso se você estiver com a mediunidade aguçada. É só isso. Acredito que tenho o direito de pensar, fantasiar e imaginar o que eu que quiser. Agora, se você capta e sofre por meio da sua sensibilidade espiritual, o problema é seu e não meu. Procure ajuda, senão pode ficar louca. Mas creia pela milésima vez: não quero nada com você. Você não é o perfil de mulher com quem desejo me envolver. Sou muito bem casado.

O comentário dele fez os olhos de Melissa encherem-se d´água, mas, segurando as lágrimas, tentando ser forte, ela respondeu:

— Pensa que me engana com essa desculpa de projeção mental? Já procurei orientação. Esses encontros fora do corpo não aconteceriam sem o seu e o meu consentimento. Você sai do corpo e vem se encontrar comigo, faz fora do corpo o que não tem coragem de fazer no corpo. Pare de me enganar! Não sou uma idiota! Quero saber por que alimenta fora do corpo um relacionamento afetivo e sexual, se não tem a menor intenção de viver isso comigo no corpo físico principalmente por ser casado. Por que, Bernardo? O que quer de mim fazendo-me desejá-lo? Alimento sua vaidade? Preciso que seja transparente comigo, sincero. Ainda que o que tenha a me revelar não seja o que desejo ouvir. Por que você invade a minha alma e nela se esconde como um ladrão? Por que me escolheu para carregar sua presença ausente do lado de dentro da alma, onde tudo é silencioso? Ali, eu estou com você e você está comigo.

Ele respondeu com a voz indiferente:

— Melissa, cresça! Você é muito mimada! — ele respondeu, deixando-a perplexa.

— Não sou mimada, estou apaixonada — respondeu Melissa sonhadora.

— Melissa, não domino o que acontece no astral, não me lembro de absolutamente nada! Não sei do que você está falando e não invado sua alma, por tudo isso eu disse que talvez sejam apenas minhas projeções mentais. Más se de fato esses encontros estiverem acontecendo, acredite, não são comigo! Não me lembro de nada! Isso é loucura! Estou sendo sincero. Lamento.

— Como você pode ser tão covarde? Não acredito numa coisa dessas! Seu depravado! Seu cafajeste! Não consigo acreditar que você não tem noção que me faz sangrar e doer. Não acredito que você quer me despedaçar de propósito e isso lhe traz satisfação, que você se satisfaz com a minha dor...

– Pense o que quiser, cansei de explicar, você não quer entender! Você está louca! Louca de pedra! – gritou Bernardo muito nervoso.

– Tudo bem – respondeu Melissa totalmente desolada, ela não acreditava no que acabara de ouvir, desligou o telefone e foi chorar copiosamente no seu quarto, se esconder debaixo das cobertas desesperada, pois não suportava a dor daquela paixão, muito menos a frieza e a rejeição expressadas no tom de voz de Bernardo. Por algumas semanas quase não se levantou da cama, e o seu amor se transformou em ódio. Ela passou a odiar Bernardo com todas as suas forças, pela dor que ela acreditava que ele estava lhe infligindo com sua indiferença e seu desdém. Aos poucos, começou a reagir e voltou a trabalhar, mas sem o menor ânimo nem vontade.

Os encontros fora do corpo com Bernardo continuaram, e estavam cada vez mais fortes. Melissa entrou paulatinamente num desequilíbrio emocional e psicológico profundo. Não saía de casa, não se divertia, pensava fixamente em Bernardo, o tempo todo. Sua mente não tinha espaço para mais nada. Os encontros deixavam-na cada dia pior como ser humano, pois os sentimentos negativos – rejeição, abandono, frustração, desprezo – se avolumavam dentro dela, faziam com que de um lado sentisse saudade, mágoa, tristeza e melancolia, de outro culpa, raiva e ódio de Bernardo, muito ódio. O relacionamento com as funcionárias e clientes na loja não era mais o mesmo. Ela vivia triste, nervosa e irritada. Perdeu alguns clientes importantes, mas estava completamente alienada e não se importava com nada à sua volta.

Naquele inverno, cansada de sofrer, resolveu ir até a casa da amiga Ana, procurar ajuda.

– Como vai? Seja bem-vinda – disse Ana feliz ao receber Melissa em sua casa.

– Indo – respondeu a jovem com muita tristeza na voz. Em pouco tempo colocou a amiga a par dos acontecimentos na esperança de encontrar uma resposta, um consolo ou uma solução para o seu sofrimento.

– Ana, não sei o que acontece, acho que convivo fora do corpo com um outro homem que não é ele. Talvez tenha me apaixonado por um fantasma que habita as profundezas da sua alma. Ele no corpo me nega, despreza-me. Contudo, fora do corpo não tem medo de falar o que sente, o que pensa, o que quer. Ele se assume, sem medo, sem roupagens. Ele não mente, não teme ser dependente, ele sabe que o que sinto por ele é puro, é um amor sem exigências. O amor para ele não é um sentimento doentio e assustador, não se sente fraco, sabe que nenhuma mulher pode enfraquecê-lo, não tem medo de abaixar a guarda, não teme sentir a necessidade de uma mulher, ele demonstra a necessidade de me ver, não recua nem tem medo de perder a força.

Ana, surpresa, respondeu:

– Nossa, Melissa. Que coisa mais estranha e maluca! Como é que pode um homem se encontrar com você fora do corpo no astral e ser de outro jeito no mundo real? O que é isso? Esquizofrenia em alto grau? Não entendi! Que absurdo! Acho que você deve cair fora dessa loucura bem rapidinho, antes que perca o juízo de vez! Eu hein!!! Você sabe que há dez anos sou espírita e trabalho no centro espírita. Nunca ouvi falar dessas coisas! Você já procurou um psiquiatra? Será que não está com problemas mentais? Olhe, sou sua amiga, mas isso é obsessão e já virou uma doença grave, você está abrindo a porta para a loucura, cuidado...

Melissa, respirou fundo, contou até dez, organizou os pensamentos e continuou:

– Ele disse que não se lembra do que acontece nas projeções astrais, mas eu me lembro de tudo! Vejo cenas de vidas passadas! E sempre fora do corpo ele diz que me ama e se entrega de forma absurda, nunca vi um homem com essa capacidade de entrega! Ele é lindo por dentro quando se entrega e quando se deixa amar de verdade! Na essência, ele é puro, cristalino e intenso!

– Melissa, você está sendo iludida! Acorde! Procure ajuda espiritual urgente, você está se desequilibrando, já não consegue trabalhar como antes. Essa paixão invadiu toda a sua psique e está provocando consequências nefastas em todas as esferas da sua vida! Você está paranoica e obsessiva! Pare com isso! Onde já se viu ficar desse jeito por causa de sonhos? Já parou para pensar que tudo isso pode ser uma perturbação espiritual ou apenas sonhos nítidos, ou seja, sua própria mente construiu toda essa realidade a fim de satisfazer seus desejos não realizados? Você se ilude consigo mesma! Você pode desencadear uma esquizofrenia grave...

– Você tem razão, preciso de ajuda mesmo, e pelo que vejo não será de você que vou recebê-la – respondeu Melissa entristecida com o que acabara de ouvir.

– Amiga, encare a realidade, procure por um especialista que possa ajudá-la a voltar a ter o controle sobre si mesma! Veja o estado lamentável em que está. E, pelo amor de Deus, não conte essas coisas para ninguém, pois vão rir de você, vão achá-la uma demente.

– Está bem, farei isso. Obrigada por me ouvir, desculpe ter tomado seu precioso tempo – respondeu Melissa já se retirando em tom sarcástico.

Melissa, sem o apoio esperado da amiga, naquele instante teve certeza de que não podia compartilhar com mais ninguém os seus problemas, pois todos a achariam louca de pedra. Assim, sentindo-se completamente sozinha, desamparada e decepcionada, voltou para a casa e mais uma vez buscou um atalho para os problemas. Sentou-se na varanda e, contemplando a paisagem, bebeu vinho até quase cair. Após algum tempo, completamente bêbada, aborrecida e desesperada foi até o banheiro, abriu o armário e pegou uma caixa com remédios para dormir que o médico havia receitado por causa da insônia. Seria tão mais fácil se simplesmente os tomasse e acabasse com tudo, nada mais a atormentaria, nada mais a machucaria. Seria somente um sono profundo e eterno, que a livraria daquela agonia e do sentimento de rejeição que parecia perfurar seu coração. Sem pensar duas vezes, entregando-se de bandeja aos seus inimigos espirituais, uma força oculta a dominou e ela colocou vários comprimidos e um pouco de vinho na boca, engolindo de uma só vez. Enquanto engolia os comprimidos, chorava, revoltada com Deus e Jesus, considerando-os naquele instante, péssimos escritores. Para ela, o roteiro que escreveram para a sua vida fora um verdadeiro fracasso, um filme sem graça, estranho e ridículo, sem público nem aplausos. Lágrimas negras do rímel desciam por suas faces. Quase sem forças, ela relutava em viver, crescer e aceitar que ela mesma era uma péssima roteirista da sua própria história. Achou que o suicídio a livraria de tudo, mas estava tremendamente enganada, pois as feridas não se curam nem após a morte. Algumas horas depois, encolhida no canto da sala, imersa na escuridão das suas dores, foi encontrada por Saul que foi visitá-la sem avisar. Ela estava em um estado deplorável, jogada no chão. Havia uma poça de sangue ao lado da sua cabeça. O brilho escarlate fez com que Saul se sentisse tonto, desesperado. Vencendo a vontade de cair ao lado dela, ele simplesmente se colocou ao seu lado e viu que ela havia batido a cabeça na quina da mesa de vidro, pois ali também havia gotas de sangue. Ele não acreditou que sua amada voltara a beber e que estava desmaiada. Saul viu a caixa de remédios caídos no chão e deduziu o que havia acontecido. Imediatamente, levou-a ao hospital. Ela foi socorrida a tempo. O médico fez uma lavagem estomacal e a deixou em observação. Fora isso, levou cinco pontos na cabeça.

– Recomendo a internação – disse o médico. – Um hospital psiquiátrico seria o ideal. Seu estado emocional é lamentável...

Saul arregalou os olhos e balançou negativamente a cabeça.

– Não, de forma alguma. Vou cuidar dela, ela vai melhorar e colocar a cabeça no lugar. Hospital psiquiátrico? Nem na outra vida!!

– Sei que o senhor é um grande amigo, mas, acredite, não há outro jeito. Por ora ela esta medicada e calma, mas em breve pode tentar o suicídio outra vez. Quais os recursos que o senhor dispõe para garantir a vida dela? Pense bem. O senhor trabalha, sai para fazer compras, e ela ficará sozinha. Imagine se um dia, voltando para a casa, encontrá-la desse jeito e não der tempo de socorrer... O senhor tem certeza de que ela não está se drogando?

– Tenho certeza absoluta. Os problemas com as drogas ficaram para trás. Melissa bebeu e caiu, foi só isso que aconteceu.

– Veja bem, a responsabilidade é muito grande e como ela não tem parentes para cuidar dela, só o senhor não vai dar conta. A internação é o melhor.

– Não, internação de jeito nenhum! – gritou Saul muito nervoso.

– Está certo, essa é a primeira tentativa de suicídio – disse o médico –, caso haja reincidência o caso vai ser diferente. Aconselho-o a levá-la a um psiquiatra com urgência.

– Obrigado, doutor! Vou levá-la, pode deixar! – disse Saul grato.

No dia seguinte, Melissa teve alta e retornou para casa. Saul, pacientemente, cuidou dela, deu-lhe um banho, trocou suas roupas, fez uma sopa deliciosa e quis entender o que havia acontecido, por que ela chegara àquele ponto. Melissa estava tonta, olhava ao redor e se sentia alheia a tudo. O que ainda fazia ali? Não deveria ter acordado em outro lugar após o que havia feito? Olhou para Saul, que esperava por respostas, tentou falar, mas a voz não saiu. Então, em poucas palavras, que saíram trêmulas, e com muita dor de cabeça, colocou-o a par dos acontecimentos.

– Nossa! Melissa, não acredito que está vivendo esses fenômenos, essa fixação mental! Quando comentou o fato, logo que voltou da Itália, falei para tomar cuidado que podia ser um processo de obsessão! Você está sendo irresponsável com você mesma, com sua vida, com seu espírito! Esse moço tem razão, são apenas projeções e ele não se lembra porque não é com ele que você tem feito amor fora do corpo! Não acredito que caiu numa armadilha dessas! Eu bem que a avisei. Mas você é teimosa, não me escuta. O que posso

Tudo tem um motivo ⚜ 253 ⚜

fazer a não ser deixá-la beber o vinho azedo das consequências da sua cegueira e de suas péssimas escolhas e experiências?

– Como não é com ele? Claro que é com ele! Eu o vejo, sinto o seu cheiro! Sei que é ele. E quer saber? Ele se lembra de mim sim, diz o contrário para não assumir que quer fazer sexo comigo fora do corpo! Esse cara é muito folgado.

Saul balançou negativamente a cabeça e respondeu:

– Melissa, esse moço não tem nada a ver com o que está acontecendo com você, ele é inocente. Você tem dons que desconhece. Ou você está captando as imagens mentais criadas por ele e pensa que são reais, ou muito provavelmente você está fazendo sexo com vampiros sexuais, que a estimulam por indução mental e afetiva.

– Vampiros sexuais? Do que você está falando? – ela perguntou assustada.

– De espíritos sensuais trevosos masculinos, que drenam a energia sexual das mulheres que alimentam desejos e paixões violentas não correspondidas, isso é uma experiência comum nas projeções astrais para os médiuns desavisados, descuidados, que acabam vampirizados até não terem mais forças, até estarem totalmente esgotados. Acredito que o seu caso envolva essa segunda opção. Bernardo não passa de um "artifício" deles. Já falei que pode ser um vampiro sexual contratado e enviado por causa de alguma vingança espiritual, situações mal resolvidas de outras vidas! Acerto de contas! Para mim, você está sendo terrivelmente perseguida! Deixe de ser teimosa e liberte-se desses sentimentos nefastos! Fortaleça sua mente, pois eles a estão dominando e fazendo-a escrava de seus desejos.

– Não é nada disso! Você está maluco! Eu sei que é o Bernardo. Vejo o rosto dele, o corpo, as mãos, os olhos... Sei que é ele! Eu sinto, conheço a energia e o cheiro! – gritou Melissa.

– Melissa, deixe de ser ingênua, você é inexperiente; esses espíritos dominam técnicas de plasmagem e se apresentam com a imagem do homem que você deseja para absorver sua energia anímica e praticar atos negativos no plano astral, a fim de se vingar e fazê-la sofrer. A imagem do Bernardo é isca para induzir você ao desejo, à volúpia sexual! Eles captam a imagem de quem deseja e as reproduzem! Veja os danos que estão causando em sua psique, no seu emocional. Está sem energia, a cada dia está ficando mais frágil, impotente para dominar a si mesma. Saia dessa obsessão afetiva para se livrar da subjugação espiritual. Pare para pensar se não se apaixonou por esse espírito trevoso.

– Você enlouqueceu? – perguntou Melissa indignada.

– Você mesma disse que Bernardo é de um jeito na vida real e no astral é de outro. Sua própria percepção a está avisando. O mundo astral tem de tudo, espíritos bons e maus, nem tudo são flores, nem tudo é belo! A maldade existe neste mundo e no outro lado da vida também! É preciso ter cautela e ficar vigilante para não cair em armadilhas. É preciso evitar paixões alucinantes não correspondidas para não ser presa fácil desses vampiros. Você os está atraindo com seus sentimentos desregrados. Eles se alimentam de mulheres mal resolvidas, mal-amadas e que vivem amores platônicos.

– Não, Saul, você está enganado, é ele mesmo! Só não tem coragem de me assumir, eu sei que ele me ama e sofre por não poder ficar comigo. Tenho certeza de que ele me reconheceu de outras vidas, mas seus compromissos atuais não permitem que ele me assuma, ou seja, que tenha coragem de experimentar me amar, pois no fundo ele sabe que se isso acontecer, não vai conseguir me deixar. É um amor profundo e verdadeiro, é muito forte, de outras vidas! É isso, ele tem medo do que sente por mim! Ele tem medo de se entregar! Parece absurdo? O Bernardo é um covarde, isso sim, deve ter perdido algumas batalhas e desistiu da guerra! Desistiu dos seus sonhos, está malcasado, mas priorizou a vida material, mergulhou na solidão e a acha produtiva e útil. Ele está se enganando e o tempo provará isso para ele.

– Minha amiga, quanta bobagem, lamento, mas você entrou num quadro de obsessão muito grave, por total descuido. Está completamente iludida. A paixão desvairada enfraqueceu sua mente e, aos poucos, você está se desequilibrando! Você não quer ouvir a voz do bom senso.

– Não estou desequilibrada! – gritou Melissa nervosa.

– Não! Então, por que tentou se matar? Suicídio é coisa de gente equilibrada? – perguntou Saul nervoso e preocupado.

– Não sei... – sussurrou Melissa.

– Melissa, preste atenção: pode até ser que vocês se encontraram uma, duas vezes no astral, no momento do reencontro, logo no início quando se conheceram na praia, mas depois sua paixão virou fixação, uma terrível obsessão pelo Bernardo, abrindo as portas para os obsessores sexuais do astral. A partir da sua fixação, você abriu as portas para a escravidão sexual. Você não foi capaz de aceitar um "não". No fundo, você é uma mimada! Não foi treinada para lidar com frustrações! Não suporta ser contrariada! Sua teimosia permite que seja vítima de obsessão. Os espíritos trevosos a identificaram, você deve tê-los prejudicado moralmente. Ou então é algum espírito a quem eles servem que não a perdoou e está buscando vingança! E você, com sua postura, permite que eles a vençam.

– Pare de dizer esses absurdos! Não acredito! – gritou Melissa desesperada.

Saul ignorou e, preocupado e tristonho, prosseguiu:

– Melissa, para se curar, se libertar, você vai precisar esquecer Bernardo; vai precisar parar de alimentar esses desejos sexuais e fazer um longo tratamento espiritual e psicológico para voltar ao normal. Do contrário, poderá ficar muito doente.

– Você está equivocado! Sei que é ele. Qualquer dia desses, ele vai criar coragem e assumir o que sente por mim. Vamos ser felizes juntos, vou esperar, você vai ver! E, outra coisa, estou curada, pois sei que não tenho cura!

– Melissa, minha querida, você está enganada. Vai esperar a vida inteira e não ficarão juntos. Você está se iludindo, não quer enxergar a verdade. Pare de se enganar! Acorde para a realidade, saia das ilusões! Encare que caiu na armadilha das paixões violentas! Você está à mercê dessa paixão, como o vento que a leva para lá e para cá, deformando sua personalidade, seu emocional e seu psiquismo. Supere, fique no controle e não fique tão suscetível a esse sentimento selvagem, a essa fascinação e subjugação espiritual!

– Você não entende, não é mesmo, Saul? Como você é teimoso... – ela murmurou.

– E como entendo! Meu mau é esse, entender até demais. Mas fique em paz. Está tarde, preciso ir para casa. Amanhã eu volto. Tome um banho, faça um chá, relaxe, ore e procure dormir.

– Vou tentar – ela balbuciou sonolenta.

– Boa noite.

24

As exigências da vida

> *O desejo sexual desgovernado pode levar à loucura, deve ser objeto de demorada análise e de redobrados cuidados. Força a ser domada (...) Antes que provoque profundas feridas na alma.*[25]
>
> Luiz Gonzaga Pinheiro

No dia seguinte, no fim da tarde, Saul retornou para continuar a aconselhar a amada amiga. Na noite anterior quase não dormiu preocupado com ela.

A porta estava destrancada e ele entrou. Melissa estava sentada na varanda, com uma expressão horrível. Parecia que seu rosto estava deformado pela raiva. Nem esperou ele entrar e disse:

– Pensei em tudo o que me disse ontem e concluí que você é frio e insensível. Acho que nunca amou ninguém na sua vida, por essa razão não me entende! Subjugação espiritual? Obsessão sexual? Você está delirando! – disse Melissa inconformada.

Saul respirou fundo, procurou ficar calmo, organizou os pensamentos, e respondeu:

---

25   PINHEIRO, Luiz Gonzaga. *Obsessão sexual*. Editora EME (N.E.).

— Melissa, acredito na paixão como porta de entrada para o amor; ela é salutar, natural, mas somente quando é recíproca e não provoca infortúnios em razão da falta de controle.

— Por que acha que essa minha paixão é má? — ela perguntou.

— Ora, porque não está abrindo as portas para o amor, um sentimento puro, que exige resignação. Você está alucinada, desestruturada, e isso não é saudável. Pode até ser que Bernardo seja seu grande amor. Que já viveram juntos em outras vidas, mas ele está casado, comprometido com outra mulher e com a educação dos filhos; e isso você precisa aceitar. Caso ele seja o seu amor eterno, nesta vida sairá vitoriosa e terá mérito para ficar com ele numa próxima encarnação se renunciar a ele, não for egoísta e permitir que ele cumpra com os compromissos assumidos anteriormente. Em vez de pensar em morrer, o que acha de tentar enxergar qual a grande lição que essa desventura amorosa está ensinando-a?

— Não tenho a menor ideia — ela sussurrou. — O que você acha que devo aprender?

— Acredito que seja superar o egoísmo. Como pode desejar construir uma vida de amor destruindo uma família? Provavelmente você pediu para se encontrar com ele nessas condições para aprender a abrir mão e desenvolver o amor ao próximo — ele respondeu.

— Eu devia estar bêbada quando pedi isso. De onde você tirou essa bobagem? Quem disse que não posso amar e ter um homem casado?

— Melissa, na verdade você pode, mas não deve. Amor é mérito. Se ele a amasse e desejasse ficar com você e se separasse da esposa por livre e espontânea vontade e ela aceitasse a separação com equilíbrio, não teria nenhum problema. Mas a questão é que ele lhe diz com todas as letras "não quero nada com você" e você não aceita. Acredite no que estou lhe dizendo, esse amor será sua queda, pois você está se destruindo, sem o menor domínio sobre si mesma. Tem um ditado que diz que quando é para ser Deus ajuda, quando não, Deus atrapalha. Você está sofrendo de grave obsessão por vampiros. Estou cansado de avisá-la, mas você não acredita no que falo nem busca ajuda no centro espírita. Você está me deixando muito preocupado.

— Se isso que está dizendo é verdade, por que a espiritualidade permite que esses espíritos trevosos me obsidiem e me vampirizem, mantendo relações sexuais comigo no astral, sem me proteger?

— Ora, trata-se de um ajuste de contas. Você, em vidas passadas, deve ter transgredido as Leis Divinas, trilhando a estrada da imoralidade e da criminalidade. E esta é uma oportunidade de reparar suas atitudes negativas do passado. Não se esqueça de que as vítimas no hoje foram os perseguidores no ontem. Além disso, você está invigilante. Está cansada de saber que é médium e precisa desenvolver sua mediunidade para colocá-la a serviço da humanidade como meio de reparar seus erros pelo amor. Deixou-se dominar pela ganância, pela paixão e pelos desejos carnais sem medir as consequências. Está cega, não aceita a realidade, ou seja, a decisão dele de não querer nada com você. Não respeita o livre-arbítrio de Bernardo. Por tudo isso, tornou-se obsessiva, tal qual uma criança. A criança, quando quer uma coisa, grita, esperneia, chora, faz birra e não desiste. O adulto infantilizado reage da mesma forma. Quando quer uma coisa difícil, não desiste, torna-se obsessivo, alimenta uma ideia fixa, engana-se, fica nervoso e não aceita um não como resposta. Para se vingar do mundo por não ter seus caprichos satisfeitos, tenta se suicidar. Passa anos alimentando um desejo sem desistir dele, ainda que este o infernize e o destrua e machuque quem está à sua volta. É isso que você está fazendo, reagindo como uma criança mimada. E os espíritos trevosos se aproveitam da sua teimosia, da sua infantilidade e imaturidade, fazendo-a de escrava sexual deles. Essa é uma experiência que lhe permite conhecer a força ou a fraqueza da sua alma. Ser fraca ou forte é sua escolha. Por esse motivo está sendo objeto de uso desses espíritos trevosos. Depende de você, e de mais ninguém, sair dessa situação.

– Saul, por que sou vítima desses espíritos horríveis? – perguntou Melissa triste e desesperançada.

– Minha querida, você está sendo vítima da sua própria obsessão pelo Bernardo. Com a baixa vibração, atraiu esses espíritos e se condenou a permanecer em campos magnéticos de baixíssima frequência, que a levaram a ter mal-estar e atitudes de autodestruição. Com isso, está encurralada e à mercê de predadores desencarnados que buscam fazer justiça com as próprias mãos. Esses obsessores sabem muito bem o que estão fazendo. Querem o seu fim. Você não me escuta, faz questão de ser fraca, de se colocar numa situação deplorável, de escrava e infeliz, quando na verdade não é; você é muito forte e poderosa. É a vida ensinando-a a ser forte, a buscar forças para aceitar e superar um não, a aceitar o que pode ser vivido e o que não pode, para aprender sobre seus limites e o dos outros. Quantas pessoas neste planeta não respeitam a vontade do outro e buscam ajuda dos espíritos trevosos para amarrar e seduzir aqueles a quem desejam e ainda têm a coragem de afirmar que amam quem escravizam?

– Saul, não consigo acreditar que estou sendo vítima de espíritos trevosos. Você é muito dramático. Acho que não crê no amor e cria essas fantasias.

Saul, com ternura e calma e um leve sorriso nos lábios, respondeu:

– Não, minha amiga, não estou fantasiando, você é que ainda não entendeu as exigências da vida. Ela está querendo que você cresça, amadureça e aprenda a amar incondicionalmente. Passou da hora de aprender a controlar sua mente, suas emoções, os seus desejos, aceitar os "nãos" e refletir sobre sua verdadeira natureza egoísta, mimada e infantil, para que supere essa fase e possa se tornar uma mulher consciente, madura, dona de si mesma e do seu destino. Seus desejos descontrolados jogaram-na aos lobos para que compreenda a importância da prudência, da força da sua mente e da perseverança para se libertar e não seguir os movimentos, os devaneios violentos de uma paixão desenfreada e obsessiva, que provoca a subjugação espiritual. Tem de conhecer, reconhecer e dominar seu mundo interno, criando fortalezas. Deve desenvolver sua espiritualidade. Os desejos abriram as portas da sua alma para que você enxergasse todas as suas fraquezas e pudesse superar uma existência superficial, vaga e efêmera vivida até então, reestruturando sua personalidade infantil e fútil. A Lei de Causa e Efeito a está barrando, seu emocional infantil chegou ao fim, seu tempo se esgotou, sua imaturidade perdeu a validade! Acorde! É chegada a hora de se libertar dos amores obsessivos, da irresponsabilidade que está carregando vida após vida e que, com certeza, são a causa das suas intermináveis quedas. Isso está acontecendo para você finalmente amadurecer e se libertar dos abusos que está cometendo em nome do amor!

– Fraquezas? Futilidade? Quedas? Amadurecer? Do que está falando? Não exagere, Saul! Eu me apaixonei, só isso! Não crie fantasmas à toa! Estou sofrendo por amar quem não me quer, apesar de me amar!

– Não é só isso não, Melissa! Está sofrendo porque insiste em viver um amor platônico, que a está enlouquecendo aos poucos, minando suas forças com experiências extracorpóreas que envolvem espíritos trevosos vingativos. A vida a está convidando para aprender a dar o primeiro passo rumo à ascensão espiritual, ou seja, a controlar sua mente, sua vontade e suas emoções, renunciando a uma paixão pelo bem de outras pessoas, alcançando uma personalidade irrepreensível. Isso tudo só será possível se você libertar a alma do cativeiro do desejo e da paixão desregrada! Veja o seu estado físico, psíquico e emocional! Acabou de tentar o suicídio! Você está ficando apática, letárgica, iludida e com baixa autoestima e, o pior, buscando a própria morte! Aonde quer chegar? Por quê? Para quê? Percebe que está jogando fora a sua vida, desrespeitando a Lei de Deus e desprezando o maior presente que

Ele lhe deu, por causa de uma paixão não correspondida? Quanto será que negligenciou o amor em outras vidas para adquirir essa provação? Vença-a! Supere-a! Quantos amores será que já viveu ao longo de suas existências precedentes? Quantos amores viverá se conseguir superar essa obsessão? Vivemos num planeta com bilhões de habitantes e você fica fissurada em um único ser humano, e por causa dele tenta até o suicídio?

– Não quero nenhum outro homem em minha vida, quero somente Bernardo. Se não for ele, não será mais nenhum! Ele foi o último homem que amei nesta vida! Não haverá nenhum outro! O que sinto por ele é verdadeiro!

– Viu como é obsessiva e mimada? Melissa, acorde! Praticamente abandonou a loja, deixou-a nas mãos dos funcionários. Eu tenho ido lá e controlado as coisas para você, senão já teria perdido tudo outra vez, teria falido novamente! Até quando vai reagir aos acontecimentos da sua vida dessa forma infantil? Toda vez que a vida lhe nega alguma coisa deseja morrer, pensa em suicídio, deprime-se e se esconde atrás de vícios, abandonando todas as suas responsabilidades! Parece que a morte para você é a solução para tudo.

– Não consigo viver sem o amor dele; a vida não tem a menor graça! Para que viver sem amor?

– Melissa, seu problema é falta de amor-próprio e autoconfiança. No fundo, você tem baixa autoestima, não acredita em si mesma, no seu potencial. Busca ajuda externa, quando deveria buscar ajuda interna. Acredito que você tem medo de fracassar no amor e por essa razão nutre um amor imaginário e idealizado. Esse amor impossível é uma capa protetora para o amor real. Recusando-se a seguir para evitar uma dor maior, bloqueia os relacionamentos reais por meio de um amor imaginário. Na verdade, aprisiona-se no cárcere das ilusões, afastando-se do verdadeiro amor que nunca é obsessivo e possessivo. Fique atenta, Melissa, essa paixão é platônica e muito negativa. Você precisa se libertar...

Tudo tem um motivo ❧ 263 ❧

– E quem disse que quero me libertar? Eu quero amar! Saul, se ele aparecesse aqui na minha frente agora, sabe o que eu diria?

– Não faço a menor ideia!

– Cantaria o meu amor para ele. Já até compus uma canção, ouça:

Ah! Meu amor, meu amado, se você soubesse como eu gostaria de morrer em seus braços... Ah! Se o nosso amor nunca tivesse acabado... Sairia por aí de mãos dadas com você, sentindo o seu calor no seu corpo a me enlouquecer, entre abraços apertados, nosso corpo saciando-se em amores, sem saber o que é certo e o que é errado.

– Nossa! O que é isso? Um poema, uma música?

– Compus várias músicas para ele. Tem outra que falo do meu coração, quer ouvir?

Coração, veja se me deixa em paz e para de ferir meu peito, você pensa que tem o direito de me fazer sofrer, de me fazer cho-rar...

Ah! Coração, veja, não desfaça essa minha ilusão, ele é o mar.

Saul não quis ouvir mais nenhuma canção e esbravejou irritado. Pela primeira vez sentiu um grande ciúme de Melissa.

– Chega, Melissa. Parece que perdeu o juízo de vez! Como diz que se o amor não tivesse acabado, se ele nunca começou? Ele é o mar? Que mar? Bernardo é Bernardo, mar é mar, que confusão!

– Só mais uma:

Não adianta fugir, não adianta negar, esse amor que está aí no seu peito é meu, você me roubou, e não quer me entregar...

"São músicas lindas... Isso é amor, Saul. É o amor que sinto por Bernardo, um amor puro... quase estou voltando a cantar, acho que já escrevi músicas suficientes para lançar um disco..."

– Que coisa ridícula! Não acredito no que estou ouvindo. Como você consegue amar um homem que a despreza, que a maltrata, que a ridiculariza? É muita baixa autoestima para o meu gosto! E ainda por cima quer lançar um disco com músicas para ele! Acho que você se odeia! Que absurdo! É isso mesmo, você se odeiaaa-aaaaaa!

– Saul, acho que você está muito nervoso e amargo; nunca o vi desse jeito. Saiba, meu querido, que não me odeio, somente amo perdidamente Bernardo. Acho que é Deus quem me odeia por não permitir que fiquemos juntos. Não consigo explicar, é um amor alucinante e enlouquecedor, mas é amor. Escrevo letras e componho músicas para aliviar minha dor.

– Deixe de falar asneiras. Aceite que a vida a está convidando para conhecer todos os seus pontos fracos, sentimentos reprimidos, negativos e, principalmente, obsessivos, a partir dessa paixão não correspondida, na qual é vilipendiada e humilhada. Você tem de aprender a lidar com isso, reconhecendo-os e superando-os. Somente encarando todos os seus sentimentos negativos você conseguirá se libertar. Isso é pura obsessão de quem é mimado e não sabe ouvir um não! Você está completamente dominada!

– Você não é nada romântico, mas deixe isso para lá. Acho que não está bem... Não entendi o que quis dizer, traduz... Explique em detalhes – pediu Melissa curiosa e ao mesmo tempo assustada com as colocações do amigo, mas sem notar o ciúme que despertara no moço.

Saul engoliu em seco; sua vontade era de sair correndo e não precisar ouvir as juras de amor de Melissa para Bernardo. Aquilo estava começando a machucar profundamente o seu coração. Respirou fundo e mentalmente contou até dez para não perder a razão. Recompôs-se procurando se controlar e, após alguns segundos, calmamente disse:

– Melissa, até hoje sua vida foi um eterno labirinto. Você mergulhou num mundo interior para conhecer seus conteúdos aterradores e aprender a lidar com eles e por muito tempo ficou prisioneira de um mundo obsessivo e trevoso. Com certeza, repetiu esse

Tudo tem um motivo ❧ 265 ❧

padrão em muitas vidas, tendo profundas quedas. Já se suicidou em outras vidas por amor... Assim, sem ter consciência, você foi convidada pela vida a aprender a compreender a origem das suas quedas, obsessões, necessidades, a derrubar todas as ilusões, as máscaras, a conhecer os seus sentimentos negativos e reprimidos no seu inconsciente, as causas de suas carências e seus desejos sem limites. Foi convidada a crescer e a conhecer o resultado concreto das suas escolhas na vida. Mas preferiu mentir para si mesma, iludir-se, e por esse motivo está colhendo decepção e desenganos. Penetrou na dor para descobrir o caminho da própria cura. Isso é uma chance para reconhecer e controlar suas más inclinações, pois a baixa autoestima, o amor platônico e idealizado não fazem nenhuma mulher feliz, mas sim prisioneira da ilusão, escrava de vampiros espirituais. Você só vai superar essa paixão alucinada, violenta e profunda se acordar para essas verdades, se parar de ter medo de viver um amor real, que pode estar ao seu lado. Está sendo convidada pela vida a fortalecer sua vontade pautada em valores, em critérios morais firmes, no que é certo e errado, na distinção do bem e do mal. Pare e pense: apaixonar-se e pensar em se matar é certo ou é errado? Você tem de agradecer a Deus por tudo o que recebeu e trabalhar pela sua felicidade, sem ilusões e fantasias tolas, com os pés no chão, na realidade, vivendo o que de fato pode viver.

Melissa nada respondeu, olhou fixamente para os olhos de Saul, cansada e desanimada. Com os olhos marejados, segurou em suas mãos e tentou adormecer.

Saul sussurrou bem baixinho:

– Durma bem, amanhã eu volto.

Em seguida, ele se retirou. Deixou Melissa descansar; afinal, era muita informação para um único momento. Ele não cansava de tentar orientá-la, pois sabia que ela era uma mulher maravilhosa, com uma força espiritual imensa, capaz de operar milagres. O amigo sabia que tudo o que ela estava passando era para o seu crescimento e ele tinha certeza de que ela em breve superaria essa dura prova, essa paixão infantil e ilusória. Entrou no carro pensando que aquilo o estava contaminando; afinal, fora a primeira vez que perdera a compostura. Amar Melissa sempre amou, mas nunca havia perdido o controle de si mesmo e da situação. Ficou preocupado. Precisava tomar mais cuidado e não deixar transparecer seu amor, que havia tanto tempo estava guardado no baú da sua saudade. Ele e Melissa? Promessa que jamais se cumpriria.

25

Semelhante atrai semelhante

*O amor não correspondido é a arma que a alma
possui para transformar a personalidade ainda
infantil, para o cumprimento da missão do espírito.*

Marcus Vinícius

No dia seguinte, quando a Lua já brilhava no céu, Saul retornou à casa de Melissa. Foi até a cozinha, preparou-lhe um farto jantar e a serviu no quarto. Melissa estava bem mais calma e ficou muito surpresa com os cuidados de Saul.

— Nossa, quanta gentileza para uma moribunda apaixonada! — disse Melissa rindo.

— Vim cuidar de você até ter certeza do seu total restabelecimento.

— Saul, às vezes me pergunto o que seria de mim sem você.

Ele abriu um sorriso sem graça, tentando ocultar seus sentimentos. Melissa nada percebeu e continuou:

— Saul, acordei já faz algum tempo, mas estava sem forças para ir à cozinha. Você adivinhou, enquanto o aguardava, pensei muito em tudo o que me disse ontem, mas confesso que não compreendi muita coisa. Você pode ser mais claro e explicar por que essa paixão que sinto por Bernardo não é saudável?

– Melissa, essa paixão a desequilibrou totalmente, você virou prisioneira de si mesma, escrava de um amor platônico não correspondido. Atualmente, não pensa em mais nada, perdeu a vontade de viver, não faz outra coisa a não ser pensar nesse tal Bernardo, vive deprimida, triste, não busca ajuda espiritual e, o pior, alimenta em sua alma sentimentos terríveis de destruição! Precisa compreender que essa paixão apareceu na sua vida para ensiná-la a aceitar um não, para aprender a lidar com sentimentos negativos, superando-os, higienizando sua mente, suas emoções, transmutando situações, controlando seus impulsos, livrando-se das ilusões, libertando-se da tendência de ser suicida e obsessiva, a fim de desenvolver amor-próprio! A obsessão a deixa como uma morta-viva! Precisa aprender que viver exige aceitação. É claro que você deseja ser amada e feliz, mas perceba que está buscando o que é melhor para você, sem considerar o que é melhor para ele e a família! Entende? Precisa mudar sua visão de mundo, sua conduta, curar suas feridas, melhorar a autoestima. Você projeta tudo em Bernardo, ele é a salvação da sua vida! E não é... do jeito que está não conseguiria fazê-lo feliz de forma alguma.

– Por que diz isso?

– Porque ninguém pode amar o outro se não amar a si mesmo e não superar todos os sentimentos negativos despertados numa paixão não correspondida.

– Puxa! Como faço isso? Seja mais explícito! – solicitou Melissa.

– Certo, vamos a um exercício prático para você compreender melhor. Pare, pense, reflita e escreva numa folha de papel tudo o que está sentindo. Conheça todos os sentimentos negativos que essa paixão despertou e ainda está despertando em você.

– Isso é fácil!

Tudo tem um motivo   269

– Vamos, Melissa. Experimente, escreva um por um. Em seguida, sinta-os e deixe que se vão! Quando tiver terminado de escrever terá a noção exata de todos os sentimentos que carrega dentro de você, que moram na sua alma, alimentados nesta vida e em outras vidas e que precisam ser conhecidos, reconhecidos e superados. Listando esses sentimentos você vai descobrir o que precisa aprender com essa situação, com esse amor não correspondido. Cada sentimento negativo precisa ser substituído por seu oposto positivo. Quando conseguir fazer isso de verdade, estará curada e de fato terá aprendido a amar, pois o verdadeiro amor não faz ninguém sofrer, muito menos pensar em se matar.

– Ah! Quer dizer que o amor não faz sofrer? De que planeta você é, Saul? Estamos no planeta Terra!

– Não, Melissa. O verdadeiro amor foi feito para ser sentido. Quem ama não sofre, se isso acontece não é amor, é capricho, mimo, carência... é qualquer coisa, menos amor.

– Quem lhe disse isso? Então não amo Bernardo? Estou sofrendo por quê? Por que o odeio?

– Não, minha querida. Está sofrendo porque confunde amor com necessidades e carências. A necessidade de ser amada, a carência de ter um amor, isso a faz sofrer. Quem ama, ama e não espera nada em troca, pois o amor não precisa ser satisfeito, ele basta-se a si mesmo. O desejo é a semente da paixão, a paixão é a semente do amor, que só floresce na entrega incondicional das duas pessoas. O dia em que eu chegar à sua casa e encontrá-la cantando, dançando, sorrindo, brincando, trabalhando, levando uma vida feliz, mesmo com um amor não correspondido, vou acreditar que você está amando. Por ora, você está cheia de caprichos, desejos, vontades e carências que precisam ser satisfeitas pelo homem que você escolheu para fazer isso. Você o idealizou e alimenta esse amor romântico. Agora, por não ter seus caprichos satisfeitos, ser mimada, você está se destruindo, vingando-se do mundo que não dá para você o que você quer, e, ao mesmo tempo, está sendo usada, enganada, iludida e obsidiada por íncubos, que podem ter sido enviados por inimigos de outras vidas. Você não faz questão de perceber, prefere ficar no mundo da ilusão, sem discernir entre o bem e o mal, entre o certo e o errado; prefere perder a dignidade, cometer um crime, acabar com a própria vida a encarar suas verdades, a crescer!

— Não quero crescer?

— Não! Para você, crescer dói! Melissa, vou lhe explicar pela última vez: provavelmente, esses espíritos desejam que sofra, que se destrua, que fique doente, que se acabe na bebida, que acabe na miséria, que fracasse nesta existência, que não desenvolva sua mediunidade, que seja muito infeliz até cometer o suicídio! Eles estão comandando sua vida e você não está fazendo absolutamente nada para se livrar disso. Virou um farrapo humano e não reage. Pense, em que tipo de pessoa está se tornando? Alimentando essa obsessão por Bernardo, virou presa fácil dos obsessores de outras vidas. Semelhante atrai semelhante. Você insiste em alimentar um vício, uma possessão, uma ilusão sem sentido, e permite aos espíritos trevosos atuarem com dissimulação. Acredite, eles fazem tudo em silêncio. Por quê? Porque precisam de sua ajuda para acabar com você.

— Nossa! E o plano espiritual fica assistindo a tudo isso e não faz nada para me ajudar?

— Claro que faz. Muito provavelmente lhe dão passes quando está dormindo e ajudam a repor as energias que lhe sugaram; senão já estaria internada num hospital, totalmente debilitada e louca. Que tipo de ajuda você espera do plano espiritual, que faça por você o que você mesma tem de fazer? Que é superar seu universo interno negativo? Você espera que eles amadureçam no seu lugar? Saiba que por causa da nossa teimosia, Deus não pôde fazer por nós o que tinha desejado. Tal qual o oleiro, a espiritualidade tenta nos moldar à imagem e semelhança de Jesus, com suas mensagens e curas, mas teimamos em ser moldados por influências negativas. Nesse sentido, somos nossos piores inimigos – disse Saul triste.

– Saul, você é maravilhoso! Não tenho palavras para lhe agradecer o empenho em me ajudar. Adoro-o! Mas você é muito chato!

– Experimente escrever o que lhe pedi, faça uma lista dos sentimentos negativos que precisam ser superados, escreva tudo o que está sentindo. Depois, analise cada um, pois todos precisam ser trabalhados e superados. Eles são as disciplinas que sua alma veio aprender a superar. Aprendi isso com a Ruth e jamais me esqueci.

– Está bem, você me convenceu. Espere, vou pegar um papel e uma caneta. Pronto! Agora posso anotar. Bom, eu sinto que a minha vaidade e meu orgulho estão muito feridos; sinto-me irritada, agressiva, nervosa, deprimida, frustrada e triste; tenho profunda dor emocional, baixa autoestima, insegurança, ciúmes, saudades, desespero, medo... Sinto ódio, culpa, desprezo, abandono e rejeição; sinto-me manipulada, apegada, desequilibrada e sem fé. Ufa!

– Nossa, que lista grande hein! Pois é, minha amiga, todos esses sentimentos negativos foram despertados pelo amor não correspondido de Bernardo. Com certeza, ele veio para ajudá-la a crescer. Ele é o seu maior mestre, um instrumento divino da Lei de Causa e Efeito. Ele vai transformá-la em um ser humano melhor.

– Nossa! Que fantástico! Ele veio me ensinar a me sentir deprimida, desequilibrada e infeliz! Não preciso de mais nenhum professor, só ele basta para esta e para as próximas mil existências – disse Melissa irônica.

– Isso, fique brincando com coisa séria. Compreenda o que estou lhe dizendo. Todos os sentimentos negativos estão dentro de nós, eles não vêm de fora. As pessoas apenas despertam o que temos dentro de nós mesmos. Quando algo desperta em nós sentimentos negativos, se reconhecermos que estes fazem parte de nós, aceitando-os, aprendemos a lidar com eles. Acredite, cada sentimento negativo nos dá uma mensagem. Cada obsessor também! Aceite isso, compreenda e transmute todos esses sentimentos. Não se esqueça de que para um vaso ser valioso, ele foi moldado, girado, marcado, alisado e até queimado no forno em

272 Tania Queiroz/Marcus Vinícius

altas temperaturas. Assim somos nós, às vezes passamos pelo fogo da paixão, sofremos e ficamos marcados para nos aprimorar e nos tornar seres valiosos – disse Saul.

– Como assim, cada sentimento negativo nos traz uma mensagem?

– Melissa, passamos a vida buscando um grande amor, tentando atender às expectativas dos outros, dos nossos pais, amigos, professores, parentes e, nesse sentido, tentamos ser bons o tempo todo. Nesse convívio, muitas vezes somos machucados; e nesse momento os sentimentos bons se transformam em sentimentos ruins; o amor se transforma em raiva, suscitando desejo de vingança, provocando rancor e mágoa. Isso é normal, é uma forma de protesto pelo mal que nos impuseram. Nesse processo, a alegria se transforma em tristeza, a esperança em decepção, a coragem em medo, a vaidade em baixa autoestima, o orgulho em fraqueza e, muitas vezes, nem percebemos essas transformações dentro de nós. Sentimo-nos enfraquecidos, machucados por dentro, transformamo-nos em farrapos humanos, sem forças de lutar por tudo o que acreditamos e desejamos, sentimo-nos completamente fracassados. Diante dos conflitos com as pessoas que amamos, destruímo-nos e vivemos uma vida sem cor e sem sabor; tendemos a nos desvalorizar e a nos desprezar em razão da culpa que passamos a carregar pelos sentimentos negativos que habitam nossa alma. Não revelamos esses sentimentos ruins a ninguém, nem a nós mesmos, mas sentimos muita culpa por carregá-los dentro de nós. Perdemos a identidade. Para continuar a atender às expectativas alheias, pois somos infantis e dependemos o tempo todo do que os outros dizem, pensam e sentem em relação a nós, perdemo-nos de nós mesmos, não aceitando o que sentimos, pois precisamos ser bons, e os bons não sentem ódio, raiva, tristeza etc. Assim, reprimimos tudo o que sentimos e passamos a apresentar depressão ou outras doenças, além de nos tornar presas fácil dos obsessores. Quantas pessoas você conhece que tiveram derrame?

Quem o provocou? A raiva reprimida anos a fio. Quantas pessoas você conhece que tiveram câncer? Quem o provocou? A tristeza e a depressão crônicas, o rancor, o ressentimento, o ódio, entre muitas outras coisas. Muitas doenças têm origem nos sentimentos negativos reprimidos e desconhecidos. Para resgatarmos a vontade de viver, a saúde, a integridade, a força interior, a identidade, e termos uma vida emocional saudável, precisamos ter coragem de entrar no nosso mundo interno, conhecer nossos algozes, aceitá-los como parte de nós e nos aliarmos a eles.

– Nossa! E como é possível nos aliarmos a todos? Você está louco?

– Conhecendo-os, reconhecendo que estão em nós, aceitando-os, encarando-os, sem restrições, sem medo. Depois dessa aceitação, é importante refletir profundamente sobre o que cada um nos diz em seu silêncio. Somente dessa forma aprenderemos a nos conhecer, nos aceitar e aceitar que temos fraquezas, fragilidades, feridas, sentimentos que precisam amadurecer e ser curados.

– Como se faz isso, Saul?!

– Por exemplo, o ódio precisa voltar ao seu estado original, precisa voltar a ser amor! A tristeza precisa voltar a ser alegria... Para isso é preciso descobrir o que e quem gerou essa tristeza, que também se transformou em raiva – ele explicou.

– Os nazistas que mataram minha família me despertaram impotência e ódio! O que eu poderia fazer contra eles com aquelas armas enormes e aos cinco anos de idade?

– Viu como é fácil descobrir os sentimentos negativos reprimidos? É isso mesmo. A origem da sua raiva vem da guerra, foi lá que tudo começou. Claro que para você resolver todos os seus sentimentos reprimidos, precisa de um bom psicólogo. Também posso ajudá-la a pensar diferente sobre esses sentimentos. Aliás, gostaria que fosse fazer uma terapia – pediu Saul.

– Vou pensar, estou começando a gostar de me conhecer... – ela respondeu.

– Agora, vamos pensar diferente sobre a raiva. Antes de dormir experimente dizer estas palavras:

> Saúdo o ódio, amigo silencioso, que habita as profundezas da minha alma e desvela a minha verdade interior escondida: idolatro, valorizo os outros, os fatos ou as situações mais do que a mim mesma. Esse sentimento me convida a superar desgostos, mágoas, rancores, decepções, aversões, hostilidades, rejeições, antipatias; a aprender a aceitar as fraquezas humanas, os desencontros, os desejos não realizáveis, as escolhas erradas, as perdas, as ideias, os sonhos, as diferentes crenças, as etnias, opiniões, religiões, sendo menos egoísta, arrogante, autoritária e intolerante para com os outros. Sentimento que me ensina que o diálogo sincero é o melhor remédio para as diferenças, dores e separações. Sentimento que me convida a ser prudente, cautelosa e seletiva, afastando-me do que me fere, humilha, repugna, indigna. Sentimento que me ensina que desejar vingança ou destruição de alguém que desaprovo, é estar distante do amor-próprio e divino, pois é o caminho para a minha própria autodestruição.

Ao terminar, percebeu que Melissa estava admirada.

– Melissa, pare, pense e reflita sobre cada sentimento negativo que mora em sua alma e perceba a mensagem que este lhe traz! Cada um, sem exceção, convida-a para encontrar sua essência, sua verdade, seu autoamor, sua autoestima; enfim, suas virtudes.

– Saul, a mensagem dos sentimentos negativos eu compreendi. Eu odeio Bernardo porque o supervalorizo, mas como posso superar o desgosto e a tristeza de não tê-lo ao meu lado?

– Valham-me os bons espíritos, que paciência preciso ter com você! Melissa, superando seu egoísmo infantil, que você mascara com o nome de amor! Para você, ter é poder, é posse, é apego! Observe os verbos que usa para descrever o seu amor: eu o quero para mim, ele é meu, eu desejo que ele seja meu, eu não o tenho, você

Tudo tem um motivo 275

usa sempre a primeira pessoa do singular, "eu", e o amor se refere à primeira pessoa do plural: "nós". Percebe a diferença?

— Mais ou menos... – ela murmurou.

— Reconheça os sentimentos negativos que esse amor desper-tou em você. Eles são as lições que essa decepção está lhe propor-cionando. Em seguida, olhe os positivos e, aí, sinta-se feliz por ter dentro de você o sentimento de amor. Ame sem esperar nada em troca, independentemente de ficar com Bernardo ou não. O amor é seu, não dele. Você é capaz de sentir amor, isso é lindo! Você tem capacidade de amar, por essa razão transforme a tristeza em alegria, o desespero em esperança, o ódio em perdão, a raiva e a irritação em aceitação, a culpa em responsabilidade, a agres-sividade em generosidade, o orgulho em humildade, o nervosis-mo em paciência, e assim por diante. Aceite com tranquilidade a escolha que ele fez. Aprenda a respeitar o livre-arbítrio, a não julgá-lo porque ele não faz o que você queria que fizesse, ou seja, ficar com você. Ficar com ele é uma opção sua. Guarde-o no seu coração e pague o preço dessa escolha, ou seja, a sua solidão, já que ele não deseja ficar com você. Aceite a vida e as pessoas como elas são, com seus limites e escolhas. Aprenda a seguir em frente. Deus limitou seu próprio poder para cumprir seu propósito em nós, dando-nos o livre-arbítrio. Por que não aceitamos isso dos outros? Quando conseguir aceitar o que precisa, fará a mudança de todos esses sentimentos; não sofrerá mais, pois sofrimento é a não aceitação da realidade. Aprenda a esperar a mudança "do que é" para o "até que deixe de ser", com paciência, tolerância, fé, con-fiança, esperança e amor. Quando conseguir compreender tudo isso, Bernardo terá se transformado no seu verdadeiro amor e em seu maior mestre. Perto ou longe, não fará a menor diferença, pois o amor nada deseja a não ser o próprio amor. Dessa forma, terá aprendido a amar incondicionalmente e será amada. A vida certa-mente providenciará um amor verdadeiro, legítimo para você, por seu próprio mérito, em razão da sua nova postura. Simplesmente ame e não cobre nada desse amor.

– Então, o que você está tentando me dizer é que não tenho mérito para ficar com ele nesta vida, é isso?

– Talvez sim, talvez não, só o tempo vai lhe dizer...

– Por quê? O que eu fiz para merecer isso?

– Não sei. Provavelmente, em outras vidas você negligenciou o amor. Pode ter matado alguém em nome do amor, cometido suicídio ou preferido a vida material; pode ser que tenha se casado por interesses mesquinhos ou ainda traído um homem bom que a vida colocou em seu caminho. Ou ter destruído famílias por egoísmo; ter roubado o marido de alguém que era feliz; ter dado um golpe, enganando, explorado os homens; enfim, muitas podem ser as causas da ausência de mérito para um relacionamento amoroso feliz e legítimo nesta sua atual existência.

– Nossa, nunca tinha pensado uma coisa dessas! – murmurou Melissa desconsolada.

– Em nossa vida, tudo vem de acordo com a nossa semeadura – disse Saul. – Um relacionamento amoroso bem-sucedido é merecimento, uma conquista da alma. A Lei de Causa e Efeito é perfeita. Quando temos um amor não correspondido, que nos maltrata, machuca, humilha, abandona ou quando vivenciamos o fim de um relacionamento, com certeza é porque as dores que sentimos, de alguma forma, outrora as infligimos a alguém, abusamos da lei do próprio amor. Os sentimentos negativos provocados por qualquer situação em nossa vida: de perda, escassez, dor, conflitos, doenças, reparam grande parte dos nossos débitos, transformando a nossa alma, ou seja, com eles aprendemos por meio da dor o que fizemos questão de não aprender pelo amor. Infelizmente, só aprendemos algumas lições da pior maneira, pois teimamos em não seguir as orientações do nosso mestre Jesus e as leis do Criador.

– Como assim, Saul? – perguntou Melissa atordoada.

– Ele nos disse: "ama ao próximo como a ti mesmo, conhece-te a ti mesmo, não faças aos outros o que não desejas que te façam, perdoa as ofensas", mas nós ignoramos essas verdades. Assim, a vida nos ensina de outra forma. Portanto, as dores que vivenciamos, nós mesmos procuramos, por orgulho, vaidade, egoísmo, falta de fé, de humildade, aceitação, generosidade e amor. Não precisamos sofrer para aprender, se semearmos amor, vamos colher amor. Por não sermos humildes em acatar as verdades de Jesus, provocamos sofrimento aos que nos cercam e a nós mesmos o tempo todo.

– Droga – murmurou Melissa – não me lembro do que fiz no passado e por esse motivo sou prejudicada no presente! Isso não é justo! Não me lembro de nada!

– Melissa, tenha certeza de que Deus dá a cada um de nós de acordo com nossas obras. Aceitar isso é sinal de evolução. Quando aceitamos o que a vida nos tira, significa que aceitamos a vontade de Deus, ou seja, o cumprimento da sua Lei de Causa e Efeito. Quando reconhecemos que o que perdemos ou o que não conquistamos foi por causa de nossas próprias ações, transformamo-nos e amadurecemos. Enquanto acreditarmos que o que nos acontece é por culpa dos outros ou de Deus, permaneceremos na infância psíquica e espiritual e prisioneiros dos nossos piores sentimentos, que são terríveis carrascos. Desejo que saia da prisão dessa obsessão, dos seus sentimentos negativos, e se liberte a fim de encontrar paz, harmonia e felicidade.

– Nunca parei para pensar nessas coisas! – respondeu Melissa tristonha.

– Esse é o seu problema. Não está pensando no que está vivenciando e fazendo. Preste atenção, você está com um sério problema psicológico e espiritual, na sua psique se instalou uma obsessão, que desencadeia vários tipos de complexos: de rejeição, abandono e sentimentos nocivos como a raiva, o ódio, a baixa autoestima, o nervosismo, a irritação etc. Tudo isso é a porta de entrada para qualquer obsessor. Está se sentindo rejeitada, desprezada, está deprimida, começou a beber e tentou se matar! E ainda não acredita que está sofrendo algum tipo de obsessão?

– Não estou com problemas psicológicos e espirituais, você é maluco! – respondeu Melissa enfática.

– Saiba que problemas psicológicos geram os espirituais e os espirituais geram os psicológicos. Você está inerte como a maioria das pessoas que sofre e não busca resolver seus problemas espirituais tampouco os psicológicos. Apesar de toda a mediunidade que tem, permanece igual a milhares de pessoas que mergulham num círculo vicioso e insistem em priorizar o mundo material, esquecendo-se de que as experiências no mundo material são reflexos do espiritual, e o espiritual é reflexo do psicológico, que é reflexo do espiritual. Você precisa desenvolver sua mediunidade na luz e servir a Deus! Não é possível resolver os problemas materiais se não resolver os espirituais. Assim como não é possível resolver os espirituais se não resolver os psicológicos, e vice-versa. Para isso tem de aprender a controlar a mente e ajustar o caráter, revendo valores e crenças, a fim de tomar as rédeas dos seus sentimentos, das emoções e da própria vida.

– Hum... – murmurou Melissa.

– Seus desequilíbrios internos estão provocando os externos. Sem resolver seus complexos e sem se libertar dos sentimentos negativos, ficará à mercê dos obsessores. No centro espírita você poderá receber passes e os mensageiros divinos poderão afastar seus obsessores. Você sentirá alívio imediato. Contudo, se mantiver a desordem psíquica, não vai demorar e eles voltarão a obsidiá-la, recomeçando o processo ininterruptamente.

– Está vendo, então não adianta ir lá, eles não vão resolver nada! Alivia, mas volta! Para que então perder tempo com essas coisas?

– É você que precisa se conscientizar sobre a importância de ajustar sua psique para que seu espiritual seja ajustado e vice-versa.

Tudo tem um motivo ❧ 279 ❧

O milagre do alívio acontece, é necessário para lhe clarear a mente, fortalecer o seu espírito, dar-lhe uma trégua; mas a cura definitiva depende somente de você, da sua vontade. Assim, apenas reconhecendo os sentimentos, os complexos negativos, encarando-os, é que poderá lidar com eles e se libertar, fechando as portas para as obsessões, mudando seus pensamentos, sentimentos e as vibrações. Infelizmente, não tem outro caminho.

– Saul, deixe de bobagens. Não estou com problemas psicológicos, muito menos espirituais, estou apaixonada! Não estou sofrendo obsessões, saio do corpo e me encontro com Bernardo, não tem nada de íncubo! Você está enganado, já falei. Não estou com desordens espirituais e psicológicas, estou sofrendo por amor, como qualquer ser humano. É só amor, Saul...

– Melissa, você é muito teimosa, lamento seu triste estado. Diante dos seus argumentos me sinto completamente impotente, mas vou continuar a orar para os espíritos beneméritos ajudarem-na a enxergar que somente quando desejar superar essa crise e buscar as verdades sobre si mesma, por meio do autoconhecimento, terá condições de se libertar das obsessões que a afligem, restaurando sua personalidade de forma a desvelar de que maneira a sua forma de ser, pensar, sentir, agir e reagir é responsável por seus infortúnios.

– Nossa, quanta generosidade! – disse Melissa rindo.

– Deixe de ser irônica, estou falando sério. Passou da hora de crescer, de assumir responsabilidade pelo que sente e faz, reconhecendo que o seu mundo externo é o reflexo do seu mundo interno. Somente quando permitir que Jesus entre de fato em sua vida e passar a se espelhar em sua personalidade, de forma a colocar suas premissas em prática, será curada e superará suas provações. Somente quando tiver consciência de que precisa valorizar a vida que Deus lhe deu, sendo feliz, sendo uma pessoa útil, divulgando as verdades divinas e aprendendo a ser grata por tudo o que lhe foi concedido, você vai evoluir, ter paz de espírito e se libertar dessas obsessões.

– E por que esses obsessores têm permissão para me perturbar?

– Por quê? Melissa, provavelmente, em outras vidas, você os ofendeu, lesou, causou-lhes danos, e eles não aceitaram. Quando você se arrepender dos seus erros e se dispuser a repará-los com amor, vencerá essas provações. Renda-se a Deus, pois Ele, com certeza vai ajudá-la a aliviar seu sofrimento. Penetre nos porões da sua alma e remova ações, reações, palavras, pensamentos, sentimentos negativos, selecionando e escolhendo pensamentos virtuosos. Assim, encontrará a porta de saída para suas atuais aflições. Sem isso, minha querida, lamento, mas poderá perder sua existência na depressão, nos vícios, no suicídio, alimentando dores infindáveis, agravando seus débitos, sem reconhecer que seus sentimentos, pensamentos e atos são seus piores algozes e responsáveis pelo seu sofrimento.

– Mas eu estou sofrendo por causa do Bernardo, a culpa é dele!

– Não, ele não é o culpado pelo seu sofrimento. É a obsessão que alimenta por ele, a forma como reage ao "não" que ele lhe impõe. Amá-la ou não é uma escolha dele e não sua. Ele é livre para escolher o que quiser. Isso não cabe a você decidir, pois ele é um ser humano... Você é obsessiva, sente-se dona dele só porque acha que o ama. Ele é dono dele mesmo e mais ninguém, ele faz com a vida dele o que julgar melhor. Que direito você tem de decidir por ele o que é melhor para ele mesmo?

– Saul, tem pessoas que nascem para ser felizes e outras, por mais que tentem, serão sempre infelizes; este é o meu caso.

– Ah! Melissa, que dó de você! Coitadinha! Que vítima da sorte! Você perdeu a noção de tudo! Você é uma das pessoas mais abençoadas que eu conheci. Você não tem ideia do que é ser infeliz, do real sofrimento deste mundo! Deus sempre a amparou, mas você não enxerga. Isso me incomoda, aliás, você passou a vida lamentando ter sido abandonada e não conseguiu enxergar a bênção

Tudo tem um motivo ❧ 281 ❧

de ter sido criada por Caleb e Ruth. Fico muito triste quando vejo que os dois lutaram para lhe dar de tudo, e você nunca os valorizou e amou.

– Como não os amei, está louco? Amei os dois com todas as minhas forças, e ainda os amo.

– Tem certeza? O que é amar para você? Amar é, em primeiro lugar, respeitar! Por acaso respeita o que a ensinaram? Vive a vida como eles lhe sugeriram? Com alegria, amor e paz? Procura ser feliz ou por qualquer problema se esconde na bebida e no desejo de se matar? Até quando insistirá em reagir aos fatos da vida de forma tão infantil? Quando vai decidir crescer, colocar os pés no chão, a mão na massa e lutar para se realizar e ser feliz, aceitando as pessoas como elas são, aceitando as perdas, superando os problemas e seguindo em frente sem pensar em se destruir para se vingar do mundo?

– Você está impossível; só me acusa, critica, cobra e aponta meus defeitos! Para você eu não valho nada, eu não presto!

– Não, muito pelo contrário. Mas você acabou de tentar o suicídio, o que espera que eu lhe diga, que se mate? Eu me preocupo com você, desejo que entre numa estrada iluminada, cujo pedágio seria o autoconhecimento para sua evolução espiritual. Até agora, você acreditou em falsas verdades, abandonou a crença em si mesma, enfraqueceu-se dia a dia, perdeu todas as forças e referências. Vai levar muito tempo para descobrir que as verdades divinas estão dentro de você. Está sendo esgotada por uma paixão desenfreada, repleta de tristeza, de sentimentos negativos de toda ordem. Seu rosto está marcado pelo sofrimento, pela decepção, frustração e amargura. Sua alma carrega as marcas de suas fraquezas. Diariamente, tomba pela dor e se arrasta por mundos espirituais escuros. Está queimando o seu ego no fogo do inferno para que toda a sua negatividade interior seja purgada e dissolvida! E não acorda para essas verdades.

– Que horror! Você é tenebroso e trágico! Não quero ouvir mais nada, chega, não aguento mais esse assunto!

– Ah! Eu sou negativo, sou eu que estou bebendo até cair e tentando o suicídio? Pare e pense, Melissa, reflita sobre suas atitudes, sobre o peso de seu sofrimento, de suas ilusões e dores! Conheça profundamente o que mora no fundo da sua alma! Envolvida com suas mazelas, em vez de avançar na caminhada espiritual, regressa diante de seus conflitos internos. Em vez de fortalecer a fé em si mesma, em seus mentores espirituais, em Deus e em Jesus, entrega-se ao poder dos outros, desfalecendo-se ao poucos. Mergulhou na escuridão, minha amiga, e eu estou tentando resgatá-la, mas parece que você faz questão de não sair! Precisa reconhecer seus erros, o quanto é obsessiva, mimada, infantil, egoísta e criar coragem para aceitar e operar transformações internas, mudando suas crenças e atitudes. Ele não a quer? Azar dele. Perdeu uma mulher maravilhosa, é assim que tem de pensar. Parta para outra! Supere, esqueça esse homem, não se mate por causa do que sente por ele!

Melissa tentou ser forte, discordar de Saul, mas não aguentou: o coração acelerou e o corpo começou a tremer. De repente, jogou-se nos braços dele e desabou a chorar. Ele a acolheu, orou em silêncio e a convidou para ir até o centro espírita iniciar um tratamento.

– Saul, tenho certeza de que não tenho problemas espirituais, mas, você tem razão, estou desequilibrada. Essa história com o Bernardo está acabando comigo.

– Certo, então vamos ao centro espírita tomar alguns passes e verificar se não tem nenhum obsessor escondido em suas experiências malucas, em sua paixão desvairada. Você não tem nada a perder. Caso esteja sofrendo alguma obsessão, vai enfrentá-la, superar e vencer. Melissa, acorde, a vida é um exercício de escolha. Escolhemos o que pensamos, sentimos e fazemos; enfim, exercitamos o livre-arbítrio.

– Está certo, vamos conferir. Vou com você.

– Maravilha! Vamos amanhã. Fique pronta que passo para pegá-la às dezoito horas.

Depois de muitos anos, pela primeira vez ela achou que Saul tinha razão. Ela estava sofrendo de uma terrível obsessão. Naquele instante, Melissa não tinha mais dúvidas, precisava de um tratamento espiritual urgente. Seu caso era muito grave.

26

Loucura

*As imperfeições morais dão acesso aos obsessores e o
meio mais seguro de nos livrarmos deles é atrairmos
os bons espíritos pela prática do bem.* [26]
Allan Kardec

Naquela mesma noite, Melissa, agitada como sempre, com insônia, não conseguia dormir. Rolou de um lado para outro por horas a fio, até que finalmente adormeceu.

Durante o sono, experimentou um dos seus piores pesadelos. No sonho, via-se presa a um tronco, dentro de um quarto, e levava chibatadas de Lucrécia, que gritava:

– Maldita! Miserável! Quero que sofra, sua infeliz! Tem de pagar pelo que me fez! Sua ordinária! Não vou lhe dar sossego, vou persegui-la até que se acabe, até que vá para um manicômio.

Melissa não tinha a menor ideia do que estava acontecendo. Chorava copiosamente e, desesperada, desejava sair daquele lugar, livrar-se daquela situação horrível.

---

26 KARDEC, Allan. *O Livro dos Médiuns*. Capítulo XXIII. Questão 252 (N.E.).

Apanhou até quase desmaiar e não ter mais forças. Algum tempo depois, toda ferida, com os olhos inchados, algumas costelas quebradas, toda ensanguentada, jogada no chão, com muito esforço conseguiu levantar a cabeça e olhar nos olhos da carrasca. A mulher parecia soltar faíscas de ódio pelos olhos e poros. Melissa perguntou:

— Quem é você, por que está fazendo isso comigo?

— Sua safada, hipócrita, idiota e cínica! Não sabe quem eu sou? Não se lembra de mim? Não sabe por que estou fazendo isso com você?

— Não, não sei quem é nem por que está agindo assim! Não a conheço!

— Você acabou com a minha vida e com a vida dos meus filhos e do meu marido; sua cafajeste ordinária! Seu segredo será revelado, aguarde!

∼ꙮꙮꙮ∼

Melissa acordou em sua cama, suada, com as mãos trêmulas, forte dor de cabeça, mal-estar geral e apavorada. Sentou-se na cama, respirou fundo e refletiu sobre o sonho. Levantou-se e foi até a cozinha beber água. Andando de um lado para o outro, sentindo muito pavor, fez um café para se aquecer.

Foi ao banheiro, lavou o rosto e viu o espelho refletir seu rosto amassado e cansado. Voltou para o quarto e tentou dormir, mas não conseguiu.

Sonolenta, bebeu uísque para esquecer o pesadelo e, em seguida, tomou uma caixa de comprimidos para dormir. Pouco tempo depois, começou a passar mal. Quase tendo uma convulsão, com sacrifício, conseguiu ligar para Saul pedindo ajuda.

Ele acordou apavorado, vestiu-se, pegou o carro e foi socorrê-la. Ao entrar na casa de Melissa, ele não acreditou que mais uma vez ela estava estirada no chão, desmaiada. Pegou-a pelos braços e levou-a imediatamente ao hospital. Fizeram-lhe uma lavagem estomacal, mas o dr. Ricardo foi enfático:

– Ela precisa ser internada imediatamente num hospital ou clínica psiquiátrica. Eu o avisei. Vou pedir para um médico psiquiatra ligado ao hospital vir amanhã cedo avaliá-la. Não tem outro jeito, Saul, ela precisa ser internada. A vida dela corre perigo!

– O senhor está certo, não sei o que aconteceu desta vez para ela tomar os comprimidos. Vamos fazer a avaliação com o psiquiatra – respondeu Saul triste.

O jovem saiu da sala do médico atordoado e apavorado. Enquanto Melissa dormia, no canto do quarto, num ato desesperado, ele curvou-se com as mãos no rosto, os cotovelos nos joelhos, sentado no chão, aos prantos. Parecia orar para que Deus e a espiritualidade se compadecessem de Melissa e a salvassem de tão miserável destino. Ela estava no fundo do poço. O que ele poderia fazer para salvá-la? Perdido em suas orações e pensamentos, ele adormeceu no chão do quarto de sua amada.

Após cerca de uma hora, Saul acordou, verificou que Melissa estava medicada e segura e foi embora tranquilo.

No dia seguinte, depois do almoço, Saul, ansioso, procurou o médico e perguntou sobre o resultado da avaliação psiquiátrica realizada pela manhã.

– Saul, por favor procure o dr. Fernando neste endereço. Ele vai lhe dar mais detalhes. Hoje, pela manhã, ele esteve aqui, conversou durante horas com Melissa, aplicou-lhe alguns testes e pediu para que você o procurasse no consultório para lhe apresentar os resultados e orientá-lo sobre o tratamento.

– Ele está agora? – perguntou Saul.

– Sim, fica até as dezoito horas – respondeu o médico.

– Irei imediatamente, obrigada.

Saul saiu correndo do hospital rumo ao consultório psiquiátrico e decidiu ir de condução, por ser mais prático. No ônibus lotado, ignorando o aperto, o calor e o barulho, sua preocupação era com Melissa. Não demorou, ele desceu. Naquele aperto e na pressa de sair do ônibus, deixou cair a carteira. Não conseguiu recuperá-la, pois a porta do ônibus se fechou e o veículo seguiu adiante. Saul ficou chateado, acabara de perder todos os documentos, mas estava mais aflito para saber a resposta do médico. Nas ruas, procurando a clínica, só tinha um pensamento: "Como poderei protegê-la e salvá-la?" Lembrou-se de Caleb e Ruth, e pensou em como estariam tristes vendo a situação da jovem.

– Boa tarde! Por favor, o dr. Fernando – disse Saul para a recepcionista assim que entrou na clínica.

– Seu nome, por favor.

– Saul.

– Um momento, ele o está aguardando, já vai atendê-lo.

Saul aguardou cerca de quarenta minutos até chegar sua vez.

– Por favor, entre – pediu o dr. Fernando. – O senhor é amigo de Melissa! Veio saber como está sua saúde mental, não é mesmo?

– Sim, sou Saul, quase um irmão. Fomos criados juntos e sou seu procurador, cuido da sua loja e das propriedades.

– Hum, que bom! Sente-se e fique à vontade. Sr. Saul, estive no hospital e fiz uma avaliação, mas não tenho boas notícias para lhe dar. Conversando com Melissa e aplicando-lhe alguns testes, concluí que ela precisa de um sério tratamento. Para que o senhor possa entender, é como se um vírus tivesse infectado sua mente. No momento, ela apresenta um quadro que caracteriza uma obsessão, uma neurose profunda, que reúne vários sentimentos e emoções definindo um único caminho de vida. Sua mente está totalmente dominada pela dor, suas emoções estão descontroladas, ela está sem a menor condição de gerir seus conflitos pessoais e está com alucinações. Falou sobre um tal de Bernardo, de encontros extracorpóreos, o que deixou claro a somatização de todos os seus conflitos internos. Perdeu a noção das coisas, confunde sonhos e pesadelos com a realidade, e nutre somente sentimentos negativos exagerados. Falou que ontem à noite viu uma mulher no seu quarto, que queria matá-la, e me disse que costuma ter esse tipo de visão, o que me deixou ainda mais assustado com o nível do seu desequilíbrio. Está totalmente fragilizada e não sabe lidar com seus problemas. Recomendo a internação para evitar danos piores. Ela está fora de si e seu pensamento é desorganizado.

Saul nada respondeu, ficou olhando fixamente para o médico, mas sem dizer uma única palavra.

— Sr. Saul! O senhor compreendeu o que eu lhe disse?

— Sim — respondeu Saul saindo do transe. — Mas posso cuidar dela em casa. Ela não precisa ir para o hospital. Ela vê essas coisas porque é médium vidente.

— Respeito suas crenças, tenho uma visão secular científica. Assim, para nós do hospital, ela sofre de graves alucinações. Acredito que o senhor não tem os recursos necessários para trazê-la de volta ao equilíbrio. O quadro de Melissa é grave, mas tem tratamento; precisamos identificar e neutralizar os impulsos suicidas. Ela precisa de um tratamento terapêutico de qualidade. Vai precisar de medicamentos e eletroconvulsoterapia (ECT). Gostaria de saber suas condições financeiras, pois é um tratamento eficiente, mas muito caro.

— Eletroconvulsoterapia? Ela vai ser torturada? — perguntou Saul assustado.

— Não, Saul, esse é um tratamento eficaz e seguro para doenças psiquiátricas. É uma técnica que utiliza aparelhos sofisticados, que permitem um controle preciso da carga fornecida, uso de anestesia, oxigenação, relaxamento muscular e monitoração detalhada das funções vitais. É um tratamento muito eficiente. Não tenha medo.

— Tem efeitos colaterais? — indagou Saul.

— Os medicamentos podem deixá-la um pouco apática, mas no fim do tratamento ela voltará ao normal.

— Não tem outro jeito? — perguntou Saul.

– Não. Se quiser que ela melhore, deve aceitar a internação e o tratamento com tranquilidade, mas não a abandone, tampouco a discrimine. O preconceito, o descaso e a falta de carinho são os piores obstáculos na vida de um doente mental.

– Imagine, doutor, se vou ter preconceito. Vou ampará-la sempre!

– Muito bem. Vou tomar as providências cabíveis – disse o médico se retirando.

Saul contemplava o vazio. Teve de controlar o choro e engolir a dor. Nunca imaginou ver Melissa numa situação daquela. Mas a fé em Deus lhe dava forças e o seu coração lhe dizia que tudo aquilo seria passageiro e que o tratamento era necessário. Sentiria saudades do seu olhar, do seu sorriso, das suas reclamações. Era quase impossível aceitar a internação.

◦◦◦◦◦◦◦◦

Na colônia espiritual, Margareth e Caleb mais uma vez solicitaram a intervenção do conselheiro Francisco.

– Oh! Não acredito que ela chegou a esse ponto. Uma doente mental!

– O que podemos fazer, conselheiro?

– Orar e confiar, Margareth! Não se desespere, há males que vêm para o bem. Quem sabe no hospital, em contato com os loucos, ela perceba o preço absurdo que pagou pelos trabalhos espirituais ilegítimos e o amor obsessivo, fruto das perseguições dos trevosos, e sinta a necessidade de uma reforma moral. Filha, quando resistimos aos conselhos dos amigos, não percebendo neles a presença de Deus a nos guiar no caminho do bem, a dor nos alcança. Saul tentou orientá-la a se desligar dessa obsessão e a assumir seus compromissos com a espiritualidade, mas não adiantou. Agora, ela experimentará o dissabor do desvario de seus próprios abusos. A paixão descontrolada a cegou e a enlouqueceu. Perdeu a razão e tentou acabar com a própria vida. Estão tomando as medidas cabíveis ao seu desequilíbrio.

– Como fazê-la acordar, aceitar sua mediunidade e superar essa obsessão amorosa? – perguntou Caleb com os olhos marejados.

– Durante a noite, enviarei uma equipe de mensageiros para lhe ministrar passes magnéticos a fim de que tenha forças para suportar o tratamento e receber alta o mais breve possível. Pelo trabalho incessante de vocês nas colônias, vou permitir que acompanhem essa fase, dando-lhe forças extras para o seu despertar.

– Obrigada, senhor conselheiro – disse Margareth emocionada.

– Nossa! Muito obrigada mesmo – frisou Caleb.

Três dias depois Melissa foi internada. Sonolenta, dopada com fortes medicamentos, não tinha noção do que estava acontecendo.

No dia seguinte, acordou e achou que ainda estava no pronto--socorro em que havia sido atendida. Perguntou para a enfermeira onde Saul estava. Esta lhe disse que ele iria visitá-la apenas no mês seguinte. As visitas estavam proibidas.

Melissa levantou da cama, tomou banho, trocou a camisola e foi caminhar pelo hospital psiquiátrico.

Ficou atordoada com o que presenciou nos corredores. Uma forte tontura quase a derrubou e ela buscou o apoio da parede para não cair.

No fim do corredor, viu uma grande sala de descanso, repleta de mulheres alucinadas. Estava na ala feminina. Não acreditou que estava naquele tipo de hospital. Ficou apavorada com as cenas que estava presenciando e tentou sair do salão, porém foi barrada pelos enfermeiros. Sentiu que estava numa prisão. Voltou para o quarto e por quase um mês não saiu de lá para nada, nem para realizar as atividades terapêuticas de pintura, artesanato e música. Isolou-se completamente e contava os dias para receber a visita de Saul.

– Melissa! Melissa! – chamou Saul, impedido de entrar na ala onde ela estava. A grade não permitia. Com o chamado, ela acordou, saiu do quarto e o viu atrás da grade.

Rapidamente, ela andou até o fim do corredor e chegou até ele.

– Como você está passando? – ele perguntou.

– Não sei... acho que ainda estou viva... Onde estou? Este lugar é horrível, tortuoso. Tire-me daqui!

– Aguente firme. Logo terá alta. Seu tratamento está indo bem.

– Estou no hospital errado, não sou louca! Não aguento mais ficar naquele quarto escuro com aquelas seringas, injeções... Estou perdendo a memória, quase não me lembro quem sou. O pátio é horrível, cheio de mulheres caídas no chão. Acho que vou ficar louca mesmo! – disse chorando.

– Se eu pudesse, eu iria tirá-la daqui, mas não posso, é para o seu bem – disse Saul com os olhos cheios de lágrimas, comovido com a situação. – Você está com fome? Trouxe bolachas de sal e algumas frutas. Pegue.

– Obrigada. Estou com muita fome; a comida daqui é horrível. À noite, os ratos passeiam pela cozinha. Tire-me daqui, Saul, pelo amor de Deus.

– Vou falar com os médicos, parece que você vai ficar somente três meses, depois vão transferi-la para uma clínica de repouso.

– Veja se eles lhe dizem alguma coisa, pois para mim não dizem absolutamente nada, parece que não conversam com os pacientes.

– Pode deixar, amanhã eu volto e lhe trago notícias.

– Fique mais um pouco – pediu Melissa ansiosa.

– Vou ficar até o fim da visita, fique tranquila.

A conversa foi interrompida por uma paciente que corria e gritava dizendo que era Joana D´Arc.

– Eu sou Joana D´Arc. Eu sou Joana D´Arc. Eu sou Joana D´Arc!

– Saul, este lugar está acabando comigo. Não estou suportando conviver com essa gente estranha; é muito difícil. Todos os dias tem uma confusão, uma tragédia. Assisto a coisas terríveis. Uma senhora, chamada dona Marieta, cortou os pulsos. Foi socorrida e não morreu. Depois, atirou-se do sexto andar, quebrou a costela, ficou paraplégica e, mesmo assim, não morreu devido ao empenho dos médicos. Descobriram que ela bebia. Agora está enclausurada numa cela.

— Nossa, Melissa, quantas lições!

— Saul, não me abandone neste lugar. Não faça como muitos que abandonaram seus entes queridos à própria sorte. Existem dezenas de pacientes que estão exilados, não têm para onde voltar e estão esperando a morte.

— Melissa, minha querida, sempre estarei ao seu lado, aconteça o que acontecer. Tenha forças, em breve sairá daqui, tenho certeza. Observe tudo e todos, sei que não é fácil, mas tente aprender as lições que esta situação está lhe proporcionando — ele respondeu.

— Começo a perceber o horror do suicídio e da loucura. Vejo o desespero dos médicos socorrendo a cada dia um maluco pior que o outro, mesmo quanto atentam contra a própria vida. Outro dia um paciente cravou o canivete na mão do médico de plantão, foi condenado a cumprir pena no próprio hospital — ela disse.

— Aqui acontece de tudo. A propósito, soube que teve uma crise grave ontem à noite. Brigou com os enfermeiros, gritou, xingou, esperneou, fez um carnaval...

— O que esperava? Uma paciente agitada e agressiva me bateu na hora de pegar o almoço; encheu-me de socos e pontapés. Estou tendo de aprender a bater para me defender. Outra demente ficou cantando bem alto algumas músicas horríveis, ininterruptamente, no corredor, perto da porta do meu quarto. Pedi ajuda aos enfermeiros e nos dois casos não me atenderam. Só quando comecei a gritar vieram me socorrer.

— Ah, entendi. Isso o médico não me contou. Acho que não disseram os motivos para ele. Melissa, procure ficar calma. Logo sairá daqui. Lembre-se de orar antes de dormir.

Tudo tem um motivo ❧ 293 ❧

– Não consigo dormir. À noite, os pacientes fazem vários baru-lhos! Assovios, batidas nas paredes, passos pesados no corredor... É impossível cochilar! Sem falar no mau cheiro, nas pulgas e nos percevejos. É uma loucura mesmo! A perturbação espiritual pio-rou muito também, o meu quarto está cheio de espíritos trevosos, horrorosos, dementes e deformados. Na madrugada me perturbam e se divertem com minha desgraça. Peço ajuda e os enfermeiros riem de mim, chamam-me de louca e me dopam, mas os remédios não fazem efeito. Eles dizem que crio personagens imaginários com situações delirantes. Não acreditam que vejo espíritos. Não tenho dúvida de que este lugar é o próprio inferno.

– Paciência, Melissa. Falei com o médico sobre sua mediuni-dade, mas ele tenta me convencer que está esquizofrênica. Fique firme, você sabe que não é nada disso. Força! Tudo passará.

– Saul, não estou suportando. Acho que vou acabar enlouque-cendo. Hoje, perto da hora do almoço, uma moça entrou no meu quarto se arrastando para caçar baratas. Ela segurava uma bem grande com a ponta dos dedos – disse Melissa chorando.

– Melissa, vou solicitar ao médico que tome providências para você não se misturar com esses pacientes. Você está na ala particu-lar. Isso não pode acontecer.

– Obrigada, Saul. Agradeço-lhe a intervenção – disse soluçan-do. – Parece que estou jogada ao léu. Outra coisa que me entriste-ceu foi que comecei a esquecer minhas melhores lembranças. Mal me recordo da afeição de Ruth e de Caleb.

– Acalme-se, não chore – ele disse. – Isso é só um efeito passa-geiro. Quando o tratamento terminar, sua memória voltará.

– Será? Não sei, uma enfermeira me disse que às vezes esque-cemos quase tudo mesmo.

– Vou falar com o médico, fique tranquila – ele disse preo-cupado.

A campainha soou. O horário da visita havia terminado. Saul precisou ir embora. Com o coração triste, preocupado com a aparência apática e distante de Melissa, ele se retirou. Imerso em pensamentos, lamentou o passado da amiga, os momentos em que, cega às verdades do Cristo, ela tornou-se uma mercenária da fé e vendeu fórmulas espirituais, promessas e sucesso. Agora estava expropriada de si mesma, vivenciando uma experiência macabra, com angústia e desespero, totalmente esquecida. Nenhum de seus maravilhosos clientes lembrou-se de visitá-la.

– Saul, obrigada pela visita, saiba que tenho saudades de você – ela disse enquanto ele se distanciava da grade. Ele virou para trás, olhou bem dentro de seus olhos e sorriu.

– Você volta amanhã? Traz maçã? – ela perguntou quase suplicante.

– Sim, trago as maçãs, que Jesus lhe dê forças!

Saul foi até o consultório do médico para saber o porquê de Melissa estar interagindo com aqueles pacientes. Questionou o mau cheiro, as pulgas etc.

– Sr. Saul, ela está na ala particular, e muitos desses pacientes também estão e pagam pelo tratamento. O contato com insetos, a falta de higiene e o mau cheiro são efeitos das doenças deles. Os enfermeiros limpam, cuidam, mas eles a todo instante se sujam. Chegam a tomar dois, três banhos diários. Não é falta de cuidado. Vez ou outra um paciente foge do outro prédio... são coisas que acontecem.

– Mas os custos da internação e do tratamento são bem altos. Espero, no mínimo, que ela não seja importunada e tenha condições de higiene e alimentação adequadas – respondeu firmemente.

– Vou verificar melhor o que aconteceu. Fique tranquilo – respondeu o médico.

Dois meses se passaram e Saul procurou o médico, todo animado, acreditando que em menos de quinze dias Melissa teria alta.

– O que o senhor está me dizendo? Ela não teve nenhuma melhora, tentou o suicídio ontem à noite, dentro do hospital? E o senhor se recusa a lhe dar alta?

– Saul, fique calmo, ela ainda não está em condições de retornar à vida normal. Acredito que daqui a alguns meses vai reagir positivamente ao tratamento. Por ora, substituí a eletroconvulsoterapia por calmantes potentes para diminuir os delírios. Ela continua ouvindo vozes e vive em função dos sintomas. Vou realizar outros exames, pois ela está apresentando pequenos sinais de demência. Vive acordada em seus pesadelos.

– Não! Melissa não é esquizofrênica, tampouco demente. Ela é vidente, já falei. O senhor pode não acreditar, mas ela é médium. Ela vê espíritos. Imagine a quantidade deles neste hospital! Trate apenas da questão da compulsão ao suicídio. Ela precisa sair de lá com urgência.

– Saul, acalme-se, sabemos o que estamos fazendo – disse o médico. – Não sei nada sobre mediunidade, mas sei que a imaginação, a fertilidade da psicose, é excepcional. Investigamos a personalidade global de Melissa: seus medos, como ela encara o mundo, como reage às experiências, como se adapta ou não e seus mecanismos de defesa, e compreendemos seu mundo interno. Afirmo-lhe que ela tem uma esquizofrenia grave.

– Não vou discutir com o senhor – respondeu Saul. – Desejo tirá-la do hospital o mais breve possível.

No hospital, Melissa estava muito ansiosa para voltar para casa. Apesar de precisar se tratar da compulsão suicida, estava sendo identificada como psicótica e recebendo medicamentos pesados e inadequados, o que agravara seu estado psicológico. A convivência com pacientes alcoólatras, drogados e psicóticos não estava lhe fazendo bem. No horário de visita, como sempre, ela se dirigiu até a grade para esperar por Saul. Naquela tarde, ele não pôde comparecer, pois teve uma reunião de negócios. Desesperada, sentindo-se abandonada, ela se trancou em seu quarto, recusou os alimentos e chorou até adormecer.

Ela entrara numa estrada escura, cujo pedágio era o autoconhecimento. Acreditou em verdades falsas, abandonou a crença em si mesma, foi enfraquecendo dia a dia, perdendo todas as forças e referências. Naquele hospital, levaria muito tempo para descobrir que a cura estava dentro de si mesma. Por toda a sua vida, buscara vários caminhos externos para solucionar seus problemas internos, ignorando que a força interior era capaz de salvá-la. Percorreu tristes estradas em busca de falsos amores. Estava esgotada pela loucura de uma paixão obsessiva, pela tristeza e pelos sentimentos negativos de toda ordem. Aos poucos, seu rosto ficou marcado pelo sofrimento. Foi uma guerreira que tombou pelos próprios excessos, arrastando-se por mundos escuros. Estava sofrendo a fim de que toda a sua negatividade fosse purgada e dissolvida. Num dado momento, mesmo sem querer, começou a refletir sobre sua dor e sobre o peso das ilusões. Precisava aprender que o caminho da liberdade e da paz estava pautado na busca de conhecer-se a si mesma. Era necessária uma profunda reflexão sobre seus atos. Tinha de conhecer profundamente sua alma e desejar a restauração da sua personalidade, do seu caráter, buscando a verdade sobre si mesma, por meio da maior lição que essa situação estava tentando ensinar-lhe: o autoconhecimento. Isso significava assumir responsabilidades, reconhecer que as dores que experimentava eram resultados de seus pensamentos, sentimentos, ações e vibrações. Melissa precisava de uma dose de humildade para permitir que Jesus entrasse em sua vida, para que ela se espelhasse em sua personalidade e colocasse suas premissas em prática diariamente.

27

Pedido de socorro

*A nossa felicidade será naturalmente proporcional
em relação à felicidade que fizermos para os outros.*[27]
André Luiz

– Sr. conselheiro Francisco, por favor, ajude minha filha! – implorou Margareth.

– Minha querida Margareth, acalme-se. Não se desespere! Melissa está vivenciando uma experiência necessária ao seu crescimento. Sei que está vindo até aqui ao Conselho dos Anciãos para buscar ajuda para ela, mas no momento o que podemos fazer é apenas orar para que ela suporte suas desestruturas e aprenda a se conhecer. Isso tudo foi planejado. Você tem conhecimento de que ela está sendo preparada para cumprir com sua missão espiritual, responsabilidade que negou até o momento.

– Eu sei, meu querido conselheiro, mas gostaria de poder amenizar seu sofrimento...

– Minha amiga, qual mãe não deseja isso para seus filhos? Tente manter a imparcialidade, pois nós, que cremos em Deus

---

27 XAVIER, Francisco Cândido. Pelo espírito André Luiz. *Sinal verde*. IDE (N.E.).

e em seu amado filho Jesus, sabemos que a dor do hoje é a alegria do amanhã. Confie no processo regenerativo divino. O fardo dela é pesado, reconheço, principalmente pelo fato de sofrer obsessões de vidas passadas e nunca ter buscado a cura e a compreensão desse processo em si mesma. Certamente, seus inimigos espirituais armaram esse desequilíbrio. Apesar de sabermos que Bernardo se propôs a ajudá-la a minimizar seus débitos afetivos, pois se não fosse ele seriam outros homens e em situações bem piores, sabemos também que ela sucumbiu nas mãos dele e dos trevosos. Sem saber, esgotará seus sentimentos negativos para se libertar, não mais usará seus dons e o amor como capa protetora de egoísmos, vaidades, desejos, necessidades, medos e fracassos. Vamos orar para que com o decorrer do processo, ela não seja mais obsessiva e cure sua alma! Vamos orar para que Lucrécia se acalme e compreenda que a vingança não lhe trará benefícios. Vamos orar.

— Como podemos ajudar Melissa a se libertar dessa obsessão terrível? — perguntou Margareth triste e com os olhos marejados de lágrimas.

— Em meu nome, chame o supervisor dos mensageiros e peça que monte uma equipe de apoio. Descerão até a crosta terrestre e ajudarão Melissa.

— Sim, sr. conselheiro, sei que seu processo será longo e complicado e precisará de muita ajuda. Muito obrigada pela compreensão e pelo apoio, em nome de Jesus — respondeu Margareth.

— Querida, não se desespere, compreenda e aceite o processo de sua filha. Certamente, o amor é fundamental para a felicidade dos seres encarnados. Não discuto essa questão, mas o apego exagerado, as obsessões, criam elos indissolúveis por milênios, gerando todo tipo de tragédias até que sejam resolvidos. Por muitas vidas carregam suas dores, frustrações, seus sonhos de amores ilusórios e fracassados. Quantas mulheres inadvertidamente permitem que seu lado feminino selvagem destrua lares, condenando milhares de crianças a perderem o pai, o convívio familiar, em razão da imaturidade emocional, dos desejos ilusórios da carne, de suas necessidades materiais de sobrevivência, de suas carências, de seu egoísmo, pois só pensam em si mesmas e na busca de soluções fáceis e rápidas para sua vida?

— Muitas, sr. conselheiro... – murmurou Margareth.

— Quantas dores desnecessárias poderiam ser evitadas com o bom senso, a renúncia? Diante dos problemas emocionais internos não resolvidos e totalmente desconhecidos, muitas pessoas se condicionam a buscar um salvador para resolver seus problemas, não importando se é casado, se tem filhos ou se tem algum tipo de compromisso com outras mulheres. Idealizam um salvador, e qualquer um que tenha uma conta bancária razoável, preenche os requisitos para ser o tal herói. Sem escrúpulos, criam para si mesmas todo tipo de ilusão para atingir seus objetivos e destroem famílias, aprisionando a consciência num círculo vicioso cármico, sem ter a menor noção do que estão fazendo consigo e com os outros. Tornam-se seus próprios algozes, pois, por um lado, autoiludidas, confundem seus interesses materiais com o amor e mergulham em relacionamentos desastrosos. Por outro, repletas de culpas e autodesvalorização, buscam relacionamentos complexos, difíceis, com homens problemáticos e indisponíveis para que as emoções viciadas em autopunição se alimentem. São mulheres que não se amam, sabotam-se e são viciadas em sofrer. Não medem as consequências dos seus desejos e caem nas armadilhas dos próprios ideais e desejos sexuais, sem refletir sobre o que de fato essas relações significam para elas.

— É, meu amigo conselheiro Francisco, essas mulheres têm a percepção do amor e da felicidade bem distorcidas, em razão da bagagem emocional que trazem de outras vidas, afloradas desde a infância por motivos variados. Por tudo isso, muitas vezes se autoenganam; desconhecem os verdadeiros motivos que as motivaram a se apaixonar e passam como tratores por cima de qualquer esposa ou companheira que cruzarem seu caminho – completou Margareth suspirando entristecida.

– Muitos homens também fazem o mesmo, amiga. Sabemos que cada caso é um caso e que existem separações aceitáveis, que visam ao bem-estar da família e põe fim a brigas intermináveis, aos maus-tratos. Em casos assim, tanto o homem como a mulher têm o direito de refazer sua vida e apaixonar-se novamente. Contudo, muitos homens e muitas mulheres, dirigidos apenas pelo lado mental, com ideias falsas, gananciosos, carentes etc., tornam-se totalmente insensíveis aos sentimentos dos outros, destruindo desnecessariamente famílias, a fim de atender às suas ambições materiais, desvinculadas do amor. Envolvem-se com alguém capaz de lhes proporcionar *status*. Lamentavelmente, os débitos de vidas precedentes de Melissa são imensuráveis.

– Eu sei, senhor Francisco. E Lucrécia é uma de suas cobradoras...

– É, minha amiga, em sua jornada, quantos casamentos e relacionamentos afetivos Melissa destruiu sem medir as consequências em favor de si mesma? Quantas vezes ela não resistiu e caiu nas malhas da paixão destruindo lares, sem ser capaz de pensar no próximo? Quantas almas de mulheres atormentadas existem nas zonas inferiores, pois se desestruturaram quando perderam seus lares, seus maridos, passando a beber, a se drogar ao terem o casamento destruído por ela? Quantas mulheres adoeceram e morreram por não ter conseguido superar as dores impostas por Melissa? E nesta vida, lamentavelmente, um homem cometeu suicídio quando ela o ignorou. Quantos trabalhos espirituais negativos ela realizou visando a interesses mesquinhos? Todo esse processo anulou o seu emocional infantil para barrá-la, curá-la; do contrário, ela permaneceria inconsciente de seus atos destrutivos pela eternidade. Bernardo aceitou reencarnar com a missão de barrá-la, de ser um cobrador encarnado, um instrumento divino para sua regeneração e transformação.

– Não será fácil quando ele souber que ela está internada – disse Margareth desconsolada.

– Minha amiga, com certeza, isso tudo não será nada fácil para ambos e, principalmente, para Saul, que escolheu ficar ao lado dela, cuidando, inspirando, apoiando-a sem ela ter noção de que ele é o seu verdadeiro amor. As malhas do tempo escondem tal segredo. Se ela tivesse valorizado sua atenção e seus cuidados, ele a teria ajudado a vencer suas provações.

– Infelizmente, conselheiro – disse Caleb, entrando pela porta da sala –, por causa de seu complexo de inferioridade, por ter sido adotada, pelos traumas da guerra e por toda a bagagem emocional e psicológica que trouxe de outras existências, ela alimentou sentimentos de inadequação e insegurança, buscando proteção no mundo até tentar se suicidar.

– Lamento muito, Caleb. Mas por sua falta de autoconhecimento, ela mergulhou no pavor de sua própria consciência, sendo iludida, enganada, vilipendiada e sequestrada pelos espíritos trevosos, que desejam, há centenas de anos, acertar as contas com ela. Ela foi a causa da queda de muitos deles. Nesta caminhada, terá a chance de identificar, discernir o real do irreal e sair vitoriosa; dependerá dela, exclusivamente dela. Está, a partir de agora, submetida à Lei da Transformação.

– Entendo, sr. conselheiro Francisco – disse Caleb –, e, apesar dos esforços de Ruth, enquanto encarnada, de Saul e de toda a espiritualidade, ela insistiu em viver longo tempo mergulhada na falsa inocência, na fantasia, na ilusão, totalmente míope, valorizando apenas a vida materialista e imediatista, com uma postura infantil e negando-se a amadurecer. Brincou com espíritos nefastos. Achou que a vida poderia ser vivida sem esforço e impunemente. Sei o quanto ela precisa crescer e se transformar. Vou orar para que Deus a preencha com Seu amor, lhe dê forças para aprender o que precisa e para que saia ilesa de tudo isso, para, finalmente cumprir sua missão espiritual, praticando a caridade e resgatando seus débitos pelo amor e não pela dor.

– Caleb e Margareth, confiem em Deus. – disse o conselheiro encarando-os. – Passou da hora de ela crescer, acordar, despertar... é uma pena que vai despertar de modo tão brutal. Para vencer as provas desta existência, ela precisará fazer uma limpeza no emocional, do contrário, será derrotada por ela mesma. O amor é a arma que a sua alma encontrou para transformar sua personalidade, para que cumpra a missão do seu espírito, já que todas as outras possibilidades que lhe foram concedidas pelo Criador, não surtiram efeito. Esses espíritos vingadores, sem saber, são instrumentos da Lei Divina.

– Com licença, perdoe-me interromper. Posso entrar?

– Claro, querido, entre!

– Vocês me chamaram?

– Sim, Artur, precisamos da sua preciosa ajuda! Como conversamos ontem, Melissa está internada num hospital psiquiátrico e agora será desencadeado todo o acerto programado para esta existência. Ela vai precisar da nossa ajuda. Por favor, analise suas últimas encarnações e seus créditos, para que façamos um relatório e possamos solicitar interferências imediatas e urgentes a seu favor. Vamos enviar uma equipe de apoio. Vamos socorrê-la!

– Sim, farei isso imediatamente, sr. conselheiro Francisco. É uma honra poder ajudá-los.

Todos se retiraram, e o conselheiro Francisco se pôs a admirar o céu estrelado em sua imensidão. Ao longe, observava Melissa. Sentiu saudades da sua brilhante discípula. Reviveu algumas situações dramáticas de sua jornada de vidas passadas que deixavam claro que Melissa havia se perdido no caminho, por abuso de poder espiritual e por um amor doentio. Contudo, uma de suas virtudes era a paciência, não importava quantas vidas Melissa teria de experimentar para purificar seu emocional e purgar seus débitos para sair da infância espiritual, ampliando a sua consciência, ele faria tudo o que estivesse ao seu alcance para ajudá-la. Afinal, a jovem tinha uma missão muito importante: resgatar a si mesma, o poder interior, os dons naturais e servir a Deus e a humanidade.

28

Experiência macabra

O homem é assim o árbitro constante de sua própria sorte. Ele pode aliviar o seu suplício ou prolongá-lo indefinidamente. Sua felicidade ou sua desgraça dependem da sua vontade de fazer o bem.[28]
Allan Kardec

No hospital, o tempo não passava. A vida de Melissa era insuportável. Passava a maior parte do tempo olhando para o teto. Tédio era a palavra de ordem. Os médicos pouco faziam por ela, os medicamentos não surtiam efeito.

Melissa tomou um susto ao deparar com uma mulher esquisita, que vestia roupas rasgadas. Era jovem, mas completamente demente.

– Neste ano, morreram mais de cinquenta pacientes – ela disse. – E você também vai morrer.

– Enfermeira! Tem uma louca em meu quarto, tirem-na daqui! – gritou Melissa, apavorada, com todas as suas forças.

---

28 KARDEC, Allan. *O Evangelho Segundo o Espiritismo*. Capítulo XXVII. Item 21 (N.E.).

– Hum, não adianta gritar. Não tem ninguém na enfermaria, todos foram socorrer o seu Francisco, que está tentando saltar do telhado. Acho que hoje ele morre.

– Quem é você, o que deseja de mim? Por que está no meu quarto? – perguntou Melissa.

– Vim buscar bolacha e frutas. Estou com fome e sei que aquele moço bonito, que é apaixonado por você e sempre vem visitá-la, enche-a de mimos e sempre traz de tudo.

– Pode levar, é tudo seu, mas me deixe em paz, não me faça mal – pediu Melissa.

– Você não acha este lugar pior que o inferno? – perguntou a mulher rindo. – Tem uma mulher vestida de preto do seu lado gargalhando e dizendo que você vai morrer neste buraco. Que esse moço que vem visitá-la vai se cansar da sua doença e abandoná-la.

– Que mulher é essa que você está vendo? Não tem ninguém aqui – disse Melissa.

– Imagine, não sou louca, sempre vi espíritos e por esse motivo minha família me internou e me abandonou neste lugar fétido. Estou cada dia pior por causa do tratamento inadequado, que, em vez de me fazer bem, piora o meu estado.

– Nossa! Foi internada por ver espíritos? – perguntou Melissa.

– Sim, há mais de vinte anos.

– Também vejo espíritos e caí na besteira de contar para o médico, daí ele diagnosticou esquizofrenia.

– É, até a mãe dele começar a ver, aí ele mudará de ideia. Eu também sou considerada louca e me dão remédios muito fortes, eles dopam para valer. Estou abobada de tanto remédio.

– Por que está tão descuidada, sem banho, com os dentes estragados? – perguntou Melissa indignada com a situação da mulher.

– Porque me tratam como indigente. Não tenho família que me acompanhe e pague as consultas médicas. Foi um alívio para eles me internarem e me abandonarem. Sua situação é diferente. Você tem um tratamento melhor, é protegida. Nós, que não temos dinheiro, somos como lixo para eles. Dê um pulo até a minha ala e veja quantas mulheres bebem urina para matar a sede, pois falta água por meses a fio. Vá na hora do almoço e do jantar no refeitório e veja quantos são pisoteados enquanto distribuem a comida. Eles têm muitos pacientes vindos de toda parte do Brasil e não têm recursos. Era preferível fechar a nos tratar deste jeito. E se eu conto o que acontece, ninguém acredita, os médicos alegam que sou louca. Uma vez contei para um jornalista. Ele veio investigar, mas me desmentiram e ele foi embora, achando que eu era louca mesmo. No prédio dos pobres, a ala masculina vive em situação pior, superlotada. Os doentes dormem no chão e sem roupas, largados. Aqui não se morre pela loucura, mas pelos maus-tratos. Muitos ficam importantes só depois de mortos. Vão para as universidades.

— Como assim? Ficam importantes depois de mortos? — perguntou Melissa apavorada.

— Nossa, você é muito ingênua, não sabe de nada... Os corpos são vendidos para os cursos de medicina. O diretor ganha muito dinheiro. Por esse motivo eu disse que você vai morrer também. Para eles, valemos mais mortos do que vivos — disse a mulher friamente.

— Que horror! — disse Melissa assustada. — Vou conversar com Saul e saber dessa história direito para ver o que é possível fazer por vocês.

— Não perca seu tempo, princesa. Se conseguir cuidar de si mesma e sair deste hospício viva, já estará fazendo muito. Assim, poderá denunciar o que acontece. Depois que todos dormirem, vá até o outro prédio e confirme tudo o que estou lhe contando.

— Você não me disse o seu nome. Eu me chamo Melissa.

— Não tenho nome, mas pode me chamar de Fedida. É assim que me chamam.

— Fedida, o que está fazendo neste quarto? — disse a enfermeira muito brava quando entrou para ministrar os remédios a Melissa.

– Nadaaaaaaaa – ela gritou se jogando no chão e se encolhendo toda. Já sabia que iriam buscá-la e que levaria uma reprimenda violenta.

– Deixe-a em paz, ela não está me fazendo mal algum – disse Melissa à enfermeira. – Estamos apenas conversando.

– Ela não pode ficar aqui, ela sabe. A ala dela é no outro prédio. Não sei como conseguiu vir de lá para cá sem que ninguém visse! – a enfermeira respondeu e imediatamente chamou os guardas para tirá-la à força do quarto e levarem-na de volta ao seu lugar.

– Saia daqui o mais breve possível, antes que vire presunto importado – ela disse saindo da sala carregada por dois guardas.

– Virar presunto, o que ela está dizendo? – perguntou Melissa para a enfermeira, que fingiu não ouvir.

– Nada, é bobagem, ela é louca. Toma estes remédios e durma – disse irritada.

Melissa entrou em pânico com as revelações de Fedida. Depois da medicação, não resistiu e dormiu.

No dia seguinte, ficou inconformada ao saber que não receberia alta por ter tentado se enforcar no seu quarto quando faltavam apenas quinze dias para resgatar sua liberdade. Os laudos não lhe foram favoráveis. Cansou de dizer para todos que não tentou se matar e que a colocaram naquela posição. A última coisa de que se lembrava era de ter tomado os remédios e dormido.

– Saul, acredite, não tentei me matar. Isso é fato. Fui dormir e acordei quando estava sendo desamarrada. Alguma mente diabólica tramou essa suposta tentativa de suicídio para eu não ter alta e ficar aqui para sempre. Sinto ódio de pensar nisso – disse Melissa na hora da visita.

– Imagine, Melissa, se alguém teria algum interesse em fazer uma coisa dessas – respondeu Saul indignado.

– Saul, uma paciente, a Fedida, invadiu meu quarto e me contou que neste hospital morrem centenas de pessoas, e os corpos são vendidos para as universidades. Assim, todos os pacientes valem ouro.

– Melissa, você está delirando? Que absurdo é esse? Que história de terror é essa?

– Saul, acredite, tire-me daqui o mais depressa possível, antes que seja tarde. Posso estar na próxima lista. Dizem que eles adoram quem não tem família.

– Vou conversar com o médico, saber desses boatos e lhe dou uma resposta amanhã – respondeu incrédulo. – Saiba que você tem a mim hoje e sempre. Nunca vou abandoná-la.

Saul foi embora e Melissa não tinha outra coisa a fazer a não ser chorar desesperadamente. Havia entrado no inferno e não conseguia sair dele. Não suportava mais aquele lugar. Estava ficando debilitada. Sua aparência era frágil. Os médicos não conseguiam ajudá-la a recuperar o apetite e a libertá-la da insônia. Alguns dias depois de ter conversado com Fedida, após todos terem ido dormir, Melissa, num esforço imenso, resolveu vasculhar o outro prédio do hospital em busca de provas das histórias contadas por Fedida. Naquela noite, ficou assustada com o que viu. Ao retornar para seu quarto, não conseguia esquecer as cenas dos doentes jogados no chão, dos deficientes arrastando-se, dos homens e mulheres empilhados, largados e sujos como farrapos humanos, dos policiais escoltando pacientes que eram transferidos para lugares ainda piores. Fedida tinha dito a verdade. Com suas andanças, descobriu que os loucos não eram os pacientes, mas seus dirigentes. Concluiu que não dispunha de forças nem de recursos emocionais e psicológicos para presenciar as atrocidades a que alguns pacientes eram submetidos. Como Saul havia concordado com sua internação? Um hospital com enfermarias escuras e sujas, sem jardim, com pátios enormes, mas sem vida e sem área verde, com muros gigantes mais parecia uma prisão. Será que queria que ela morresse para ficar com os seus bens? Melissa não sabia mais o que fazer e começou a ter pensamentos terríveis.

Durante a noite teve pesadelos, seu estado emocional mórbido permitia ser perturbada pelos espíritos trevosos. Eles materializavam-se no seu quarto, tocavam seu corpo, sopravam em seus ouvidos, derrubavam os copos da prateleira e puxavam suas cobertas. As noites eram marcadas pelo terror e pânico. Na tentativa de fechar os olhos e cochilar, sentia fortes facadas no meio das costas. Seu fardo estava pesado demais; a dor e o sofrimento insuportáveis fizeram com que refletisse profundamente sobre o que fizera com sua vida. Os trabalhos espirituais, sua paixão desvairada e seu amor doentio por Bernardo diante dos horrores que vivenciou ali perderam a validade. Aonde ela havia chegado por causa dos atendimentos espirituais e de uma paixão avassaladora? No fundo, bem no fundo do poço. Nenhum consulente estava lá para apoiá-la ou socorrê-la, muito menos Bernardo. Enquanto ela rangia os dentes no meio do inferno, onde ele estaria? Com certeza no conforto do seu lar, afogado nos carinhos da sua família. Melissa começava a despertar e a descobrir que os atendimentos espirituais e o amor haviam sido seus piores inimigos. O preço pago era alto demais.

Refletiu por muitos dias e pediu perdão a Deus e a Jesus por seus atos abusivos. Finalmente, com profunda humildade, de joelhos na beira da cama, todas as noites passou a orar fervorosamente, implorando a Deus e ao Seu filho Jesus por socorro. Precisava sair daquele manicômio, precisava de um milagre, pois seus processos obsessivos estavam se agravando. Nessa altura, seu maior desafio era buscar o próprio poder e se libertar do medo. Estava desarmada, seus inimigos eram perigosos e fortes. Além dos resgastes do passado, das causas morais, as contaminações do ambiente hospitalar eram constantes e a estavam destruindo. Sua espiritualidade começava a crescer em razão das dores mortais. Pela primeira vez mergulhou em busca de seus dons espirituais, na tentativa de se livrar da dor e do horror em que se metera. Começava a perceber que aquele mergulho profundo nas desilusões era a sua segunda grande lição: aprender a controlar sentimentos, pensamentos, emoções, conhecer o mundo espiritual, ampliar a percepção, a consciência, usar a intuição para dominar a si mesma, iluminar-se e, finalmente, cumprir sua missão, vencendo o egoísmo e cultivando o altruísmo.

Naquelas noites, durante as orações, Melissa lembrou-se dos ensinamentos de Ruth e de algumas frases de Jesus:

> *És precioso aos meus olhos. Troco reinos inteiros por ti... Das ovelhas que meu Pai me confiou, nenhuma se perderá... Aquele que crê em mim nunca estará sozinho.*

Enquanto isso, nas zonas inferiores, Martelo e Espinafre conversavam sobre a situação de Melissa.

– Que maravilhosa foi essa história. Adoro finais tétricos. Veja onde essa imbecil foi parar por causa da sua burrice – disse Martelo feliz.

– É, querido, a desgraça de uns é a alegria de muitos. Veja como Lucrécia está calma, serena e realizada com o destino dessa infeliz – afirmou Espinafre.

– Verdade, está tão satisfeita que nesta semana mandou para os meus domínios três mulheres lindas, recém-recrutadas para me satisfazerem. Estou em alta com a chefa – respondeu Martelo.

– Eu também. Ela está favorecendo vários acordos com os tenebrosos poderosos. E como vim trabalhar com ela a mando deles, estou cheio de regalias. Está todo mundo realizado – falou Espinafre empolgado.

– Espero, sinceramente, que ela entre na próxima lista dos pacientes indigentes para virar presunto – comentou Martelo.

– Precisamos afastar o imbecil do Saul – objetou Espinafre.

– Não! Isso não será possível. Mexer com ele não é fácil, é fria. Ele tem uma proteção absurda. É dirigente do centro espírita, atende a centenas de otários todas as semanas e tem grandões em volta dele. Mexer com ele é provocar a ira dos altos escalões da Luz. Deixe esse tonto para lá.

Tudo tem um motivo ⚜ 311 ⚜

– O que acontece se mexermos com ele, Martelo? – perguntou Espinafre curioso.

– Nem queira saber, meu amigo. Quando um palhaço como o Saul tem a proteção dos grandes escalões da Luz, ao mexermos com ele, somos retirados imediatamente dos nossos domínios e jogados para outro pior, no qual perdemos todas as energias. Na verdade, meu amigo, somos reduzidos a ovoides. É duro, companheiro, temos limites. Não é porque somos das trevas que podemos mexer com todos.

– Quer dizer que ele não pode ser tocado? – perguntou Espinafre.

– Não, não podemos mexer com ele. Não pague para ver. Você não tem noção do que vai lhe acontecer. Escute o que estou lhe dizendo e o esqueça. Estou avisando-o porque já teve quem pagou caro para ver, não me ouviu e desafiou os grandões. Deu-se muito mal.

– Está certo, vou ficar na minha. E a Lucrécia, sabe disso?

– Sabe. O negócio é o seguinte: somos peixes pequenos e essa briga é com os peixes grandes. Se não temos autorização para mexer, não mexemos. Obedecer é sinal de inteligência.

– Não entendo, explique-me melhor, Martelo.

– Existem humanos que estão em missão e, quando as cumprem, reforçam a proteção. Eles têm os mais altos mensageiros da Luz protegendo-os de todas as formas. E isso temos obrigação de saber reconhecer. Caso contrário, meu amigo, viramos pó... A ira que vem em cima de nós é absurda. Até os chefões das trevas nos abandonam!

– Não me diga uma coisa dessas. Como assim? – perguntou Espinafre indignado.

– Eles são tão grandões que fazem os chefes deportarem de seus domínios quem ousou mexer com eles.

– Entendi, mas não gostei. Pensei que mandávamos em tudo e fazíamos o que quiséssemos – disse Espinafre.

– Só podemos agir dessa forma com os humanos que não cumprem com seus compromissos espirituais, que vibram na nossa energia, estes são nossos e podemos fazer o que desejarmos com eles: fascinar, subjugar, obsidiar etc. – disse Martelo.

– Nossa, que coisa complicada e mais sem sentido.

– Os locais que praticam essa porcaria de caridade, que pregam essa babaquice de amor, têm mais proteção do que imagina sua vã filosofia. Os frequentadores e voluntários nem têm noção do tamanho da força que os protege. Eles têm apenas uma ideia ainda muito vaga, para a nossa sorte. Ainda bem que muitos acham que as trevas são poderosas, cheias de táticas, *chips*, implantes astrais, assim muitos se acovardam, ficam com medo e não ativam todas as forças que os protegem. O dia em que descobrirem o tamanho da força que os protege, estaremos completamente perdidos. Mas não desanime, meu companheiro, temos bilhões de habitantes para dominarmos.

– Quem são? – perguntou Espinafre.

– Você precisa frequentar a escola das trevas, pois está muito ignorante. Vou lhe dizer. A lista é grande, todos os que são agressivos, que praticam a luxúria, que não têm ética nem valores, os deprimidos, ciumentos, médiuns desertores, que não ajudam o próximo, pessimistas, invejosos, maledicentes etc.; enfim, todos os desequilibrados e viciados em cigarros álcool e drogas; como vê, a lista é imensa!

– Martelo, então o mundo é nosso! Fiquei triste à toa – comentou Espinafre mais alegre.

– É, meu amigo, temos bilhões de pessoas para obsidiar e vampirizar. Mas fique atento: antes de mexer com um encarnado, veja como ele é, o que faz, pensa, sente, como age, e capte o nível de proteção que tem. Já vi muitos companheiros serem deportados das zonas inferiores e serem destruídos por mexerem com quem não deviam. Cuidado. Graças a Deus trouxas como o Saul são poucos.

– Ainda bem... Mas, Martelo, você me confundiu, acabou de dizer "Graças a Deus", o que significa isso?

– Não é porque estou aqui trabalhando para Lucrécia que não creio em Deus. Você está louco? Aliás, por estar nesta vida espiritual é que tenho certeza da existência Dele. Só não sigo Suas leis – respondeu Martelo.

– Ah! Agora entendi. Acredita, mas acha que Ele está ultrapassado com essa história de amor... – disse Espinafre.

– É isso; não mexo com quem é protegido Dele.

– Agora, chega de conversa; vamos embora. Tem muita gente para ser dominada! A lista é grande...

Os dois saíram gargalhando.

29

Segunda chance

Vinde a mim, todos os que estão cansados e oprimidos, e eu vos aliviarei. Tomai sobre vós o meu jugo e aprendei de mim, que sou manso e humilde de coração; e encontrareis descanso para as vossas almas.[29]

– Doutor, já se passaram oito meses desde que Melissa foi internada. O senhor continua me dizendo que ela não melhorou e que mais uma vez tentou suicídio. Não acredito mais nisso. Tenho conversado com ela e percebo que apesar de estar meio apática e desmemoriada, não tentou mais o suicídio. E ela me disse que é a segunda vez que vai dormir e acorda sendo desamarrada pelas enfermeiras. Ela desconfia que alguém no hospital forja essas tentativas de suicídio para ela não ter alta.

– Imagine se uma coisa horrorosa dessa está acontecendo no hospital! Melissa está pior do que imaginei – respondeu o médico irritado.

– Bom, eu acredito nela e exijo que o senhor lhe dê alta. Até agora esperei o resultado do tratamento, confiei no senhor, mas pelo que vejo, nem verifica os fatos. Assim sendo, ela não ficará no

---

29   Mateus 11:28 (N.E.).

Tudo tem um motivo ❧ 315 ❧

hospital nem mais um dia. Trate de transferi-la para a clínica de repouso que indiquei. Sou o responsável legal dela e tomarei todas as medidas jurídicas necessárias para que o senhor cumpra com minhas determinações. Chega de me enganar.

O médico engoliu em seco e percebeu que Saul estava determinado.

– Calma, sr. Saul, vou ver o que posso fazer.

– Acho que não fui claro o suficiente. São nove horas da manhã e até às quinze horas, quero-a fora deste hospital. Ela me disse que muitos pacientes morreram por falta de cuidados e teme estar na próxima lista. Não acreditei de imediato. Mas saiba que discretamente verifiquei as afirmações e constatei que só na semana passada faleceram cinco pacientes e nos últimos três meses mais de vinte. Não vou pagar para ver. Fui claro?

– Que acusações absurdas são essas? – indagou o médico.

– Se o senhor é cego, não sabe o que acontece naquele hospital não posso fazer nada, o problema é seu. Mas Melissa é problema meu. Não estou fazendo nenhuma acusação, estou informando-o que de fato o índice de mortes é elevado. O senhor quer que eu providencie cópias dos atestados de óbitos da semana passada?

– Não precisa. Vou providenciar a transferência dela ainda hoje. Fique tranquilo. Para qual clínica ela vai? – perguntou o médico.

– Clínica de Repouso Recanto da Paz. Providencie a papelada que eu mesmo a levo.

– Não sei se será possível. Normalmente, o hospital transfere os pacientes de ambulância. É uma norma interna.

– Não quero saber das normas do hospital, eu levarei Melissa para a clínica. Sabe por quê? Não confio mais no senhor. Não duvido de tentar me enrolar e dizer que não tem ambulância disponível hoje à tarde e impedir a transferência. Assim, eu a levarei e se precisar vou até a delegacia solicitar o apoio da polícia para tirá-la de lá ainda hoje, sem falta. Não me obrigue a tomar atitudes grosseiras com o senhor e fazer um escândalo. Sou calmo, equilibrado, mas não aceito abusos.

– Não precisa ficar nervoso. Não ganho nada em manter essa moça no hospital. Essas histórias que ela lhe contou são imaginárias. Aguarde na sala de espera que vou providenciar os documentos necessários para a alta dela.

– Muito obrigado – respondeu Saul saindo.

Na hora da visita no hospital, às quatorze horas, Saul já estava com a papelada da transferência em ordem. O seu coração transbordava de felicidade. Assim que chegou à recepção deu entrada na alta e pediu que avisassem Melissa. Ela não conteve a alegria ao saber que sairia do hospital naquela mesma tarde. Rapidamente arrumou seus poucos pertences. Na saída, sorrindo, despediu-se de todos, especialmente de Fedida, a quem se afeiçoou depois que fez amizade.

Deixar o hospital parecia um sonho, era como se tivesse recebido de Deus uma segunda chance. Ela não era mais a mesma pessoa. O tratamento lhe deixou algumas sequelas; ela perdeu parte da memória, ganhou um transtorno de ansiedade e ficou com síndrome do pânico. Descuidou da aparência e da higiene. Mal conseguia andar e se equilibrar. Sua visão também estava um pouco embaçada. Efeitos dos medicamentos, informou o médico em seu prontuário. Estava muito magra e enfraquecida por não ter se alimentado corretamente nos últimos meses. Apesar de todo o sofrimento, não estava revoltada ou agressiva, muito pelo contrário, seu vocabulário estava restrito a poucas palavras. Se Melissa não era psicótica, o tratamento a transformou em uma, pois as alterações na sua personalidade e no comportamento eram evidentes. Estava com dificuldade de interagir socialmente, andava triste e desanimada. Ficava inibida na presença das pessoas. Situações cotidianas como comer e falar geravam ansiedade e mal-estar a ponto de ela evitá-las. Sudorese intensa, tremores, fala tremida e boca seca eram alguns dos sintomas que ela sentia se forçasse tais interações. Isso começava a acontecer até com Saul, que não a reconhecia mais.

Ao entrar no carro dele, rumo à casa de repouso, ela não aguentou e deixou escorrer muitas lágrimas pelo rosto. Durante a viagem de carro, contemplava a paisagem da estrada como uma criança introvertida e fechada, em absoluto silêncio. Saul tentou puxar conversa em várias situações, mas ela não respondeu.

No começo, a adaptação de Melissa na clínica foi difícil. Ela achava ruim de tudo; queria voltar para sua casa. Mas diferentemente do hospital psiquiátrico, os médicos da clínica de repouso conseguiram ajudá-la. Acertaram a medicação e a psicoterapia era excelente. O medo e a ansiedade, bem como a fobia social que havia adquirido no hospital estavam desaparecendo com a atuação da excelente psiquiatra, dra. Mercedes.

Depois de longo período de internação, Melissa oscilava, ora estava feliz, ora deprimida. Durante as crises depressivas trancava-se em seu quarto e não interagia com ninguém. Depois das crises, quando seu humor melhorava, praticava natação, frequentava aulas de pintura e ouvia música no salão com as outras pacientes.

~eeeᵱᵱᵱe~

— Como você se chama? – perguntou Júlia, uma jovem ex-drogada, em tratamento.

— Meu nome é Melissa e o seu?

— Júlia – ela respondeu. – Você vem sempre à aula de pintura?

— Algumas vezes, depende do meu humor – respondeu Melissa.

— Ah! Então hoje você está bem-humorada? – perguntou Júlia.

– Sim – Melissa respondeu.

– Você pode me ajudar a levar este material à biblioteca e depois arrumar esta sala de aula para a professora? Com estas muletas vou levar vinte anos, ando muito devagar – disse Júlia.

Melissa havia se sentido mal ao encarar a moça. Além de seu rosto não ser bonito, cheio de cicatrizes, o fato de não ter parte dos cabelos do lado direito e a boca ser repuxada para a esquerda, falta-lhe uma das pernas; tudo isso a impressionaram.

– Eu sei que sou muito feia, pareço um monstro, mas não tenho culpa – disse Júlia. – Um acidente de carro me deixou assim, sobrevivi por um milagre. Meus amigos morreram. Estávamos drogados, e o Júnior, um amigo meu que estava dirigindo, não viu o caminhão que vinha desgovernado pela estrada em nossa direção.

Naquele instante, Melissa nada disse, mas sentiu uma sensação estranha, sua mente rebuscou imagens, parece que já havia dito aquela frase "pareço um monstro" para alguém. Em questão de minutos, sem esforço, ela lembrou-se de Caleb e da discussão que tiveram por ela se achar um monstro por ser obesa. Melissa ficou assustada, pois não se lembrava do seu passado havia meses. Assim, Júlia, a despeito da sua aparência, sem ter consciência, acabou ajudando Melissa a recuperar lembranças esquecidas no fundo da memória, fazendo-a sentir-se aliviada e alegre. Instintivamente, ela percebeu sua terceira grande lição: na interação com o mundo, precisava aprender a equilibrar as trevas com sua luz.

– Claro que a ajudo. É só isso? – perguntou Melissa.

– Você não ficou assustada com a minha aparência? – ela perguntou.

– De jeito nenhum, isso não tem a menor importância, não me assusta – respondeu Melissa rindo.

– Duvido. Apesar de estar muito magra, você tem um rosto bonito, sem falar no charme dos seus cabelos longos e cacheados. E esses olhos verdes? Você é linda!

– Obrigada. Vamos para a biblioteca levar os livros e depois voltamos para arrumar a sala.

– Muito obrigada! Você é muito gentil – disse Júlia com voz terna. – Por que você está nesta clínica?

– É uma história muito longa. No caminho para a biblioteca, conto-lhe – respondeu Melissa tristonha.

~ellllle~

Melissa ganhou uma nova amiga. Com todas as suas deficiências físicas, ela era uma grande mestra. Sem que Melissa tivesse consciência, a amizade era uma fonte rica de aprendizados. No fundo, Júlia, sem dizer uma única palavra, dizia muito para Melissa. A partir daquela amizade, Melissa foi mudando aos poucos. Sem saber o porquê, ela se transformava numa pessoa grata, calma, meiga e generosa. Dentro dela renascia a vida, a partir dos horrores presenciados. Durante aqueles meses, fez grandes descobertas. Descobriu aos poucos que tinha uma vontade enorme de viver. Estava disposta a se desfazer da sua mania de sofrer e resolveu buscar um novo sentido de direção para a sua vida. Em seu íntimo, começou a brotar o desejo genuíno de ajudar as pessoas a vencerem seus dramas internos. No hospital e agora na clínica, ela percebeu claramente o quanto a vida inteira fora abençoada por Deus, por seu amado filho Jesus e por todos os mensageiros divinos. O quanto ao longo da sua jornada havia sido amparada, cuidada e protegida pela espiritualidade. Melissa passou a enxergar a verdade, a beleza da vida em tudo e em todos. A dor havia sido sua maior mestra. Começou a aprender sua quarta lição: o despertar da sua consciência, pois estava se rendendo ao imutável e conseguindo seguir adiante.

Naquela noite, enquanto orava, pediu sabedoria para atuar no mundo com justiça, decidindo que a partir do dia seguinte, em vez de ficar olhando para o teto, sentindo vazio e tédio, ajudaria Júlia a limpar a sala de aula de artes e os outros pacientes com a alimentação, a higiene pessoal, os cabelos e as unhas. E assim fez.

Numa tarde chuvosa, enquanto penteava os cabelos de uma paciente idosa, chamada Eulália, sentiu enorme emoção e teve a sensação de que acabara de vencer uma guerra. A guerra contra o egoísmo. Daquele dia em diante, Melissa percebeu que não era o centro das atenções, que suas dores eram ínfimas perto das dores do mundo. Envolvida em tarefas de auxílio aos pacientes, descobriu que sua alma não estava apodrecida, e renasceu. Com atos generosos, descobriu o sabor agradável de ser uma missionária de Cristo e confirmou o que Ruth e Saul lhe haviam dito a vida toda.

— Melissa, obrigada por cuidar de mim — disse Eulália emocionada.

— A senhora é quem está cuidando de mim — respondeu Melissa sorrindo com terna gratidão, enquanto arrumava Eulália na cama depois de ter lhe dado banho.

⁓ᘓᘓᘔᘔᘔ⁓

Naqueles dias, as cidades estavam coloridas e as vitrines das lojas, enfeitadas. O Natal estava chegando. Saul, que passara os últimos Natais sozinho, sentia um desejo incontrolável de que naquele ano fosse diferente. Melissa estava melhor a cada dia. Esperava ansioso pela alta médica. Depois de quase dois anos de tratamento, finalmente a psicoterapeuta havia dado um parecer favorável ao retorno de Melissa para casa. Após uma noite sem dormir e intensa reflexão, Saul, buscando forças no fundo da alma, decidiu visitar Melissa na clínica para comunicar-lhe a respeito da alta que aconteceria no início de dezembro; além disso iria declarar seu amor a ela.

Naquele dia, a chuva despontou solene no céu escuro e cheio de nuvens, trovões e relâmpagos.

Ao chegar à clínica, encharcado pela chuva, Melissa correu até ele para abraçá-lo. Durante o tempo em que ele cuidou dela e não lhe deu as costas, cresceu em seu coração um imenso carinho por ele. Ao se afastar dele e olhar para seus olhos, sentiu que algo grande aconteceria.

– Melissa, tem algo que quero conversar há muito tempo e ainda não havia tido a coragem necessária. Contudo, hoje tomei a decisão de falar, independentemente de sua resposta.

– Ora, fale logo!

– Se você deixar, vou amá-la hoje e sempre. Se você permitir... eu lhe direi o quanto a acho especial e o quanto seus olhos são lindos! Gosto do seu sorriso, das suas manias. Sempre soube o que eu queria e sempre sonhei ter você em meus braços. Se você me desse apenas uma chance, eu provaria o tamanho do meu amor por você.

– Você já provou; desde que me perdi na vida, você está provando – disse Melissa com os olhos marejados.

– E então? O que você me diz? Vai me dar a chance de tê-la ao meu lado?

– Eu sempre fui sua.

Ao ouvir a resposta de Melissa, Saul sorriu e rapidamente a puxou para seus braços, beijando seus lábios delicadamente. Daquele pequeno beijo surgiu um maior, cheio de carícias e paixão. Era como se todos os anos que os dois passaram separados, quando deveriam estar juntos, estivessem sendo recompensados naquele intenso beijo.

– Saul, venha. Vamos correr na chuva até aquela colina atrás da clínica.

Ele lhe deu a mão e no alto da colina, juntos, ambos abriram os braços em agradecimento a Deus. Depois, caminhando de volta, ele disse:

– Saiba que quero passar o resto da minha vida com você.

Melissa, com um gesto meigo, passou a mão em seu rosto e encarou seus olhos. Com a voz embargada, disse:

– Com você aprendi a amar. Seus gestos e não apenas seus sentimentos me envolveram e me mostraram a força do verdadeiro amor. Nada foi verdadeiro antes e nada será depois de você. Ao longo da minha vida sempre estive sem rumo, mas você sempre me mostrou meu caminho. Eu é que não quis ver. Se mil vidas eu viver, não serão suficientes para lhe agradecer tudo o que fez por mim enquanto eu estava no hospital e na clínica. Sem você, sem seu amor e sua força, eu não teria conseguido suportar as duras provas pelas quais passei.

– Melissa, você nunca esteve sozinha, sempre teve muita ajuda espiritual. Imagino o quanto Caleb, Ruth e outros espíritos queridos interferiram por você ministrando-lhe passes e orientando seus pensamentos. Só assim você conseguiu permitir que a dor lhe ensinasse o verdadeiro sabor de viver.

– Com certeza eles estiveram comigo. Muitas vezes, quando a dor era insuportável, sonhava com Ruth e com Caleb sempre sorrindo. Quando isso acontecia, acordava mais animada. Agora entendo perfeitamente o que Ruth tentou me ensinar. Saul, seu amor me salvou. Nesta jornada, descobri que a vida é uma doce canção, cujas notas musicais estão escondidas nos olhos de quem está sempre ao nosso lado, mas nem sempre as ouvimos.

– É, Melissa, você experimentou seus próprios desenganos e conheceu parte das dores do mundo. Na loucura dos loucos, sob pressão, foi dilacerada, humilhada, conviveu com a indiferença, a negligência, a brutalidade de pacientes e enfermeiros, mas, sem revolta, buscou forças internas e engrandeceu seu espírito, ampliando sua visão de mundo, superando o egoísmo pelo esforço do trabalho voluntário, e alcançando a própria cura e renovação. No momento do desespero, abriu seu coração e praticou a caridade, que foi como bálsamo divino para sua alma.

– Saul, mais que isso, aprendi que tudo passa, que a paixão é ilusão e não mata, que a alegria de viver está no ato de se doar, que a beleza física não é o mais importante. O que vale não é o que temos, mas o que somos e o que sentimos. Viver é simplesmente maravilhoso!

Saul e Melissa, felizes, conversaram por horas. Aquela semana passou rápido, e no dia da alta de Melissa, todos os pacientes e enfermeiros lhe fizeram uma festa-surpresa de despedida. Bolo, velas e flores fizeram parte do seu último dia na clínica.

Eulália, com os olhos cheios de lágrimas, disse:

– Filha, sentirei saudades. Muito obrigada por tudo, não me abandone nesta clínica. Você é minha alegria. Você é minha família...

– Imagine se vou abandoná-la! Virei três vezes por semana, vou lhe dar banho, cortar seus cabelos e suas unhas. Vamos passear pelos jardins e vou lhe contar algumas histórias.

– Que bom – disse o sr. Alberto, outro protegido de Melissa, que adorava quando ela lia para ele no quarto.

– Sr. Alberto, pode ficar tranquilo que virei ler para o senhor e vou "assaltar" a estante do Saul; trarei muitos livros novos; alguns espíritas.

– Que bom! Você nem partiu e já estou com saudades – ele respondeu sorrindo.

– Eu também vou sentir sua falta; quem vai me ajudar a limpar a sala de artes e arrumar a biblioteca? – disse Júlia com os olhos vermelhos.

– Oh, minha querida amiga, não fique pensando que vai se livrar de mim. Vou trabalhar aqui voluntariamente pelo resto dos meus dias.

Melissa comeu bolo, bebeu suco, guardou as flores, abraçou a todos, pegou seus pertences e partiu. Muitos pacientes ficaram na entrada da casa de repouso vendo o carro sumir pela estrada.

Todos os amigos de Melissa estavam felizes com sua alta, mas ao mesmo tempo sentiram muito sua partida. Ela deixou muitas saudades. Nas últimas semanas, aprendera sua quinta grande lição: a superação das obsessões e dos atos destrutivos abre as portas da felicidade.

30

Grandes revelações

Purifica o teu coração antes de permitires que o amor entre nele, pois até o mel mais doce azeda num recipiente sujo.

Pitágoras

Depois de alguns meses, fazendo o enxoval e cuidando dos preparativos para o casamento com Saul, Melissa começou a ter sérios pesadelos.

Para ela, aquela noite fora interminável; as horas não passavam. A cada meia hora olhava para os ponteiros do relógio ansiando pelo amanhecer.

Depois de passar o dia todo à espera de Saul, a campainha tocou. Era ele, que chegou para o jantar conforme haviam combinado.

– Saul, não dormi a noite inteira, os pesadelos voltaram. Estou apavorada, não quero ser internada novamente! – ela disse chorando.

– Calma, Melissa, agora você vai ser tratada no centro espírita. O que a medicina pôde fazer por você já fez, agora vamos cuidar da parte espiritual. Faz três meses que a estou convidando para ir comigo, mas você quis esperar...

– Saul, vamos ao centro o mais rápido possível.

– Amanhã, às dezoito horas, venho buscá-la. É dia de trabalho de cura – ele respondeu.

– Estarei pronta.

– Hoje, antes de dormir, faça esta oração e veja como vai dormir melhor – recomendou Saul entregando-lhe um pequeno pedaço de papel.

~eelllee~

Melissa fez a oração, mas teve outra noite de pesadelos terríveis. No dia seguinte, no horário combinado, Saul foi buscá-la.

Rapidamente, ela entrou no carro e ambos se dirigiram ao centro espírita.

Durante o trajeto, Melissa contou-lhe os detalhes dos pesadelos da noite anterior. Saul ficou impressionado.

Logo chegaram ao destino. Melissa entrou na reunião espírita acompanhada de Saul, que a apresentou para o responsável pelos trabalhos, o irmão Diógenes, que os acompanhou até a sala de palestras e passes. Melissa começou a sentir um profundo mal-estar e Saul providenciou-lhe um copo com água. Enquanto aguardavam o início dos trabalhos, Melissa passou por uma entrevista, preencheu uma ficha e foi encaminhada para um tratamento de doze passes. Após a abertura da palestra com a leitura do Evangelho realizada pelo irmão Diógenes, os trabalhos tiveram início. Não demorou muito e um espírito se manifestou por meio de um dos médiuns presentes.

– Miserável! Maldita! Horrorosa! Traiçoeira! – não adianta vir aqui pedir ajuda! Eu e meu bando vamos acabar com você! Quem mandou sair do manicômio? Vai voltar rapidinho para lá, sua imunda – gritou o espírito de uma mulher desesperada, com o coração repleto de ódio e desejo de vingança! – Se pensa que este tratamento vai ajudá-la está muito enganada! A hora que sair daqui acabaremos com você e com todos esses idiotas que não conhecem quem de fato você é e que ficam tentando tirá-la de perto de nós! Não vão conseguir!

Nesse momento, Diógenes pediu que todos pensassem em Jesus e orassem um Pai-Nosso, a fim de fortalecer a corrente espiritual para auxiliar aquele espírito preso aos acontecimentos do passado.

– Sua idiota! – gritou o espírito, através do médium, apontando para Melissa: – Se você pensa que vou deixá-la em paz está muito enganada, nunca vou esquecer o que fez a mim e ao meu filho. Achou que por ser uma mulher atraente, bonita, elegante e falsária, acabaria com minha família e ficaria impune? Está muito enganada, sua maldita! Agora é a minha vez de destruir a sua vida e a dos seus descendentes quando os tiver, tal qual destruiu a minha vida e a dos meus filhos. Não se lembra de mim? Da coitada, da trouxa da sua amiga Lucrécia? Hipócrita! Confiei em você, sua ordinária!

Saul se recolheu em preces profundas e percebeu os amigos espirituais que se aproximavam para socorrer Melissa por meio de passes calmantes e o espírito da mulher que se revelou chamar Lucrécia, que estava acompanhada de outros espíritos, seus capangas, que lhe eram fiéis, Martelo e Espinafre. Diógenes, com a ternura que lhe era peculiar, dirigiu-se ao espírito de Lucrécia e indagou:

– Minha irmã, por que tanta dor, tanto sofrimento e ódio em sua voz? Esse ódio, esse desejo de vingança, na verdade escondem situações que não foram suportadas por vosso espírito. Como podemos ajudá-la?

– Fique tranquilo, cuide da sua vida, da família, pois eu mesma me ajudo, dando cabo dessa infeliz! Fazendo-a sofrer bastante! Não há nada que possa fazer a não ser deixar esse assunto entre mim e ela, é melhor não se meter para não se dar mal.

Depois desse aviso, Lucrécia e seus capangas, utilizando os médiuns da mesa, começaram a gargalhar. Diógenes interveio com orações e continuou a conversar com Lucrécia:

– Minha irmã, conte-nos sua história. Desejamos socorrê-la, fornecendo-lhe condições para se desprender desse triste passado.

– Só vou me desprender quando me vingar dessa cafajeste. Você está ajudando uma pilantra assassina. Durante o meu noivado ela era minha melhor amiga e confidente. Ela sabia que eu amava perdidamente meu noivo, o Rodrigo, e que ele me amava também. Ingênua, não percebi a maldade dessa imbecil em tentar seduzi-lo durante todo o período do nosso noivado. Casei-me e engravidei, sem imaginar que ela não desistia de tentar ser amante dele. Ela teve a coragem de tentar seduzi-lo, anos a fio, mesmo ele sendo casado comigo e sabendo que em breve seria pai, pois se tratava de um bom partido, de um homem com posses financeiras suficientes para tirá-la da falência em que estava por causa dos gastos absurdos do seu irmão inconsequente, após a morte de seus pais. Esse irmão acabou com a sua fortuna. É uma mulher miserável e falida que destruiu a minha vida. Quando Rodrigo terminou o casamento comigo, faltando menos de dois meses para o nascimento de um dos meus filhos, porque decidira se casar com essa cachorra, não acreditei. Ele me contou que eles me traíam havia mais de três anos e que ele finalmente decidira me abandonar para ficar com ela. Eu sempre soube que ela não amava Rodrigo, mas sim sua fortuna, o seu *status*. Ela não se importou em acabar com o meu casamento e com a minha gravidez. Seduzido, fascinado por essa ordinária, ele me abandonou e, para eu não criar obstáculos, pois não aceitei a separação de forma amigável, ele achou melhor mandar me matar. Fui assassinada com um filho de sete meses na barriga pelos capangas que ele contratou. Por causa dessa maldita, ele matou a mim e ao meu filho, e sujou minha reputação, pois disse para a minha família que eu havia cometido suicídio. Minha mãe, meu pai, meus irmãos e amigos acreditaram que eu me matei com um filho de sete meses na barriga. Sofri centenas de anos perambulando nas zonas inferiores até me fortalecer e conseguir sair de lá em busca de justiça. Após muitos anos procurando, encontrei-os encarnados. Rodrigo, que hoje é Bernardo, e essa idiota da Melissa. Encontrei meu filho também, mas ele não se uniu a mim, eu o perdoei por ser um fraco, que aceitou ajudá-la nesta vida. Só fez valer minha influência quando bebia e fazia essa idiota ter uma infância infeliz. Mas Ruth desviou-o das minhas garras. Saibam que o meu filho, que foi assassinado por Rodrigo e por essa ordinária, era o tonto do Caleb, que agora vive na Luz atrapalhando meus planos com suas orações. Mas eu me vingarei por nós dois. Um dia ele vai me agradecer. Vou acabar com ela, sem dó nem piedade. Vai se arrepender de um dia ter nascido. Por tudo isso, ela não ficou com Bernardo! Acabei com Ruth, agora só falta acabar com ela! Agora essa imbecil está apaixonada por esse idiota do Saul e ambos estão pensando em se casar. Não vou deixar. Ela nunca será feliz! Apesar de saber que não posso mexer com Saul, vou acabar com os dois.

Martelo e Espinafre se manifestaram por meio de outros médiuns da mesa!

– Vamos acabar com ela! Não vai sobrar um órgão no corpo para contar a história – disse Martelo gargalhando.

– Vai ficar doente, podre, pirada de novo, e vai morrer no manicômio! E quando chegar do lado de cá será nossa escrava! – disse Espinafre furioso.

Com aquelas revelações, Melissa sentiu-se completamente atordoada. Uma nebulosa nuvem a cobriu e era como se ela viajasse no tempo e flutuasse no espaço. Aos poucos, uma tela se abriu à sua frente e ela reviveu algumas situações.

Desceu num local lindo, numa avenida florida e observou uma carruagem que conduzia uma mulher glamurosa, linda, muito bem-vestida, fina, porém, falando em tom frio e áspero com seu companheiro que implorava por seus encantos. O homem parecia ser seu escravo, alucinado de paixão, dominado, desejoso de atender a todos os seus caprichos para lhe ter atenção e carinhos. Mas tudo o que lhe fazia era em vão. Aquela mulher parecia desprovida de qualquer sentimento por ele. Após essa cena, Melissa assistiu a outra, na qual a mulher parecia muito contente e aliviada com a morte do infeliz marido, que, de profundo desgosto, por não ser amado por ela, teve um derrame fulminante. Melissa viu-o se desligando do corpo, com profundo rancor e mágoa no coração, jurando que um dia iria implorar por seu amor, mas nesse dia ele não seria capaz de amá-la. Naquele momento, ele jurou que ela sofreria tudo o que ele sofrera por amor.

Diógenes percebeu que Melissa estava visualizando fatos relacionados a Lucrécia e Rodrigo, e disse a todos os presentes:

– Vamos orar, firmar nosso pensamento em Jesus, pois se trata de uma questão de vidas passadas muito séria. Melissa necessita de amparo espiritual e nossos irmãos e irmãs que buscam a justiça com as próprias mãos, também precisam de auxílio. Oremos para que as bênçãos dos espíritos e o amor do Cristo os envolvam rumo ao perdão e esquecimento das ofensas.

Aos poucos, a nuvem nebulosa que cercava Melissa desapareceu e ela se sentiu mais calma. Do outro lado, Saul percebeu uma equipe espiritual, auxiliando Lucrécia, Martelo e seus aliados com passes magnetizadores para lhes abrandar o coração.

Diógenes terminou os trabalhos com orações e se dirigiu a Melissa:

– Melissa, preste atenção: é necessário que venha fazer um longo tratamento, mas, principalmente, que desenvolva a espiritualidade e pratique a caridade para que possa resgatar seus débitos com amor. Como viu, você está vivendo um processo obsessivo violento há anos, cobrança de atos pretéritos. O resgate da sua saúde, bem como os preparativos para o casamento, incomodaram esses espíritos a ponto de eles voltarem a atacá-la.

Melissa consentiu com a cabeça e disse:

Tudo tem um motivo   331

– É, hoje entendi muita coisa. Sei que o que estou vivendo é uma cobrança espiritual e vi o quanto é necessário que eu assuma meus dons espirituais. Finalmente aprendi a lição. Com certeza, irmão Diógenes, farei o tratamento e os cursos da casa.

– Trarei Melissa em todas as reuniões! – afirmou Saul.

– Peço que a partir de hoje faça uma oração para os que os perseguem, para que os espíritos Iluminados possam interceder por você junto a seus cobradores. O ato de orar, com certeza vai auxiliá-la a vencer esses carmas.

Melissa pegou o papel com a oração e a leu mentalmente:

Em nome de Deus Todo-Poderoso, que é bondade e amor, e Seu amado filho Jesus, eu perdoo os espíritos obsessores, o mal que me fizeram, e desejo que eles me perdoem pelos erros que eu possa ter cometido no passado. Se o Senhor, meu Deus, os colocou no meu caminho como uma prova, que Sua vontade seja feita.

Bons espíritos, permitam-me abrandar a ira desses espíritos. Ajudem-me a guiá-los com seu amor rumo às suas correções e sua evolução. Ajudem-me a merecer a paz, anulando em mim as atitudes que provocaram esses débitos entre nós. Espíritos benfeitores iluminem a mente dos espíritos sofredores com suas luzes douradas de amor, fé e perdão, para que eles encontrem luz e alívio para suas dores e socorro nas colônias doutrinárias. Que o amor do Cristo nos envolva, pois somente o amor é capaz de vencer as provações. Amém.

– Nossa, que oração linda! – exclamou Melissa ao terminar de ler.

– É, minha irmã, esses nossos irmãos, ora desencaminhados, algozes do hoje, foram suas vítimas no ontem e são para você imensa possibilidade de reajuste. Sem terem noção, estão alertando-a sobre a necessidade de operar uma profunda mudança interior, transformar ódio em amor, o descaso com a espiritualidade em responsabilidade, compromisso e propósito firme. Na verdade, essa provação que a aflige é uma bênção. E, saiba, a maior batalha que travará de hoje em diante não é com o espírito de Lucrécia e seus comparsas, mas com você mesma. Demonstre efetivamente sua transformação moral e a paz lhe será novamente concedida. Ore, vigie, estude, aprofunde-se, aceite sua missão. Pratique a caridade.

Depois do encerramento dos trabalhos, Melissa, ainda atordoada, foi para casa acompanhada de Saul. Fez o trajeto no mais profundo silêncio. Afinal, ele estava certo em tudo o que a havia alertado naqueles últimos anos. A culpa e o remorso a devoravam por dentro, pois Caleb e Ruth sofreram influências e perseguições por causa dela, por conta de seus atos passados.

Com a voz fraca, quando chegou à sua casa, murmurou:

– Saul, Ruth, por minha causa... por minha culpa... como vou conseguir conviver com isso...

– Não, Melissa, Lucrécia disse tudo aquilo para machucá-la. Não se atormente.

Melissa desceu do carro e entrou em casa acompanhada por Saul. Ambos se dirigiram até a cozinha, tomaram um café e conversaram por horas. No meio da madrugada, Saul foi para a sua casa e deixou Melissa com seus pensamentos. Ela, finalmente, compreendeu que só se livraria da dor e do horror em que se envolvera, cuidando dos seus dons espirituais. Agora, tinha certeza de que precisava mergulhar profundamente no mundo espiritual, retomar os estudos mediúnicos e do Evangelho para ampliar sua percepção, consciência e intuição, a fim de dominar a si mesma, iluminar-se, ajudar seus obsessores e cumprir seus propósitos com amor, sensibilidade e compaixão pelos seus semelhantes.

Dias depois, ela iniciou o tratamento espiritual e os pesadelos cessaram. Grata pela cura recebida, finalmente tornou-se uma espírita praticante, uma guerreira do Cristo na prática diária do bem. Passou a frequentar o centro espírita duas vezes por semana, a fazer tudo o que era necessário, desde o atendimento telefônico até a limpeza do salão. Fez vários cursos, passou a ministrar passes e a fazer atendimentos individuais, orientando os caminhos da vida das pessoas, auxiliando-as a ajustarem sua conduta, seu caráter e sua personalidade. Com Saul, passou a ministrar cursos, oferecendo aos frequentadores uma formação espiritual prática, preventiva, capaz de auxiliá-los a desenvolver o autoconhecimento, escavando as profundezas da sua alma, contribuindo para lidarem melhor com emoções e sentimentos, desenvolvendo pensamentos positivos e recuperando seu poder pessoal, de forma a vencerem com amor os obstáculos da vida, despertando a consciência rumo ao equilíbrio, à paz, à felicidade e à prosperidade.

Ela também não abandonou a clínica, continuou seu trabalho voluntário e passou a cuidar espiritualmente de todos os pacientes. Uma vez por mês levava a maioria para participar das atividades espíritas. A transformação de Melissa foi impressionante e fez Saul se recordar de uma parábola do Cristo:

> Como o oleiro torna a amassar a argila do vaso quebrado, assim somos nós nas mãos de Deus. Suas leis visam a nos refazer, nos aperfeiçoar, nos corrigir para que possamos amadurecer, crescer em Cristo. Deus não desiste de nós, na Sua divina paciência nos proporciona situações de aprendizado, para que possamos resgatar nossas fraquezas morais.

Depois de algum tempo, Melissa e Saul marcaram a data do casamento. Ele estava alucinado de felicidade. Tudo para ele era incrível, desde a elaboração dos convites, a escolha das canções, dos salgados, dos doces, das flores... O casamento estava muito organizado. Nada daria errado, tudo estava a contento. Melissa estava radiante. Nunca se sentira tão feliz. Ela chegou à igreja maravilhosa. Todos ficaram encantados com sua beleza madura.

Saul não acreditou que estava vivendo aquele momento, a mulher que amara por toda a vida, seria sua esposa.

A cerimônia foi espetacular, com muito bom gosto e muita gente. Saul era muito querido nas reuniões espíritas que dirigia e Melissa ganhou muitos amigos na clínica. A festa reuniu mais de trezentas pessoas.

– Melissa Bellucci, aceita Saul Mazin como seu legítimo esposo? Promete amá-lo, honrá-lo, consolá-lo e protegê-lo na enfermidade ou na saúde, na prosperidade ou na adversidade, nas alegrias e nas tristezas, e promete manter-se fiel a ele enquanto os dois viverem?

– Sim, prometo...

– Saul Mazin, aceita Melissa Bellucci como sua legítima esposa? Promete amá-la, honrá-la, consolá-la e protegê-la na enfermidade ou na saúde, na prosperidade ou na adversidade, nas alegrias e nas tristezas e manter-se fiel a ela enquanto os dois viverem?

– Sim! Prometo!

Depois, apesar de cansados, seguiram para a Argentina para passar a lua de mel. Ambos sabiam do desafio imenso que teriam pela frente. Seriam amigos, amantes, cúmplices, teriam novas responsabilidades e sabiam que muitas vezes enfrentariam as lágrimas, buscando sorrisos. Teriam de cultivar nos jardins do coração a paciência, a tolerância, o carinho, a compreensão e o amor. Ambos tinham um compromisso, não viveriam pela metade.

Depois de seis meses de casados, certa noite, após os trabalhos espirituais, voltando para casa, Melissa deu uma notícia para Saul que o deixou surpreso, emocionado e feliz.

– Estou grávida. Vamos ter um bebê!

– Nossa! Que notícia maravilhosa, estou muito feliz, é a melhor coisa que podia ter nos acontecido! – ele disse sorrindo.

– Sonhei que será uma menina, não sei se o sonho é real, mas fiquei feliz.

Do outro lado da vida, Caleb, Ruth e Margareth estavam muito felizes com o rumo da vida da protegida. Lucrécia e seus capangas não resistiram ao tratamento espiritual intenso e acabaram se convertendo, rendendo-se às doces orações que o irmão Diógenes fez durante meses a fio. Os três foram acolhidos pelos mensageiros divinos e encaminhados para tratamento e realização de vários cursos, com o objetivo de prepará-los para o cumprimento de novas missões nos processos reencarnatórios vindouros.

– Lucrécia, minha irmã, aceita esta oportunidade para os reparos dos seus erros?

– Sim, conselheiro Francisco. Aceito e farei tudo para honrar a grandiosa oportunidade.

À medida que o tempo passava, Melissa percebia seu corpo mudar. Em pouco tempo, a cintura engrossou. Ela estava radiante com a gravidez. Todos os dias acordava sorrindo. Durante a gravidez, não deixou de frequentar a reunião espírita e de trabalhar na clínica. Alimentava-se bem, dormia, fazia exercícios e ia às consultas médicas pontualmente, até que a bolsa estourou.

Saul desesperado, correu com ela para o hospital. Tudo parecia correr bem, mas quando as contrações aumentaram, num dado momento, as enfermeiras não conseguiam ouvir os batimentos cardíacos do bebê. O pânico tomou conta de Melissa, que ficou preocupada com o acontecido. Saul ficou desesperado e começou a rezar. Melissa foi submetida a uma cesária de emergência. O susto foi grande, mas tudo correu normalmente e não demorou o choro da recém-nascida ecoou por todo o hospital. Saul sorriu aliviado quando o médico mostrou sua menininha pelo vidro. Aquele momento foi singular. Saul ficou sem ar, atordoado e trêmulo de tão emocionado.

– Entre os nomes que escolhemos, já se decidiu por algum? – perguntou Saul para Melissa, quando esta amamentava a linda bebê no quarto.

– Sim, de todos gostei mais de Ingrid.

– Excelente, o nome é lindo.

E assim, Melissa e Saul criaram Ingrid, cercada de muito amor. Sua infância e adolescência foram muito felizes. Melissa não podia imaginar que aquela menina linda, era Lucrécia, que aceitara ser sua filha a fim de reparar os danos causados em sua vida até então.

Lucrécia comprometeu-se a reencarnar e ser uma filha exemplar, cuidando de Melissa até o fim de seus dias.

– Filha, não cometa os mesmos erros que eu. Vença suas provações higienizando sua mente. Faça o feio ficar belo, sempre! Cuide bem dos meus netos...

Ingrid se aproximou e percebeu que a respiração ofegante de sua mãe cessara...

"Não cometa os mesmos erros que eu..." Essa frase ecoava na mente de Ingrid.

– Melissa, seja bem-vinda – disse o conselheiro Francisco. Nesta vida, você escreveu alguns capítulos bem escritos e outros nem tanto. Estes precisam ser passados a limpo. Reencarnará em breve com novas tarefas redentoras, e, se aceitar, será uma escritora.

FIM

Leia os romances de Schellida!
Emoção e ensinamento em cada página!
Psicografia de **Eliana Machado Coelho**

CORAÇÕES SEM DESTINO – Amor ou ilusão? Rubens, Humberto e Lívia tiveram que descobrir a resposta por intermédio de resgates sofridos, mas felizes ao final.

O BRILHO DA VERDADE – Samara viveu meio século no Umbral passando por experiências terríveis. Esgotada, e depois de muito estudo, Samara acredita-se preparada para reencarnar.

UM DIÁRIO NO TEMPO – A ditadura militar não manchou apenas a História do Brasil. Ela interferiu no destino de corações apaixonados.

DESPERTAR PARA A VIDA – Um acidente acontece e Márcia passa a ser envolvida pelo espírito Jonas, um desafeto que inicia um processo de obsessão contra ela.

O DIREITO DE SER FELIZ – Fernando e Regina apaixonam-se. Ele, de família rica. Ela, de classe média, jovem sensível e espírita. Mas o destino começa a pregar suas peças...

SEM REGRAS PARA AMAR – Gilda é uma mulher rica, casada com o empresário Adalberto. Arrogante, prepotente e orgulhosa, sempre consegue o que quer graças ao poder de sua posição social. Mas a vida dá muitas voltas.

UM MOTIVO PARA VIVER – O drama de Raquel começa aos nove anos, quando então passou a sofrer os assédios de Ladislau, um homem sem escrúpulos, mas dissimulado e gozando de boa reputação na cidade.

O RETORNO – Uma história de amor começa em 1888, na Inglaterra. Mas é no Brasil atual que esse sentimento puro irá se concretizar para a harmonização de todos aqueles que necessitam resgatar suas dívidas.

FORÇA PARA RECOMEÇAR – Sérgio e Débora se conhecem e nasce um grande amor entre eles. Mas encarnados e obsessores desaprovam essa união.

LIÇÕES QUE A VIDA OFERECE – Rafael é um jovem engenheiro e possui dois irmãos: Caio e Jorge. Filhos do milionário Paulo, dono de uma grande construtora, e de dona Augusta, os três sofrem de um mesmo mal: a indiferença e o descaso dos pais, apesar da riqueza e da vida abastada.

PONTE DAS LEMBRANÇAS – Ricos, felizes e desfrutando de alta posição social, duas grandes amigas, Belinda e Maria Cândida, reencontram-se e revigoram a amizade que parecia perdida no tempo.

MAIS FORTE DO QUE NUNCA – A vida ensina uma família a ser mais tolerante com a diversidade.

MOVIDA PELA AMBIÇÃO – Vitória deixou para trás um grande amor e foi em busca da fortuna. O que realmente importa na vida? O que é a verdadeira felicidade?

MINHA IMAGEM – Diogo e Felipe são irmãos gêmeos. Iguais em tudo. Até na disputa pelo amor de Vanessa. Quem vai vencer essa batalha de fortes sentimentos?

Emocionantes romances do espírito Marius

Psicografia de Bertani Marinho

SEMPRE É TEMPO DE APRENDER

A comovente história de Maurício Benevides, professor universitário, filósofo, e de sua família nos mostra como suportar a dor da perda de um ente querido e o que encontraremos no plano espiritual. E, ainda, como melhorar nossa conduta com os ensinamentos do Espiritismo, lições de vida inesquecíveis em benefício de nossa própria reforma íntima.

PORTAIS DA ETERNIDADE

Ivete, uma jovem executiva bem-sucedida, resolve mudar radicalmente sua vida. Abandona tudo e vai para um mosteiro. Será que ela conhecerá a verdadeira humildade? Romance imperdível que nos traz o bálsamo do Espiritismo. Uma obra repleta de ensinamentos psicológicos, filosóficos e espíritas que tem como objetivo maior o aperfeiçoamento moral e intelectual do ser humano.

DEUS SEMPRE RESPONDE

Donato e Marcela, um casal que passa por uma jornada de provas e expiações e aprende muitas coisas a respeito da Lei de Ação e Reação, da reforma íntima, do amor de Deus e da erraticidade, inclusive a conhecer o amor de Deus, que sempre nos ouve, basta pedirmos e agradecermos com fé. Uma lição de fé sincera e amor verdadeiro, sempre em busca da cura da alma e do corpo físico, que vai tocar fundo seu coração.

Obras de Irmão Ivo: leituras imperdíveis para seu crescimento espiritual
Psicografia da médium Sônia Tozzi

O Preço da Ambição
Três casais ricos desfrutam de um cruzeiro pela costa brasileira. Tudo é requinte e luxo. Até que um deles, chamado pela própria consciência, resolve questionar os verdadeiros valores da vida e a importância do dinheiro.

A Essência da Alma
Ensinamentos e mensagens de Irmão Ivo que orientam a Reforma Íntima e auxiliam no processo de autoconhecimento.

A Vida depois de Amanhã
Cássia viveu o trauma da separação de Léo, seu marido. Mas tudo passa e um novo caminho de amor sempre surge ao lado de outro companheiro.

Quando chegam as respostas
Jacira e Josué viveram um casamento tumultuado. Agora, na espiritualidade, Jacira quer respostas para entender o porquê de seu sofrimento.

O Amor Enxuga as Lágrimas
Paulo e Marília, um típico casal classe média brasileiro, levam uma vida tranquila e feliz com os três filhos. Quando tudo parece caminhar em segurança, começam as provações daquela família após a doença do filho Fábio.

Somos Todos Aprendizes
Bernadete, uma estudante de Direito, está quase terminando seu curso. Arrogante, lógica e racional, vive em conflito com familiares e amigos de faculdade por causa de seu comportamento rígido.

O Passado ainda Vive
Constância pede para reencarnar e viver as mesmas experiências de outra vida. Mas será que ela conseguirá vencer os próprios erros?

No Limite da Ilusão
Marília queria ser modelo. Jovem, bonita e atraente, ela conseguiu subir. Mas a vida cobra seu preço.

Almas em Conflito
Cecília é casada com Joaquim e ambos têm três filhos. Mas uma fatalidade leva a filha, Teresa, para o plano espiritual e Joaquim a abandona. Apesar das adversidades, ela conhece Francisco e se apaixona. Sua vida passa por transformações penosas, mas não injustas: o débito é sempre proporcional à dívida que se contrai em uma existência anterior e imprudente.

Renascendo da Dor
Raul e Solange são namorados. Um dia eles se separam e Solange inicia um romance com Murilo. Tempos depois, descobre ser portadora do vírus HIV. Começa, assim, uma nova fase em sua vida, e ela desperta para os ensinamentos superiores.

Leia estes envolventes romances do espírito Margarida da Cunha
Psicografia de Sulamita Santos

Doce Entardecer

Paulo e Renato eram como irmãos. O primeiro, pobre, um matuto trabalhador em seu pequeno sítio. O segundo, filho do coronel Donato, rico, era um doutor formado na capital que, mais tarde, assumiria os negócios do pai na fazenda. Amigos sinceros e verdadeiros, desde jovens trocavam muitas confidências. Foi Renato o responsável por levar Paulo a seu primeiro baile, na casa do doutor Silveira. Lá, o matuto iria conhecer Elvira, bela jovem que pertencia à alta sociedade da época. A moça corresponderia aos sentimentos de Paulo, dando início a um romance quase impossível, não fosse a ajuda do arguto amigo, Renato.

À Procura de um Culpado

Uma mansão, uma festa à beira da piscina, convidados, glamour e, de madrugada, um tiro. O empresário João Albuquerque de Lima estava morto. Quem o teria matado? Os espíritos vão ajudar a desvendar o mistério.

Desejo de Vingança

Numa pacata cidade perto de Sorocaba, no interior de São Paulo, o jovem Manoel apaixonou-se por Isabel, uma das meninas mais bonitas do município. Completamente cego de amor, Manoel, depois de muito insistir, consegue seu objetivo: casar-se com Isabel mesmo sabendo que ela não o amava. O que Manoel não sabia é que Isabel era uma mulher ardilosa, interesseira e orgulhosa. Ela já havia tentado destruir o segundo casamento do próprio pai com Naná, uma bondosa mulher, e, mais tarde, iria se envolver em um terrível caso de traição conjugal com desdobramentos inimagináveis para Manoel e os dois filhos, João Felipe e Janaína.

Laços que não se Rompem

Em idos de 1800, Jacob herda a fazenda de seu pai. Já casado com Eleonora, sonha em ter um herdeiro que possa dar continuidade a seus negócios e aos seus ideais. Margarida nasce e, já adolescente, conhece Rosalina, filha de escravos, e ambas passam a nutrir grande amizade, sem saber que são almas irmanadas pelo espírito. O amor fraternal que sentem, e que nem a morte é capaz de separar, é visível por todos. Um dia, a moça se apaixona por José, um escravo. E aí, começam suas maiores aflições.

Os Caminhos de Uma Mulher

Lucinda, uma moça simples, conhece Alberto, jovem rico e solteiro. Eles se apaixonam, mas para serem felizes terão de enfrentar Jacira, a mãe do rapaz. Conseguirão exercer o perdão para o bem de todos? Um romance envolvente e cheio de emoções, que mostra que a vida ensina que perdoar é uma das melhores atitudes que podemos tomar para a nossa própria evolução.

O Passado Me Condena

Osmar Dias, viúvo, é um rico empresário da indústria plástica. Os filhos, João Vitor, casado, forte e independente, é o vice-diretor, e Lucas, o oposto do irmão, é um jovem, feliz, alegre e honesto. Por uma fatalidade, Osmar sofre um AVC e João Vitor tenta de todas as maneiras abreviar a vida dele. Contudo, depois de perder os seus bens mais preciosos, João se dá conta de que não há dinheiro que possa desculpar uma consciência ferida. E ele terá um grande desafio: perdoar-se sem olhar para os fios do passado.

Livros da médium Eliane Macarini

Resgate na Cidade das Sombras
Virginia é casada com Samuel e tem três filhos: Sara, Sophia e Júnior. O cenário tem tudo para ser o de uma família feliz, não fossem o temperamento e as oscilações de humor de Virginia, uma mulher egoísta que desconhece sentimentos como harmonia, bondade e amor, e que provoca conflitos e mais conflitos dentro de sua própria casa.

Obsessão e Perdão
Não há mal que dure para sempre. E tudo fica mais fácil quando esquecemos as ofensas e exercitamos o perdão.

Aldeia da Escuridão
Ele era o chefe da Aldeia da Escuridão. Mas o verdadeiro amor vence qualquer desejo de vingança do mais duro coração.

Comunidade Educacional das Trevas
Nunca se viu antes uma degradação tão grande do setor da Educação no Brasil. A situação deprimente é reflexo da atuação de espíritos inferiores escravizados e treinados na Comunidade Educacional das Trevas, região especializada em criar perturbações na área escolar, visando sobretudo desvirtuar jovens ainda sem a devida força interior para rechaçar o mal.

Amazonas da Noite
Uma família é alvo de um grande processo obsessivo das Amazonas da Noite, uma falange de espíritos comandada pela líder Pentesileia. Elas habitam uma cidadela nas zonas inferiores e têm como inspiração as amazonas guerreiras de tempos remotos na Grécia.

Vidas em Jogo
Nesta obra, a catastrófica queda de jovens no mundo dos vícios e torpezas até a ascensão, que liberta e dignifica a própria existência. Uma lição de vida, que toca fundo no coração.

Berço de Luz
Rachel vive vários conflitos agravados pelo descontrole do pai, César, um homem que se embriaga com frequência e a maltrata. Inês, a mãe, é totalmente submissa ao marido autoritário. Esta obra nos mostra que a vida é um constante renascer, um processo contínuo de melhoria e evolução. Muitas vezes pelo sofrimento. Mas a dor é uma amiga passageira, aceitemos as dificuldades e logo um novo dia irá brilhar, mais bonito, mais radiante e mais feliz!

Só o Amor Pode Vencer
Dois jovens, Rebecca e Heitor, encontram-se novamente nesta encarnação para realizarem sonhos antigos de vidas passadas, dos tempos em que ele era um cavalariço e ela uma menina rica, com grande mediunidade. A história desses amigos nos mostra que é possível vencer qualquer obstáculo na vida, desde que tenhamos o firme propósito de superar limitações e problemas, na certeza de que, só com caridade, união, fé e fraternidade, as conquistas aparecerão.

Romances imperdíveis!
Psicografia de Maurício de Castro

NADA É PARA SEMPRE
Clotilde morava em uma favela. Sua vida pelas ruas a esmolar trocados e comida para alimentar o pequeno Daniel a enchia de revolta e desespero. O desprezo da sociedade causava-lhe ódio. Mas, apesar de sua condição miserável, sua beleza chamou a atenção de madame Aurélia, dona da Mansão de Higienópolis, uma casa de luxo em São Paulo que recebia clientes selecionados com todo o sigilo. Clotilde torna-se Isabela e começa então sua longa trilha em busca de dinheiro e ascensão social.

NINGUÉM LUCRA COM O MAL
Ernesto era um bom homem: classe média, trabalhador, esposa e duas filhas. Espírita convicto, excelente médium, trabalhava devotadamente em um centro de São Paulo. De repente, a vida de Ernesto se transforma: em uma viagem de volta do interior com a família, um acidente automobilístico arrebata sua mulher e as duas meninas. Ernesto sobrevive... Mas agora está só, sem o bem mais precioso de sua vida: a família.

HERDEIROS DE NÓS MESMOS
Herdeiros de Nós Mesmos
A fazenda Boa Esperança era uma verdadeira mina de ouro. Durante anos, vinha sustentando a família Caldeiras com luxo e muito dinheiro. Mas o velho Mariano, dono de todo aquele império, agora estava doente e à beira da morte. Uma emocionante obra que nos mostra as consequências do apego aos bens materiais, sobretudo quando ele contamina o amor entre as pessoas, gerando discórdia e desarmonia.

O PREÇO DE UMA ESCOLHA
Neste emocionante romance, uma trama repleta de momentos de suspense, com ensinamentos espirituais que vão nos ajudar no decorrer de nossa vida a fazermos sempre as escolhas certas sem prejuízo ao semelhante.

SEM MEDO DE AMAR
Até quando o nosso medo de amar vai impedir que sejamos felizes? Hortência, Douglas e Amanda venceram esse desafio.

NINGUÉM DOMINA O CORAÇÃO
Luciana e Fabiano têm uma relação apaixonada, mas a vida separa o casal. Luciana não vai desistir e quer se vingar. Um enredo cheio de suspense, vingança e paixão, no qual descobrimos que ninguém escolhe a quem amar, mas que o caminho do verdadeiro amor deve sempre ser preenchido pelo perdão incondicional, não importando as mágoas de um doloroso passado.

DONOS DO PRÓPRIO DESTINO
Lucélia era uma mulher sofisticada. Empresária, dona de muitos negócios na Europa, pouco vinha ao Brasil. Seus filhos, os jovens Caio e Nicole, foram praticamente criados pela tia, Virgínia, irmã de Lucélia. Em uma de suas raras passagens pelo Brasil, Lucélia decide que os filhos devem voltar com ela para a Europa. A notícia cai como uma bomba naquela família. Estava em curso um ajuste de compromissos do passado, no qual todos estavam entrelaçados e remonta ao século XVIII. Este romance instigante e cheio de mistérios, aborda assuntos como adultério, amor sem preconceito, vingança, paixão e resignação, mostrando-nos que todos nós somos donos do nosso próprio destino e responsáveis por tudo o que nos acontece. Cabe a nós fazermos as escolhas corretas, pois a harmonização de compromissos do passado é inevitável.

Obras da terapeuta Lourdes Possatto
O caminho do autoconhecimento

Equilíbrio Emocional – Como Promover a Harmonia entre Pensar, Sentir e Agir – Neste livro, a autora nos ensina a conhecer nossos próprios sentimentos, atingindo dessa forma o equilíbrio necessário para uma vida emocional saudável.

Em Busca da Cura Emocional – "Você é cem por cento responsável por você mesmo e por tudo o que lhe acontece". Esta Lei da Metafísica é abordada neste livro que nos auxilia a trabalhar a depressão, a ansiedade, a baixa auto-estima e os medos.

É Tempo de Mudança – Por que somos tão resistentes às mudanças? Por que achamos que mudar é tão difícil? E por que não conseguimos as coisas que tanto queremos? Este livro nos ajuda a resolver os bloqueios emocionais que impedem nossa verdadeira felicidade.

A Essência do Encontro – Afinal, o que é relacionamento? Por que vivemos muito tempo presos a relacionamentos enganosos em um mundo de ilusão como num sofrimento sem fim? Aqui você encontrará dicas e reflexões para o seu verdadeiro encontro.

Ansiedade Sob Controle – É possível deixarmos de ser ansiosos? Não, definitivamente não. O que devemos fazer é aprender a trabalhar com a ansiedade negativa.

Medos, Fobias e Pânico – Do que você tem medo? Medo de viver? Medo de morrer? Medo de doenças? Do escuro, de água, de altura, de insetos, de animais, de perdas materiais, de perder pessoas queridas? Medo de que o mundo acabe? Medo do futuro, hipocondria, claustrofobia, solidão, medo de sonhar, medo de dormir, síndrome do pânico, fobias? Medo de ser você mesmo? Saiba, então, que esses medos são comuns e saudáveis.

Por Que Sofremos Tanto? – Leia esta obra e compreenda que problemas fazem parte da vida e que cada um é como é. A aceitação dos fatos como se apresentam é o primeiro passo para a reeducação emocional, um trabalho renovador que nos leva a um processo evolutivo maravilhoso, rumo à felicidade e ao bem viver. Com alegria e sem sofrimento.

LÚMEN EDITORIAL

Av. Porto Ferreira, 1031 | Parque Iracema
CEP 15809-020 | Catanduva-SP

www.**lumeneditorial**.com.br
www.**boanova**.net

atendimento@lumeneditorial.com.br
boanova@boanova.net

 17 3531.4444
 17 99777.7413
 @boanovaed
 boanovaed
 boanovaeditora

Acesse nossa loja

Fale pelo whatsapp